이제라도
깨달아서
다행이야

이제라도
깨달아서
다행이야

이승미

자아를 창조하라. 당신 자신이 시가 되도록.
Create yourself. Be yourself your poem.

— 오스카 와일드 Oscar Wilde —

들어가는 말

과학책에 빠진 소녀

지금도 그렇지만 나는 어릴 때부터 지독한 몸치였다. 체육 시간이 세상에서 제일 싫었다. 만약 신이 있다면 나를 만들 때 '운동 신경 한 스푼'을 깜빡 잊은 게 틀림없다. 고무줄이건 사방치기건, 몸을 움직이는 게임은 내게 놀이가 아니라 고행이었으니까. 그러니 내가 할 수 있는 건 방구석에서 혼자 노는 것이고, 집에 예쁜 인형이 많았던 것도 아니었던지라 방에 널려 있던 책이 자연스레 친구가 됐다. 만일 그때 책 대신에 인형과 인형 옷이 방 안에 가득했더라면? 누가 알겠는가, 지금 내가 패션업계에 종사하고 있을지. 어쩌면 책밖에 없는 환경을 만들어서 어떻게든 책과 아이를 친하게 만들자는 게 엄마의 큰 그림이었는지도 모를 일이다.

인간이 제일 못 견디는 게 권태라던가. 심심했던 나는 집에 있던 고전 소설, 수필, 시집, 종교 서적, 사회과학서, 엄마가 숨겨둔 통속 잡지까지도 가리지 않고 읽었다. 그러다가 중학교 1학년 때 큰언니가 던져 준 한 권의 책, 칼 세이건의 『코스모스』는 내 인생을 결정지어 버렸다. 나는 종이에 박힌 검은 글씨를 읽는 것만으로도 원자에서 우주까지 시야가 바뀌는 첫 경험을 했다. 나는 그 두꺼운 책에 홀딱 반해서 늘 들고 다녔다. 열두 번은 읽었다. 수학을 잘하지도 못하는 나를 매료 시켜 물리학과로 이끈 그 책을 안 읽었더라면, 나는 지금 과연 어디에서 무엇을 하고 있을까?

응축된 시구가 멋지듯, 간결한 수식은 경이롭고 아름답다. 하지만 물리학은 마치 도도한 미인처럼, 곁에 남으려면 엄청난 노력이 끊임없이 필요한 존재였다. 교과서 익히고 논문 읽기에도 시간은 늘 모자랐다. 10살부터 썼던 독서기록 노트 목록은 한동안 추가될 일이 없었다. 연구 결과를 논문으로 발표하면 성취감에 심장이 벅차게 뛰었지만, 그 심장 한구석은 왠지 허전했다. 유럽에서 계약직 연구원으로 온종일 외국어에 둘러싸여 지낸 수년 동안 내 마음속 구멍은 점점 더 커져만 갔다.

위장의 배고픔과는 다른 종류의 허기, 영혼이 서서히 시들어가는 느낌은 한글 부족 때문이었다. 인간은 언어로 사고한다는 언어 철학 이론을 들어 보기도 전에 체득부터 한 셈이랄까. 귀국

해서 직장에 터를 잡자마자 나는 책을 무더기로 사들여 읽기 시작했다. 한글이기만 하면 아무 책이나 읽었지만 내 영혼은 여전히 허기지고 목이 말랐다. 주변을 둘러보니 나처럼 문자가 그리운 동료들이 보였다. 우리는 직장에서 독서 동호회를 만들고, 소설가 선생님과 함께 소설과 철학서를 읽기 시작했다.

다시 한번 다채로운 문학의 세계로

문학 세계의 가치와 매력을 다시 돌아보게 된 계기는 이번에도 한 권의 책이었다. 에리카 종의 『비행공포』의 시적인 비유와 솔직한 표현에 나는 시원한 해방감을 느꼈다. 나는 미친 듯이 소설을 읽기 시작했다. 좋은 문학 작품은 우주의 원리보다도 더 중요한 진리를 포함하고 있었다. 오랫동안 멈춰 있던 두뇌 영역이 깨어나는 듯한 쾌락이라니! 직장일과 집안일에 시간도 없고 몸도 지친 다자녀 직장맘이지만, 나는 독하게 맘먹고 잠을 줄여 가며 끈질기게 책을 읽었다. 피곤했지만 전에 없이 행복했다. 수면 부족으로 살이 빠진 건 덤이었다.

양자역학 방정식을 풀어 물질 재료 특성을 해석하고 예측도 할 줄 알았건만, 그런 전공은 내 실존적 삶에서는 아무런 해석도 예측도 주질 못했다. 정작 내 인생에 큰 영향을 미치는 것은 원자의 결합방식이나 전자가 회전하는 방향이 아니라, 내 주변 사람과 그들의 도저히 파악할 수 없는 감정이었다. 특히 결혼으로 생겨난 가족이라는 관계에서 빚어지는 사소하면서도 심각한 온갖 문제에 관해, 고전역학이나 양자역학이나 무력하기는 매한가지였다. 인간은 자연법칙에 따라 예측할 수 있는 존재가 아니었고, 심지어 자신이 말한 대로 행동하지도 않았다. 인간의 지적 도구인 언어는 논리를 펼칠 때보다는 자신의 행동을 정당화할 때 가장 현란하게 빛을 발했다. 인간은 욕망을 둘러싼 껍질이라던 소설가와 심리학자의 말이 맞았다. 세상을 살아가는 실존에게는 만유인력의 법칙보다 훨씬 더 중요한 게 아닌가. 이런 걸 내가 미리 알았더라면!

아무것도 당연하지 않아

책을 읽으며 나는 깨달았다. 아무것도 당연하지 않다는 것을. 의무, 역할, 사랑, 가족, 여성, 남성처럼 한 단어로 명료하게 정의되어 보이는 것도 마찬가지였다. 세상의 규칙은 과연 누가 정하며, 누구를, 혹은 무엇을 위한 것인가? 무엇이 진정 나 자신을 위한 걸까? 계속 의문을 품고 질문을 던져야만 기존의 틀에 갇히지 않을 수 있음을 나는 새삼 느꼈다. 설령 안내된 포장도로 대신에 맨발로 자갈길을 밟게 된다 해도, 그것은 내가 찾은 나의 길일 터였다.

자꾸만 읽다 보니 쓰고도 싶어졌다. 기억이 되살아났다. 나는 10살 때부터 꾸준히 독서기록 노트를 써 오지 않았던가? 누구도 시키지 않았건만 혼자서 즐기던 은밀한 취미였다. 나는 열심히 쓰기 시작했고, 글쓰기라는 진한 쾌락의 세계로 빨려 들어 갔다. 읽기와 쓰기가 내게 가장 행복한 일임을 깨달으며.

원고 수정을 요청받고 몇 달 만에 다시 한번 내 글을 찬찬히 읽었다. 낯익은 듯 낯선 원고의 수정을 마칠 때, 나도 모를 한숨과 함께 새어 나오던 혼잣말이 바로 "이제라도 깨달아서 다행이야"이다. 책 제목은 그렇게 정해졌다. 이 책은 내가 독서로 다시 찾게 된 행복한 고민과 방황, 탐구의 기록이며, 그리고 독자와 함께 걷고픈 작은 오솔길이다. 즐겁게 읽으시기를!

책이 출판되기까지 많은 도움 주신 월간토마토의 이용원 대표님, 양다휘, 황훈주, 이송은, 이혜정 선생님께 감사드린다. 원고를 읽고 조언해 주신 내 글벗들께도.

2021년 4월
이승미

제 1 부.
사랑이 정말 이런 건줄 알았더라면

1. 페미니스트지만 섹스는 하고 싶어

　　에리카 종 『비행공포』 - 16

2. 포도는 발효되면 포도주가 되는데, 사랑은 발효되면 무엇이 될까?

　　가브리엘 가르시아 마르케스 『콜레라 시대의 사랑』 - 32

3. 찰나의 사랑, 칼끝의 행복

　　필립 로스 『죽어가는 짐승』 - 54

4. 사랑은 달콤한 환희 속에서 파멸하는 것?

　　산도르 마라이 『결혼의 변화』 & 『열정』 - 66

5. 나의 성적 취향은 어느 부위?

　　다니자키 준이치로 『미친 노인의 일기』 - 78

제 2 부.
고독하고 은밀한 몸의 속사정

1. 연애를 책으로만 배웠을 때 벌어지는 참사

　　귀스타브 플로베르 『마담 보바리』 - 90

2. 21세기 안나 카레니나는 어떤 모습일까?

　　질 알렉산더 에스바움 『하우스프라우』 - 102

3. 비낭만적 사랑과 사회

　　미셸 우엘벡 『투쟁 영역의 확장』 & 정이현 『낭만적 사랑과 사회』 - 118

4. 몸으로 살아가는 괴로움

　　록산 게이 『헝거』 - 136

5. '내가 생각하는 나'는 과연 나 그대로일까?

　　주나 반스 『나이트우드』 - 154

제 3 부.
어쨌든 우리는 행복을 갈망한다

1. 빨간 알약과 파란 알약, 그리고 쾌락의 묘약

    올더스 헉슬리 『멋진 신세계』 & 『금지된 섬』 - 180

2. 러셀 선생님, 우린 정말 행복할 수 있을까요?

    버트런드 러셀 『행복의 정복』 - 198

3. 더 나은 세상을 꿈꿀 권리

    마지 피어시 『시간의 경계에 선 여자』 &

    슐라미스 파이어스톤 『성의 변증법』 - 212

4. 좆브라냐 젖브라냐, 그것이 문제로다?

    게르드 브란튼베르그 『이갈리아의 딸들』 - 228

제 4 부.
깨달음은 늘 한 박자 늦지만

1. 인간은 태어나서, 고생하다, 죽는다

    에리카 종 『죽음의 공포』 & 필립 로스 『에브리맨』 - 242

2. 예술가로 산다는 것은

    서머싯 몸 『달과 6펜스』 - 264

3. 단 한 번, 그리고 웃픈 블랙 코미디

    밀란 쿤데라 『참을 수 없는 존재의 가벼움』 - 280

4. 내 속엔 나도 모르는 내가 아직도 많아

    루크 라인하트 『다이스맨』 - 292

제 1 부.
사랑이 정말 이런 건줄 알았더라면

페미니스트지만
섹스는 하고 싶어

에리카 종 『비행공포』

고마운 줄 모르는 남편, 배신하는 애인,
입히고 젖먹이고 기도하다 보면 어느덧 모든 것은 끝나 버린다.

- 조지 고든 바이런 《돈 후안》· 에리카 종 『비행공포』 서문에서 재인용

나의 인생 책 다섯 권에 드는 『비행공포』. 내 평생 이렇게 많은 비속어를 문학 작품 한 권에서 만나기는 처음이다. 당혹스러울 정도로 자주 섹스, 엉덩이, 보지, 페니스가 등장한다. 이렇게.

그가 파이프를 천천히 빤다. 나는 유령 페니스를 빤다. 그와 나의 눈빛에서 섬광이 인다. 포르노 만화의 한 장면처럼. 뜨거운 파장이 우리의 골반을 연결한다. (중략) 내 하체는 서서히 액체가 되어 바닥에 뚝뚝 떨어진다. 단순히 속옷을 적시는 수준이 아니다. 나는 완전히 용해되고 있다.

화자 이사도라가 첫눈에 반한 에이드리안을 바라보는 장면이다. 장소는 은밀한 밀실이 아니라 수백 명이 참가한 국제 정신

분석학회장이다. 좌장 에이드리안 굿 러브 박사는 맨 앞에, 기자 이사도라는 맨 뒷줄에 앉았는데도 두 사람은 이렇게 눈빛으로 섹스 중이다. 하체가 용해되는 섹스를. 이사도라 남편을 포함해서 방 안의 다른 사람들끼리는 심각한 학술 토론 중이고.

내가 여태껏 참석했던 수십 건의 학회를 기억 속에서 끄집어 내어 찬찬히 복기해 봤지만, 하체가 녹아내린 기억이 없다. 나는 대체 그 많은 학회에서 뭘 했던가! 대신 눈빛에서 섬광이 있었던 기억은 꽤 있다. 질문과 대답으로 포장해서 서로 공격하고 방어할 때 말이다. 같은 섬광인데도 왜 이리 다를까. 하긴, 인생이란 게 그렇다. 결코 공평하지가 않다.

책은 에로틱한 묘사가 넘쳐 난다. 읽다 보면 어느덧 축축해진다. 번역문에서 보지는 보지인데 자지는 왜 페니스로 남는지 살짝 의문이 들기는 한다. 단어 대구가 안 맞잖은가.

작가 에리카 종과 『비행공포』

"귀를 위한 시"를 썼다는 평을 받으며 대중가수 최초로 노벨문학상을 받은 밥 딜런의 노래 〈Highlands〉에는 이 책 저자 에리카 종이 등장한다. "그녀가 물었지. 그럼 요즘은 어떤 책을 읽어? 나는 대답하네. 에리카 종"이라고. 과연 그녀는 어떤 작가기에 대중음악에까지 등장하는 걸까?

  책이 마음에 쏙 들면 저자가 쓴 다른 책도 사 모으고 저자 인생을 조사해 보는 건 독자의 기본자세 아니던가. 에리카 종은 1942년 출생한 유대계 미국 작가다. 시집으로 등단했으나, 31세에 출판한 자전적 소설『비행공포』가 사실상 대표작이다. 출간 당시 직설적이고 외설적인 표현으로 많은 논란을 일으켰던 이 작품은 이제 2세대 페미니즘의 대표 고전으로 불린다. 그녀는 『비행공포』와『죽음의 공포』를 비롯해서 아직 한국어로 번역되지 않은 소설 10여 권,『내가 두렵다』를 포함한 수필집 여덟 편,『과일과 채소』같은 시집까지도 일곱 권 출판한 다재다능한 작가다. 시집이 국내에 번역되진 않았지만 아마『비행공포』에 등장하는 이사도라의 시가 에리카 종 작품이 아닐까 싶다. 현재 79세인 에리카 종은 네 번째 결혼 생활 중이며 작가이자 페미니스트로 활발히 활동하고 있다. 내가 중고 서점에서 운 좋게 구한『내가 두렵다』책 서문에 나온 사진과 위키피디아에서 찾아본 그녀 외모는 마치 주인공 이사도라의 실사판인 듯 아름답고 섹시했다.

  『비행공포』는 자전적인 작품이며, 성장 소설이자 심리 소설이다.《타임》지가 선정한, 1970년대를 지배한 도서 10권에 드는 작품이자 세계에서 약 2,700만 부가 팔린 초특급 인기 도서이기도 하다. 적나라한 성 묘사로 세계를 떠들썩하게 했던 소설『북회귀선』의 저자 헨리 밀러도『비행공포』를 호평하며 "남자처럼 쓴 소설이라고 표현하고 싶지만 실은 100퍼센트 여자처럼 쓴

글"이라는 말을 남겼다고 한다. 에리카 종은 판매 부수가 보장하는 상업성뿐 아니라 문학적 작품성도 인정받았는데, 1971년에는 시집으로 베스 호킨상, 1975년에 『비행공포』로 지그문트 프로이트 문학상, 1998년에는 그동안 출판된 여러 작품으로 유엔 문학상을 받았다. 프랑스 도빌 문학상, 이탈리아에서는 페르난다 피바노 문학상도 수상했다.

실명이 에리카 만이었던 그녀는 사업가 아버지와 화가 어머니 사이에 둘째 딸로 태어났다. 종^{Jong}이라는 성은 두 번째 남편인 중국계 정신과 의사 앨런 종과 결혼해서 얻은 성이다. 캠퍼스 커플 첫 남편과의 결별, 두 번째 남편과 독일 하이델베르크에서의 생활, 아랍계 형부, 화가 어머니, 정신분석의 남편 등 그녀 인생과 소설 속 주인공 이사도라의 인생은 너무나 많이 닮아서 구분이 불가능할 지경이다. 물론 에리카 종은 『비행공포』가 자서전이 아니라 '자전적 요소가 있다'라고만 말했고, 친언니 수잔나는 자신이 이사도라의 모델인 것 같지만, 소설에서 묘사된 형부 이야기만큼은 결코 사실이 아니라며 격분하기도 했다. 소설에서 형부가 대체 뭘 했는지 궁금해지는 대목이다. 혹시 노이즈 마케팅이었던가?

소설 첫 장면은 비행기 안이다. 비행 공포증에 시달리는 주인공 이사도라는 무려 117명의 정신분석의와 함께 비행 중이다. 그중 일곱은 과거에 그녀를 치료했던 경력이 있고, 마지막 일곱 번째 의사가 바로 다름 아닌 현재 남편 베넷 윙이다. 이사도라는 오스트리아 빈에서 열리는 정신분석학회에 기자로서 참석하려고 남편과 함께 이동 중이다. 독일어권 문화가 친숙하긴 하나 반갑지는 않은 그녀. 아니나 다를까 학회장 입구부터 입장 허용 문제로 직원과 실랑이가 벌어진다. 유들유들하게 사태를 해결하는 영국 의사 에이드리안에게 그녀는 한눈에 반해 버린다. 그도 마찬가지고. 소설 삼 분의 일쯤에서는 둘이서 밀월여행을 떠난다.

그들의 여행은 맛집과 호텔을 찾아다니는 여행이 아니었다. 도시풍경은 잘 묘사되지 않는다. 차라리 운전 중에 주고받는 이야기, 주로 이사도라의 과거가 이 커플의 여행지라 해야 하려나. 정신분석의 에이드리안이 자가용을 진료실 삼아 조수석에 환자 이사도라를 태우고 상담 여행을 떠났다 해도 되겠다. 아마 이래서 프로이트 문학상을 받았으리라. 언제 처음으로 자위했는지, 그때 어떤 죄책감을 느꼈는지, 어릴 적에 자매와 관계는 어땠는지, 첫 남편과는 왜 헤어졌는지, 그 후에 사귄 애인은 어땠고 어떤 일이 있었는지 등, 끊임없이 이야기가 이어진다. 이사도라는 '자기를 찾는 여행'을 떠난 셈이다. 과연 그녀는 '비행 공포'로 비유된 자립의 두려움을 극복하며 홀로 설 수 있을까?

여행이 여행일 수 있는 건 돌아올 곳이 있기 때문이다. 되돌아오게 될 줄 알면서도 굳이 다시 여행을 떠나는 이유는 여행으로 자신이 바뀌고 확장된다는 걸 알기 때문이리라. 어쩌면 독서야말로 여행, 아마 세상에서 가장 저렴한 여행일 것이다. 비행기도 자동차도 호텔도 예약할 필요 없이, 책을 펼치고 눈으로 읽기만 해도 즉시 떠날 수 있는 여행. 세기의 천재 아인슈타인도 구현하지 못한, 시공간 순간이동 여행이 아닌가.

　이 책에는 각국 화장실 비교 분석, 전남편과 전애인들의 섹스 습관, 미국 68혁명 세대의 섹스탐닉에까지 적나라하고 솔직하게 쓰여 있다. 아주 진솔한 언어로. 그런데도 음란 소설로 치부되지 않고 여러 문학상을 받은 이유는 시적인 표현과 지적인 깊이, 그리고 진중한 주제 의식 덕분이다. 여성의 욕망과 사랑, 독립적인 삶이 낱낱이 쓰여 있다. 표현은 마치 독자를 의식하지 않고 쓴 일기장이라도 되는 듯, 거칠고 정제되지 않았다. 그렇기에 독자는 더 진솔하게 느낀다. 마치 내면을 낱낱이 적어 둔 일기장을 보는 듯한 느낌이 든다. 작가는 서문에 이렇게 적었다.

진실을 말하는 건 위험하면서도 필요한 일이다. (중략) 솔직함이 항상 인정받는 것은 아니며 때로는 그로 인해 감옥에 갈 수도 있기에. 그러나 진실을 말하지 않는 작가는 오래갈 수 없다.

　그녀는 솔직하게 썼다. 나는 그게 가장 마음에 든다. 자신의 성 경험을 감추지 않았듯, 표현에서 성적인 단어도 그대로 썼다. 작가란 언어를 매개로 자신의 감정과 사상을 독자에게 전달하는 사람이다. 덧입히고 예쁘장하게만 꾸며진 언어로는 작가 생각을 독자가 제대로 느낄 수 없다. 마치 콘돔 낀 페니스가 성감이 무디듯이.

고상한 그녀의 정숙한 자위

여성의 진솔한 목소리로 여성의 사랑과 열정을 이야기한 소설은 드물다. 소설 속에서 여성은 성녀, 창녀, 소녀의 세 종류에서 크게 벗어나지 않는다. 작가가 대부분 남성이라서인지 작품에 그려진 여성상은 현실에서 보기 어렵다. '낮에는 성녀, 밤에는 요부'를 바라는 그들은 과연 '성자'였던 시간이 있기는 할까? 남성이란 섹스 직후 딱 10분간만 성자가 된다는 소리를 듣긴 했지만, 나로서야 사실 확인을 할 도리가 없다. 마찬가지로 소설『채털리 부인의 연인』의 레이디 채털리가 느끼는 방식으로 오르가슴을 경험하는 여자는 과연 몇 명이나 될까? 오르가슴 유무의 문제가 아니라 색채와 맛 이야기다.

심지어 여성 작가가 쓴 사랑조차도 너무 고상하거나, 정숙하거나, 관념적이다. 글에서 아기 먹이는 젖 냄새나 논밭 매던 땀 냄새는 날지언정, 목덜미와 가슴에서 살짝 풍기는 향수 냄새는 나지 않는다. 사랑을 말하는데도 너무나 담백한 나머지 육체라고는 느껴지지 않는다. 오직 지식인의 뇌가 첨단 과학 기술을 동원해서 컴퓨터로 써 내려 간 듯 관념적이고 건조하달까. 체액도 체취도 없이, 혹시 소설 봇^{bot}이 쓰기라도 했나, 싶을 정도다.

시대를 풍미했던 대표적인 관음증 소설『단순한 열정』도 마찬가지다. "올여름 나는 처음으로 텔레비전에서 포르노 영화를 보았다."라는 강렬한 첫 문장으로 시작해서 여자가 자위도 하고 남자 흔적을 추적하기도 하는 이야기가 진솔하게 표현된 작품이라 들었다. 모름지기 작가가 되고 싶은 여성이라면 반드시 읽고 본받아야 한다고까지 추천받은 책이다. 그런데 웬걸, 내게는 분노를 유발하는 작품이다. 인테리어까지 멋진 유명 레스토랑에서 육즙이 흐르는 스테이크를 기대하며 두근거리는 마음으로 앉아 있는데, 정작 보타이를 한 웨이터가 들고 온 요리 뚜껑을 열어 보니 커다란 접시에 비쩍 마른 육포 하나 덜렁 놓인 기분이랄까. 책을 추천한 남성 작가 얼굴 복판에 그 육포 조각을 던져 버리고 싶은 심정이다.

"A의 영상이 내 머릿속을 떠나지 않았다. 모든 것을 그 사람과 함께 보고, 그 사람과 함께 식사하고, 그 사람과 함께 아르노 강가에 있는 시끄러운 호텔에서 잠을 잤다. (중략) 나는 그 사람이 곁에 없을 때조차도 상상과 욕망으로 대리만족을 느끼고 있었다."라며 자위하는 여성을 묘사했다. 자위 안 하는 여자도 있나? 자위를 묘사할 거면 좀 더 구체적으로 말해 줘야 독자 머릿속에 그림이 그려질 거 아닌가? 디테일이 없다. 실망이다.

"내가 그 사람을 떠올리는 행위와 환각 사이에, 그리고 그 사람에 대한 나의 기억과 광기 사이에는 차이점이 전혀 없는 듯했다."라니. 그냥 "나는 그에게 완전히 미쳐 버렸다"라고 하면 되는 거 아닌가? 왜 이리 빙글빙글 돌려 가며 어렵게 이야기할까? 사랑하면 미치는 게 당연한 것을, 무엇이 그리 대단하다고 전 세계 문단이 칭찬했단 말인가.

이유는 딱 하나다. 저자의 유명세. 과연 저자가 저명한 여교수, 아니 에르노가 아니어도 『단순한 열정』이 그렇게나 인기를 끌 수 있었을까? 나는 프랑스 여교수 얼굴에도 육포를 던져 버리고 싶다. "이렇게밖에 못 씁니까? 아니면 이미지 관리 차원에서 안 쓰는 겁니까?" 여성의 사랑을 이야기하며 체향과 문향을 동시에 맛볼 수 있는 작품은 정말로 드물다.

"못이 숨겨진 푹신한 침대", 결혼

이렇게 더러운 성격에 기대치만 높은 독자인 나를 만족시킨 작품이 바로 에리카 종의 『비행공포』다. "음액과 기쁨과 사랑과 재능을 모두 지닌 열정적인 여자는 정녕 한 명도 없는가?"라고 외치며, 문학 사상 최초로 '지퍼 터지는 섹스'(이건 너무 고상한 번역 같다. 나라면 '무지퍼씹'이라 할 텐데)라는 환상을 문장으로 쓰고 책으로 펴낸 여성 작가이기 때문이다. 기차 옆자리에 앉은 남녀끼리 오직 순간의 열정만으로 타오르고 곧 사라져 버리는, 익명성과 간결함을 보장하는 섹스. 당시 유행어가 되어 버린 '지퍼 터지는 섹스'란 어떤 의미인지 잠시 살펴보자.

지퍼 터지는 섹스는 절대적으로 순수하다. 그 어떤 숨은 동기도 없다. 파워 게임도 없다. 남자는 '받는 자'가 아니고 여자는 '주는 자'가 아니다. 누군가의 남편이나 누군가의 아내를 모욕하려는 의도는 없다. 아무것도 증명하려

하지 않고 아무것도 얻으려 하지 않는다. 지퍼 터지는 섹스는 가장 순수하다. 그리고 유니콘보다도 희귀하다. 나는 한 번도 해 본 적이 없다.

소설 초반부에 이렇게 말했던 이사도라가 소설 후반부에서 지퍼 터지는 섹스를 경험할 절호의 기회를 맞는다. 그때 그녀가 무엇을 느꼈는지를 내가 여기에 적어 버리면 스포일러가 되니 참아야 하리라.

그녀는 결혼에 관해서도 이야기를 많이 한다. "나는 (중략) 결혼에 쓰러졌다. 푹신한 침대 같았지만 그 밑에 못들이 숨겨져 있었다."라는, 두 번째 결혼 5년 차인 이사도라. 그녀의 혼잣말이다.

섹스하고 싶은 남자를 홀로 남겨 두고 섹스하고 싶지 않은 남자와 계단을 올라가는 건 얼마나 위선적인지. (중략) 그게 바로 문명이고, 문명으로 인한 욕구 불만이리라.

여기서 문명은 바로 결혼 제도다. 미소 짓는 에이드리안을 남겨 두고 남편 베넷에게 손을 잡힌 채 호텔 방으로 올라가는 장면이니까. 이사도라는 말을 잇는다.

문제는 결혼이 '도대체 어디서부터 잘못된 건가'가 아니라, '언제 한 번이라도 옳았던가?'이다. (중략) 나는 '완벽한 상호 의존 관계'와 '동반자적 관계' 그리고 '동등함'을 원했다. 내가 식탁을 닦을 때 그가 신문에 시선을 고정한 채 앉아 있을 줄 알았던가? (중략) 버나드 쇼와 버지니아 울프와 웨브 부부의 작품을 읽는 이상주의자 사춘기 소녀가 무얼 알았겠는가?

작가 에리카 종이 두 번째 남편과 이혼한 후 쓴 『비행공포』에 적힌, 결혼에 관한 질문이자 현실이다. 대답인지 모르겠으나 이야기가 계속된다.

제대로 결혼한 사람들도 있기는 하다. 주로 재혼이다. (중략) 그러고 보면 결혼은 중년에 하는 게 가장 좋을 것 같다. 그때쯤이면 온갖 헛소리들은 집어치우게 되고 언젠가는 우리 모두 결국 죽기 때문에 서로 사랑하며 살아야 한다는 진리를 깨닫기 때문이다.

일종의 포스가 느껴진다. 에리카 종은 결혼에 일가견이 있다. 현재 70대 후반인데 네 번째 결혼 중이니까. 위 문장을 쓰던 30세의 그녀 생각과는 달리, 중년에 한 재혼조차도 '제대로'이긴 어려웠던 모양이다. 이혼마다 그녀는 지난 결혼 생활을 소재로 책을 펴내곤 했는데, 수필집 『내가 두렵다』를 보면, 7년마다 파트너를 바꿔야만 했단다.

7년이라. 호르몬 유효 기간은 3년이라는데, 인간의 이성과 정이라는 옵션까지 활용한다면, 어쩌면 7년 정도는 열정을 유지할 수도 있겠다는 생각이 든다. 이혼 후에는 소설책 재료가 되고야 만다니, 소설가와 결혼한다는 건 어쩌면 전 세계로 생중계되는 CCTV를 집안 구석구석마다 달아 놓고 사는 것만큼이나 위험한 일인지도 모르겠다.

 혹은 '나쁜 결혼은 소설가를 만든다'라고 해야 할지도!

페미니즘의 여신은 아르테미스인가 아프로디테인가?

 『비행공포』를 한 줄 요약하자면 아마 이 문장이 되리라. "페미니스트지만 섹스는 하고 싶어." 눈치채셨듯 몇 해 전 베스트셀러 제목 패러디다. 혹은 "보지의 굶주림과 머리의 굶주림 사이의 평화를 유지하는 법에 관한 고민 기록서"라 해도 좋겠다. 과연 무슨 수로 여성의 욕망과 사랑, 독립적인 삶을 동시에 만족시킬 수 있을 것인가에 관한, 1973년이나 지금이나 마찬가지로 지속되는 고민 말이다. 미국 성해방 운동을 이끌었던 68혁명 세대 페미니스트 작가는 이사도라의 목소리를 빌어 고백한다.

나는 평생을 페미니스트로 살았다. (중략) 그러나 문제는, 페미니즘의 구호들과 좀처럼 수그러들지 않는 남자 몸에 대한 갈망을 어떻게 조화시키느냐였다. 쉬운 일이 아니었다.

 그렇다. 쉬운 일이 아니다. 그래서 아예 섹스를 포기하고 페미니즘이라는 종교에 순결을 바치는 페미니스트도 우리 주변에는 존재한다. 하지만 에리카 종처럼 섹스를 좋아하고, 많이 했고, 알 만큼 다 아는, 그리고 70대인 지금까지도 정정하게 활동하는 미국 페미니스트를 보고 있자니 나는 의문이 든다.

진정 페미니즘과 에로스는 공존할 수 없는가? 누구를 위한 금욕인가? 페미니즘의 여신이 과연 순결 유지를 제물로 요구하고 있기는 한가? 오늘날 페미니즘의 여신은 자신을 엿봤다는 이유로 악타이온을 찢어 죽인 처녀신 아르테미스여야 할까, 아니면 허리띠 하나로 모든 남자를 좌지우지하는, 에로스의 어머니 아프로디테여야 할까? 혹시 수백 년간 유지되고 내면화된 한국의 유교 문화가 페미니즘까지도 변질시켜서 여성의 욕구를 거세하려 한 것은 아닐까?

에리카 종의 다른 소설 『죽음의 공포』에서는 주인공 바넷사의 가장 친한 친구로 이사도라 윙, 바로 『비행공포』의 화자가 등장한다. 너무 젊을 때부터 에로틱한 소설가로 이름이 알려진 작가라는 설정이다. 설정이라기보다는 사실에 가깝겠지만 말이다. 바넷사가 극단적 섹스 경험을 묻자 이사도라가 대답했다. 영화 〈O의 이야기〉 못지않은 일도 해 봤다고. "나는 벨벳 제단 위에 눕혀졌어. 그곳에서 백작 부인의 노예인 멋진 청년이 내가 실신할 때까지 내 성기를 혀로 애무해 줬어. (중략) 그녀의 많은 남자 노예가 나를 목욕시키고, 섹스를 하고, 노래를 불러 주었어. (중략) 얼마나 많은 시간이 지났는지, 얼마나 많은 오르가슴을 경험했는지 몰라." 유사 이래 지구인 여성 중 기껏해야 0.01퍼센트 정도나 겪었을까 말까 한 흔치 않은 경험까지 한 이사도라가 내린 결론은 이것이다. "사랑이 없는 섹스는 우리가 자발적으로 피우고 있는 발암성 담배다."

득도의 경지다. 이런 건 자발적으로 많이 해 본 사람, 질리도록 많이 경험한 사람만 할 수 있는 말이 아닌가.『비행공포』에서 "두 명의 남자와 하루에 네 번 섹스한 여자"라는 표현을 읽었을 때부터 내가 짐작은 했지만, 솔직히 좀 부럽다. 그런데 원래 비유라는 건 독자가 쉽게 알아듣게 해야 하는 거 아닌가? 대체 그게 어떤 기분이란 말인가? 붉은색을 본 적이 없는 사람이, 아무리 자세히 설명을 듣는다 한들 붉은색이 어떤 것인지 어찌 제대로 알 수 있겠나? 하여튼, 부럽다.

19세기적 결말, 21세기적 제안

뭐든지 다 좋을 수는 없다던가. 내가 사랑하는『비행공포』결말만큼은 도저히 참아 줄 수가 없다. 이사도라는 잠시의 '비행'을 마치고 안전한 남편의 품으로 귀가해 버리고 말았다. 결말만 다시 쓰고 싶다. 작가도 결말이 이상하다는 걸 알고는 있는지 소제목이 〈19세기식 엔딩〉이다. 발랄한 도입부, 도발적 질문, 섹시한 진행까지는 매우 마음에 들지만, 결말이 '누가 뭐래도 역시나 내 남편이 최고야'라니, 이건 아니지! 갑자기 소설이 소위 '병맛'이 되어 버린다. 그녀의 다른 소설 『죽음의 공포』에서도 결말이 마찬가지다. 병환으로 쓰러졌던 80대 남편의 자지가 갑자기 30대마냥 혈기왕성해져서 부부가 경지에 도달한 섹스를 하게 됐다니, 해도 너무하지 않나. 어쩌면 이것이 그녀 세대의 한계인가 보다. 작가 필립 로스를 파고들면 불평하는 유대인 소년이 웅크리고 있듯, 작가 에리카 종의 마음 깊숙한 곳에는 착한 유대인 소녀가 천진하게 웃고 있다.

19세기 소설은 결혼으로, 20세기 소설은 이혼으로 끝난다. 그렇다면 21세기 소설은 동성 결합으로 끝내면 어떨까. 조만간 이런 고민도 다 부질없어질지도 모른다. 미국 작가 필립 로스가 말했듯, 지금은 이미 '소설을 읽는 것은 컬트적 취미'에 가까운 시대 아니던가. 낭만과 환상을 글자로 읽기에는 너무나도 성미가 급해진, 영상의 시대인 것이다.

『대량살상 수학무기』의 저자 캐시 오닐 박사는 수학자이자 데이터 과학자로서 예측했다. 늦어도 50년 후면 인공 지능을 장착한 성인용 로봇이 생산되는데, 여성은 인간 남성보다는 로봇을 선택할 것이라고. 고개가 끄덕여지는 예언이다.

스위치 온-오프 기능이 탑재된 남성이 21세기 여성의 이상형이라면, 21세기 남성의 이상형은 과연 어떤 모습일까? 완벽한 몸매의 리얼돌? 지구 환경 관점에서는 바람직한 현상이다. 지속 가능한 지구를 위한 가장 확실한 방법이 인구 감소 아니겠는가. 어쩌면 가이아야말로 21세기에 마땅히 숭배되어야 할 신일지도 모른다.

포도는 발효되면 포도주가 되는데,
사랑은 발효되면 무엇이 될까?

가브리엘 가르시아 마르케스 『콜레라 시대의 사랑』

너무 오래 사랑을 해 온 사람들에게는 마지막 심판이란 게 없기 마련이다.

- 주나 반스 『나이트우드』

누구에게나 섹스 판타지가 있다. 윤리와 도덕, 실현 가능성을 떠나 오직 상상으로도 성기가 반응하고 심장이 빨리 뛰기 시작하는 망상 말이다. 취향 따라 다르고, 오직 한 가지만도 아니다. 『푸슈킨의 비밀일기』에 자세히 묘사된 1:5라거나 소설 『O 이야기』나 『밀실에서나 하는 철학』에 나오는 사디즘과 마조히즘, 소설 『전락』에서처럼 동성 섹스나 엿보기일 수도 있다. 상상의 세계에 한계는 없으니 말이다. 나 역시 이곳에 차마 적을 수 없는 여러 환상이 머릿속 한구석에 저장되어 있지만, 나의 궁극적 판타지는 매우 평범하다. 70세 생일 아침에 모로 누운 자세로 하는 느린 섹스니까. 혹시라도 나와 비슷한 취향이신 독자께 추천하고픈 필독서가 있다.

『콜레라 시대의 사랑』은 콜롬비아 작가 가브리엘 가르시아 마르케스가 1985년에 출판한 장편 소설로, 반세기 만에 맺어진 노년의 사랑 이야기를 그려 낸 작품이다. 1927년 출생하여 2014년 멕시코시티에서 사망할 때까지 스페인어로 많은 소설을 쓴 마르케스는 마술, 신화, 민담 등을 소재로 현실과 환상의 경계를 자유롭게 넘나드는 남미 특유의 환상 문학 작가다. 1982년에 마르케스는 대표작 『백년 동안의 고독』과 『예고된 죽음의 연대기』를 비롯한 여러 단편 소설집으로 노벨 문학상을 받았다. 인기 좋은 베스트셀러 작가라서 영화로 만들어진 작품도 많다. 그가 2014년 암으로 타계했을 때 콜롬비아 대통령은 "역사상 가장 위대한 콜롬비아인의 사망에 천년의 고독과 슬픔이 느껴진다"라고 말했다. 2016년부터 마르케스는 콜롬비아 5만 페소 지폐의 모델이 되었다. 한편 그는 정치 운동가이기도 했는데, 피델 카스트로와는 초고를 보여 줄 정도로 막역한 사이였다고 한다. 바로 그 이유로 오랫동안 미국 방문이 금지되기도 했다. 정치색 따위는 관심 없고, 나는 오직 그가 58세에 그려 낸 노년의 사랑과 섹스는 어떤지가 궁금했다. 장면 묘사가 충실해야 할 텐데. 멋진 판타지에는 디테일이 생생해야 하니까.

『콜레라 시대의 사랑』 훑어 읽기

 미혼모의 외아들 플로렌티노 아리사는 10살이 조금 넘어서부터 전신국에서 배달부로 일했다. 어느 날 다사 가문의 소녀 페르미나와 우연히 마주친 눈길 한 번에 플로렌티노의 일생이 결정되어 버리고 만다. 그는 편지로 그녀 마음을 두드린다. 보호자인 고모까지도 인정할 만큼 열렬히 말이다. 흰 동백꽃에 바늘로 문구를 새겨 가며 편지를 쓰는 소년 플로렌티노 아리사에게는 일생을 건 심각한 일이 소녀 페르미나 다사에게는 낭만적 유희였다는 게 비극의 씨앗이다. 나중에 좋은 곳으로 시집보내려는 욕심으로 딸을 교육시키던 페르미나의 아버지가 둘의 관계를 알게 되고, 여행을 명목으로 딸을 멀리 보내 버린다. 하지만 아이러니하게도 플로렌티노가 전신국에서 일하던 덕분에 둘은 오히려 더욱 열렬하게 편지를 주고받았다. 2년 만에야 귀향한 페르미나와 플로렌티노는 드디어 시장에서 마주친다.

 그러나 편지로만 연락하던 플로렌티노의 실제 모습을 두 눈으로 본 페르미나는 "오늘 당신을 보자 우리의 사랑은 꿈에 불과했다는 것을 알았어요."라며 이별을 통보해 버리고 만다. 낭만적 사랑에 빠져 있던 소녀가 현실의 민낯을 마주하자 꿈에서 깨어나듯 한순간에 등을 돌려 버린 것이다. 몇 년간 편지로 애절한 감정을 나누던 사람을 그렇게나 매몰차게 거부했다는 건, 그동안 그녀가 써 온 편지에는 진심이 담기지 않았다는 뜻이 아닐까.

 한편 마을의 일등 신랑감인 의사 후베날 우르비노 박사는 페르미나 다사의 미모와 서민적인 매력에 끌려 청혼하고, 가부장적 아버지가 길러 온 "황금 노새" 페르미나는 그의 오랜 계획대로 우르비노의 신부가 된다. 부부는 잘 산다. 마을 지주이자 일등 커플, 모든 공식 행사에 반드시 초청되는 중요 인물이 된 것이다. 하지만 독자들이 짐작하듯, 유복하고 명망 있는 집안에 시집왔다고 해서 페르미나가 늘 행복했던 건 아니었다.

그녀는 항상 남편이 빌려준 인생을 살고 있다고 느꼈다. (중략) 그가 이 세상 그 누구보다, 그리고 그 무엇보다 그녀를 사랑하고 있다는 것은 잘 알고 있었다. 그러나 그것은 오로지 자기를 위한 것이었으니, 그녀는 남편의 신성한 하녀에 불과했다.

"신성한 하녀"! 이보다 더 적절한 표현이 또 있을까? 삼시 세끼 까다로운 입맛을 맞춰 줘야 하는 지배적인 성격에다가 낭만이라고는 하나도 모르는 건조한 남편과 성마른 시어머니를 모시고서 페르미나는 겉보기로만 화려하고 그럴싸한 인생을 살아간다. 가정이라는 왕국을 건설하고 왕처럼 군림하던 페르미나의 남편 우르비노조차도 결혼에 관해 가진 생각은 이랬다.

혈연관계도 없고 거의 알지도 못하며, 성격도 다르고 문화도 다른 데다 심지어 성기도 다른 두 사람이 갑자기 함께 살고 같은 침대에서 잠을 자며 어쩌면 서로 다른 방향으로 결정지어졌을지도 모르는 두 개의 운명을 공유하기로 약속하는 것은 모든 과학 법칙에 위배된다.

맞는 말이다. 결혼이란 거, 누구의 발명품인지 모르겠지만 참으로 후지다. 남편도 부인도 만족하지 못하는 결혼 생활과 '부부'라는 '가족' 관계는 대체 무엇을 위해, 누구를 만족시키기 위해 존재하는 걸까?

한편 자신이 가진 게 없어서 그녀가 떠나 버렸다고 생각한 플로렌티노는 열심히, 정말로 열심히 일했고, 결국에는 카리브 하천 회사 사장까지 되었다. 사업상으로는 성공한 인생이다. 비록 실패한 첫사랑으로 마음은 공허할지라도 말이다. 한편, 태생부터 낭만주의자였던 그는 연애편지 대필 작가로도 성공했다. 심지어 한 커플의 남녀가 각각 그에게 대필을 요청하기도 했다. 플로렌티노는 열렬한 구애 편지를 쓰고는, 잠시 후에 그 구애편지에 사랑한다는 답장까지 쓴 셈. 플로렌티노가 대필한 편지 덕분에 결혼까지 한 커플도 있었지만, 그는 여전히 미혼으로 남아 페르미나만을 생각해 왔다. 그녀는 플로렌티노의 인생 목표가 되어 버린 것이다.

그러던 어느 날, 우르비노 박사는 나무 위 앵무새를 돌보려다 그만 실족사하고 말았다. 마을 유지의 급사에 요란한 종소리가 울렸고, 온 마을 사람이 모인 장례식이 치러졌다. 플로렌티노는 장례식 직후 페르미나에게 고백한다.

"페르미나, 반세기가 넘게 이런 기회가 오길 기다리고 있었소. 나는 영원히 당신에게 충실할 것이며 당신은 영원한 내 사랑이라는 맹세를 다시 한번 말하기 위해서 말이오."

페르미나의 대답은 매몰찼다.

"여기서 나가요. 당신이 살아 있는 동안에는 더 이상 보고 싶지 않아요." 문을 닫으려다가 그녀는 한 마디 더 보탰다. "당신 여생이 얼마 남지 않았으면 좋겠군요."

차갑기가 얼음장이다. 하긴, 남편 장례식장은 사랑 고백에 적합한 때와 장소는 아니지 않나 싶다. 하지만 그런 내 생각과는 다르게, 페르미나는 "울면서 자는 동안 죽은 남편보다도 플로렌티노 아리사 생각을 더 많이 했다." 역시 플로렌티노는 고수였다! 그는 다시 천천히 그녀에게 다가간다. 첫사랑 때처럼 편지를 십분 활용해 가면서.

80대에야 다시 이어진 플로렌티노와 페르미나의 묘한 관계는 우정과 사랑 사이 어딘가다. 중년이 된 박사 아들은 미온적이고, 며느리는 사랑에는 나이가 없다며 시어머니를 거들었지만, 정작 딸 오펠리아만큼은 이성을 잃고 소리를 지른다. "우리 나이에 사랑이란 우스꽝스러운 것이지만 그들 나이에 사랑이란 더러운 짓이에요."

사랑이란 본디 고난과 반대 세력이 있을수록 더욱 불타오르는 법. 딸을 불러들여 뭐라 했는지를 다시 한번 확인한 페르미나는 딸을 때리고 싶어도 이제는 기운이 달려서 그럴 수 없다고 한탄한다. 그리곤 자기 어머니의 유해를 두고 맹세한다. 이건 그리스 신화에서 '스틱스에 두고 맹세'하는 것과 동급으로서, 절대 번복은 없다는 뜻이다. 페르미나가 살아 있는 동안 오펠리아가 다시는 페르미나 집에 발을 들여놓을 수 없다고 말이다. 대신 편들어준 며느리에게는 이렇게 말한다.

"일 세기 전에는 우리가 너무 젊다는 이유로 그 불쌍한 남자와 나를 괴롭히더니, 이제는 너무 늙었다는 이유로 그러는군." 그러고는 피우던 담배꽁초로 다른 담배에 불을 붙이고는, 마음을 온통 갉아먹고 있던 독을 이렇게 내뱉었다.
"빌어먹을. 모두 지옥에나 가라고 해. 우리 과부들이 좋은 게 있다면, 우리에게 명령할 사람이 아무도 없다는 거야."

 박수! 80대가 되어서야 페르미나는 "내 인생은 나의 것"을 외치고 있다. 이후로 그녀 행동은 거침이 없다. 플로렌티노와 페르미나는 배를 타고 여행을 떠난다. 첫 만남 이후로 무려 53년 만에 갖는 밀월여행이다.

"내 인생은 나의 것!"이라고 외칠 수 있는 나이는?

 홀로 된 노인이 그동안 마음이 있던 사람과 재혼을 원하는데 자식들은 '남들 보기 부끄럽다'는 온당치 않은 이유로 반대하는 상황, 이 광경이 나는 낯설지 않다. 내 할아버지도 비슷하셨으니까. 할머니가 몇 년간의 암 투병 끝에 돌아가신 지 2년이 조금 넘은, 내 나이 고작 15살 무렵의 일이다. 할아버지께서 전화로 선언하셨다. "나 결혼한다"라고. 하필 그 전화를 받은 건 나였고, 내가 "언제요? 축하드려요, 할아버지"라고 대답하자 할아버지는 "고맙다"라고 하셨다. 낮에 있었던 통화내용을 저녁에 퇴근한 부모님께 전달할 때, 나는 엄청나게 야단을 맞았다. 그 와중에도 "할아버지 인생에 아빠가 왜 참견하세요?"라고 순수한 호기심으로 질문했다가 옆에 있던 엄마한테 등짝을 한 대 후려 맞기도 했다. 대답은 없었다. "엄마야말로 시아버지 일에 왜 참견하세요?" 했다가 한 대 더 세게 맞았을 뿐.

할아버지는 평생 두 명의 여인이 있었다. 아이 낳고 생계를 함께하는 부인, 그리고 취미 활동을 함께하는 연인이자 동료, 이렇게 두 분. 시골 기차역장이셨던 할아버지의 심장은 기차 엔진 소리가 아니라 국악 가락에 맞춰 뛰는 사람이었다. 퇴근 후와 일요일이면 단소, 대금, 해금, 양금, 장구를 다루며 즐거워하시던 분. 부양가족만 없었더라면 아마 예술가로 사셨으리라. 할아버지와 연인은 처음 만났을 때부터 각자 가정이 있었다. 두 분은 수십 년이 지난 후 서로의 배우자를 모두 하늘나라로 떠나보낸 후에야 함께 살 수 있었다. 그나마도 어찌나 자식들 눈치를 보셨는지 모른다. 딱 10년 동안을 행복하게 함께 사셨다. 지금 생각해 보면 두 분이 어떻게 내 할머니 돌아가신 후 2년 동안이나 참을 수 있었는지 존경스러울 지경이다. 마르케스의 표현을 빌리자면 "노년의 시간은 수평으로 흐르는 급류가 아니라 기억이 술술 빠져나가는 밑 빠진 물탱크"다. 어제 일도 잊어 먹기 십상인 70대에게 2년이라는 시간은 30대의 20년보다 더 길었을 터이다.

배를 타고 떠나는 밀월여행에서 플로렌티노는 적극적으로 구애를 펼친다. 하지만 "이젠 안 돼요. 노파 냄새가 나거든요."라며 키스를 거절하는 페르미나. 플로렌티노가 누구던가. 무려 반세기가 넘는 동안 '순결'을 지켜 온 지고지순한 남성이 아닌가. 목적을 위해 일생을 바친 남자가 물러설 리가 없다. 그는 이런 대사를 날린다. 페르미나가 밤새 고민하도록, 그리고 결심하도록.

"우리 남자들은 편견의 가련한 노예야. 반면에 한 여자가 남자와 잠자리를 함께하기로 결심하면, 못 오를 울타리가 없고 아무리 강한 요새도 함락되며, 그 어떤 도덕심도 뿌리부터 무시되기 마련이지. 하느님도 어찌할 도리가 없소."

반세기 동안 실전으로 갈고 닦고 다져 온 유혹의 전사를 누가 이길 수 있을까. 그는 심리전부터 육탄전까지 온갖 기술을 총동원해서 페르미나의 마음도, 입술도 열고야 만다. 이렇게.

플로렌티노 아리사는 몸을 떨었다. 그녀가 말했던 대로 나이를 먹은 그녀에게서는 시큼한 냄새가 풍겼다. (중략) 그것은 그가 아주 오래된 애인들에게서 맡은 적이 있고 그녀들도 그에게서 맡았던 인간의 발효 냄새였다. (중략) 두 사람은 내 냄새가 당신의 냄새라는 생각으로 서로를 참아 냈다.

당연하게도 그는 그녀의 입술 외의 다른 곳도 열고 싶었다. 결정적인 순간에 "당신을 위해 동정을 지켜 왔던 것이라오."라는, 심장이 말랑해지는 대사까지 해 가면서. 그게 정말이냐고?

만일 그랬다면 그는 사업가가 아니었으리라. 팔십 넘은 동정남이라니, 동정마법 레벨이 얼마나 높을지 상상도 안 된다. 금은보화는 물론이려니와 태양계도 뚝딱 만들 수 있을 듯!

플로렌티노의 육체적 동정은 페르미나 결혼식 날 증발했다. 그가 홀로 곤드레 술에 취했을 때 얼굴도 이름도 모르는 여자에게 말 그대로 빼앗겨 버린 것. 그를 어두운 선실로 끌어당겨 아무 말 없이 얼굴도 보이지 않고 그의 첫 섹스를 겁탈해 간 여자의 유일한 대사는 이것이었다. "이제 가서 잊어버려요. 아무 일도 없었던 거니까." 첫 경험으로 강간을 당한, 그러나 엄청나게 즐겨 버린 플로렌티노. 그는 한 가지 서늘한 진실을 온몸으로 깨달아 버렸다. "페르미나 다사에 대한 가공의 사랑이 속세의 열정에 의해 대체될 수 있다는 것". 그 이후로 그는 시종일관 "한 여자가 없었던 까닭에, 그는 모든 여자들과 동시에 함께 있기를 원했다." 나사렛의 과부, 프루덴시아 피트레, 호세파, 앙헬레스 알파로, 안드레아 바론, 사라 노리예가, 아메리카 비쿠냐…. 그에게 정신적 동정이란 게 있다면 622건에 나눠서 존재할 거다. 그게 무슨 소리인지는 다음 인용문을 보시길.

오십 년 후 페르미나 다사가 혼인성사의 선고문에서 해방되었을 때, 그는 자비를 베풀어 기록할 만한 가치가 없는 수많은 일회성 사랑을 제외하고 오랫동안 지속된 사랑만을 기록한 공책을 25권 가지고 있었는데, 거기에는 622개의 사건이 기록되어 있었다.

반세기에 걸친 수많은 경험에서 플로렌티노가 얻은 결론은 "그 어떤 여자도 배신하지 않은 채 여러 사람을 동시에 사랑할 수 있으며, 각각에게 똑같은 슬픔을 느낄 수도 있다."라는 것이었다. 그는 읊조린다. "사람의 마음속에는 창녀들이 우글거리는 싸구려 호텔보다 더 많은 방이 있어."라고.

그렇다면 그가 페르미나에게 가진 감정은 대체 무엇이었을까? 끌림에서 시작되었지만 이루지 못했고, 어느덧 출세의 이유이자 삶의 목표가 되어 버린 페르미나. 그녀를 다시 찾기 위해 부단히도 노력한 플로렌티노가 드디어 성공한 남자가 되었을 때, 그의 심장에 남은 것은 과연 무엇이었을까. 풋사랑에서 시작했지만 50년 동안 서서히 발효되었고, 이제는 집착 비슷하게 굳어진 그 무엇은 아닐까. 페르미나는 너무나도 늦게서야 획득한 트로피 와이프, 인생 성공을 확인시켜 주는 최종 보증서는 아니었을까.

페르미나와 플로렌티노는 처음 만난 지 무려 53년 만에, 드디어 첫 섹스 기회를 맞았다. 게다가 낭만적이게도 선상의 로맨스다. 과연 어떤 자세로? 어떻게? 나는 궁금해서 책을 열심히 넘겼다.

"죽었소."

아, 그랬다. 그랬던 것이었다. 80대의 섹스란 마음 먹는다고 되는 게 아니었다. "그녀는 아무런 힘도 없는 그의 육체를 비아냥거리는 애무로 자극하기 시작했고, 그는 수난을 견디지 못하고 선실로 돌아가 버렸다. (중략) 새벽까지 그를 생각하던 그녀는 마침내 그를 사랑한다는 확신을 갖는다." 우와, 플로렌티노는 진정한 선수였다! 계획된 발기부전이라니! 계획인지 아닌지는 모르겠지만, 페르미나는 혹시라도 그가 다시 오지 않으면 어쩌나 걱정까지 하는 지경에 이른다. 작전은 200퍼센트 성공이다.

다음 날 아침 11시에 '늙지 않은 모습'으로 다가온 플로렌티노는 '조급하고 슬픈 사랑'을 했다. 페르미나로서는 20년 만의 섹스였는데, "그녀의 몸도 그를 원하는지 알 시간을 주지 않고"서. 아마도 '주지 못하고'가 더 정확한 표현이리라. 나는 그가 이해된다. 나라도 그랬을 거다. 반세기 동안 꿈꿔 온 상대와의 섹스라니, 여자라면 그의 손가락만 닿아도 오르가슴을 느낄 거고, 남자라면 그녀의 질 입구에 닿는 순간 사정해 버리지 않을까. 섹스는 성기로만 하는 게 아니다. 머릿속 환상의 비중이 더 클지도 모른다. 실망스러운 첫 섹스였지만 "그들은 그날 이후 한순간도 헤어지지 않았다. (중략) 두 사람은 함께 있으면서 느끼는 행복감으로 충분했던 것이다." 며칠 후 "두 사람은 경험 많은 노인들처럼 조용하고 건전한 사랑을 나누었다."라는데, 그게 대체 어떤 것이고 어떤 자세로 어떻게 하는 것이란 말인가? 내가 궁금했던 것은 바로 이 부분인데, 작가는 숨겨 버렸다. 이런! 아마 책 쓸 당시에 작가는 고작 50대였으니, 작가도 상상하기 어려웠을지 모른다.

두 사람은 이미 얼마 안 된 애인처럼 느끼지 않았고, 때늦은 연인으로도 느끼지 않았다. (중략) 더 이상 머뭇거림 없이 직접 사랑의 심장부로 들어간 것 같았다. 열정의 함정과 환상의 잔인한 조롱, 그리고 환멸의 신기루를 극복하고, 인생을 달관한 것 같은 늙은 부부처럼 조용히 시간을 보냈던 것이다. 사랑은 시간과 장소를 막론하고 사랑이지만, 죽음이 가까워 올수록 그 사랑의 농도는 진해진다는 것을 충분히 깨달을 수 있을 정도로 함께 충분한 시간을 보냈기 때문이다.

멋지다. 이런 부분을 멋지다고 생각하는 걸 보면 나도 어쩔 수 없는 로맨티스트인가 보다. 유전자의 힘이려니, 하며 나는 내 피에 새겨진 할아버지의 DNA를 탓한다. '이기적 유전자'의 집요함을 고작 하나의 운반체에 불과한 내가 어찌 거스를 수가 있겠는가.

사랑 소설 제목에 웬 콜레라?

반면 반세기 만의 로맨스가 이뤄지는 시큼달콤한 선실 바깥 풍경은 가히 엽기적이다. "바다를 향해 둥둥 떠가는 시체들의 역겨운 악취 때문에 밤에는 잠을 이룰 수 없었다. 이미 전쟁은 끝났고 전염병도 돌지 않았지만, 퉁퉁 부은 시체들이 계속해서 떠다니고 있었던 것이다." 이 끔찍한 풍경은 스페인 식민 시절 유산인 열린 하수구 시스템 때문이다. 스페인이 대체 무슨 생각으로 하수구를 땅속에 묻지 않았는지 나는 이해할 수 없지만, 식민

지에서 해방된 콜롬비아 기간 시설은 스페인이 착취를 목적으로 깔아 둘 때 그대로였다. 하수구가 매립되지 않고 개천마냥 흐르고 있으니 수인성 전염병이 한번 퍼지기 시작하면 수습 불가능한 건 당연하다.

소설 배경은 카리브 해와 막달레나 강 근처의 항구도시로서 "아메리카 대륙에서 가장 큰 아프리카 노예 시장"이었다는 콜롬비아의 가상도시다. 아무래도 작가의 고향이 모티브가 되지 않았을까 짐작되지만, 소설에서는 본래 현실과 환상 사이의 경계가 모호한 법이다. 더욱이 남미 환상 문학의 대가 마르케스의 소설이니 오죽하랴. 하긴 굳이 구분할 필요는 없다. 현실이든 환상이든 그게 뭐가 중요할까. 중요한 점은 그들이 타고 있는 배에 '콜레라 환자로 의심되는 사람이 있다'는 이유를 대기만 하면 끊임없이 항해를 연장할 수 있다는 것뿐이다. 낭만적인 선상 객실, 무한한 왕복 여행, 둘만의 시간.

콜레라가 창궐하던 시기에, 무려 51년 9개월 만에 다시 이어지는 낭만적인 사랑. 시체 썩는 냄새가 가득한 바깥과 대조되어 묵은 낭만이 넘치는 선실은 죽음과 사랑을 동시에 보여 준다. 문학에서 마르고 닳도록 다뤄 왔고, 앞으로도 인류가 멸종이라도 하기 전까지는 무수히 다뤄 갈 두 주제가 아니던가. 한편 시체가 떠다니는 강이라는 괴상한 바깥 풍경은 차라리 반세기 동안 지속된 낭만적 사랑이라는 믿기 힘든 이야기에 오히려 현실감을 더해 준다. 태어났으니 반드시 죽어야만 하는, 필멸하는 존재인 인간은, 정말이지 언제든 어디서든 사랑을 한다. 그것이 허리 위쪽이든 아래쪽이든 간에, 평생에 걸쳐 사랑이라 불리는 감정에 기꺼이 몸과 마음을 맡긴다. 낭만적 사랑을 꿈꾸는 사람일수록 더욱 열렬히, 꾸준히, 절실히.

소설의 마지막 장면과 대사야말로 플로렌티노답다. 살펴보자.

> 선장은 플로렌티노 아리사와 그의 꺾을 수 없는 힘, 그리고 용감무쌍한 사랑을 보면서 한계가 없는 것은 죽음이 아니라 삶일지도 모른다는 때늦은 의구심에 압도되었다. (중략)
> "언제까지 이 빌어먹을 왕복 여행을 계속할 수 있다고 믿으십니까?"
> 플로렌티노 아리사에게는 53년 7개월 11일의 낮과 밤 동안 준비해 온 대답이 있었다. 그는 말했다. "우리 목숨이 다할 때까지."

"죽어도 좋아. 나는 죽을 때까지 사랑하겠어"란 뜻이다. 낭만적 사랑의 끝판왕. 이미 53년 7개월 11일 동안 그렇게 살아온 사람의 대사라서 결코 농담으로 들리지 않는, 진지하디 진지한 낭만과 사랑. 그들에게 눈치 보거나 감내해야 할 것이 더는 무엇이 있을까. 노년의 사랑은 용감하고 솔직하다. 아니, 어쩌면 무모한 사랑은 나이와는 무관할지도 모르겠다. 소설 중간에 등장하는, 사랑 때문에 죽은 플로렌티노의 연인들을 보면 말이다.

올림피아 슐레타. 플로렌티노와 섹스 후 그녀가 혼곤한 잠에 빠진 사이, 그는 그녀 배에 장난삼아 붉은 페인트를 손가락에 찍어 '이 조개는 내 것이다'라고 썼다. 이를 몰랐던 올림피아는 그날 밤 남편 앞에서 옷을 벗었고, 메모를 읽은 남편은 아무 말도

하지 않다가, 그녀가 잠옷을 갈아입을 때 별안간 그녀 목을 면도칼로 단번에 그어 버린다. 소설의 이 에피소드는 1988년 〈아름다운 비둘기 애호가의 우화〉라는 텔레비전 영화로 만들어졌다. 노벨 문학상 수상자인 마르케스는 대중적 인기도 높은 작가라서 많은 단편과 에피소드가 영화나 드라마로 제작되어서, 심지어 가브리엘 가르시아 마르케스 컬렉션까지 있을 정도다.

플로렌티노 때문에, 사랑 때문에 죽은 두 번째 여자는 아메리카 비쿠냐라는 소녀다. 플로렌티노와 무려 60살 차이가 난다. 그녀와 손을 잡고 거리를 걷거나 레스토랑에 가도 아무도 의심하지 않는 나이 차이다. 그녀 나이 14세(!) 때부터 부모가 의탁한 보호자로서 시작된 관계지만 곧 '잘못된 만남'이 되어 버리고 만다. 그녀는 플로렌티노를 다시 한번 사랑으로 미치게 만들었고, 주말마다 그의 집과 선상에서 섹스를 즐기는 연인 사이로 발전했다. 페르미나의 남편이 실족사한 그날도 둘은 벌거벗은 채 침대에 누워 있었다. 전에 없이 거창한 종소리를 들은 플로렌티노가 상태를 예감하며 아메리카에게 헤어지자고 말한다. "나는 결혼할 거야."라며. 거짓말 말라고, 늙은 사람들은 결혼하지 않는다고 그의 말을 믿지 않던 아메리카는 차츰 뜸해지는 그의 발걸음과 달라진 태도에 그가 진심이었음을 알게 된다. 그녀는 결국 기숙형 고등학교 양호실에서 독극물 아편 팅크를 훔쳐 마시고 자살한다. 둘 사이의 은밀한 사랑을 모르는 사람들은 그저 기말고사 낙제 때문에 자살한 여고생으로만 알 터였다. 그녀는 말 그대로 사랑에 목숨을 건 것이다.

소설 두 권 중 적어도 한 권 분량은 플로렌티노의 수많은 섹스 이야기다. 옷 입은 남자가 집 안에 들어오면 재수가 없다는 미신을 철석같이 믿기에 어떤 남자라도 현관에서 모두 벗어야만 하는 여자도 있었다. 플로렌티노도 예외는 아니었다. 지속적인 관계를 맺은 지 수년이 지난 어느 날, 그는 그녀가 이제는 그를 '허리 위쪽'까지도 사랑한다는 걸 알게 되었다. 그녀가 그의 옷이 아니라 안경을 먼저 벗겼기 때문이라나. 섬세한 관찰력은 선수의 기본 자질인가보다.

이토록 수많은 사랑이 있었건만, 그의 선택은 오직 첫사랑이었다. 플로렌티노는 첫사랑을 마지막 사랑으로 만들기 위해 일생을 걸었다. 사랑은 정말이지 이기적이지 않은가. 강도는 비슷해도 방향이 달랐던 여자들, 사랑의 희생자들은 플로렌티노에게는 전혀 기억되지 않으니 말이다.

인생 후반전이야말로 자신의 인생

사랑이란 무엇일까. 제목에 나온 콜레라처럼 죽음에 이르는 질병일까. 혹은 죽을 때까지 인간이 추구하게끔 설계된 가치일까. 유사 이래 문학이 가장 열심히 탐구한 주제가 사랑과 죽음일 것이다. 인류가 존속하고 문화가 존재하는 한 앞으로도 계속 그럴지도 모른다. 미래의 사랑이 18세기 사랑과 다르고, 인간 수명이 길어져 200년이 되더라도, 사랑이라는 주제는 끊임없이 연구되고 변주되리라. 이 책에서 바라본 노년의 사랑은 안타깝기도, 아름답기도, 슬프기도 했다. 어쩌면 슬픈 것은 사랑이 아니라 늙음일지도 모르겠다. 소설 첫 장면에 등장하는, "나는 절대로 노인이 되지 않을 거야."라는 결심을 지키느라 60세 생일에 스스로 목숨을 끊은 제레미아 드 생타무르처럼 말이다. 삶의 어느 순간인들 두렵지 않을까. 우린 오직 단 한 번 살고, 매일매일 죽음으로 한 발짝씩 다가가고 있는 것을.

사랑은 청춘만의 특권이 아니다. 소설의 동기는 당시 신문 기사였다고 한다. 배에 탄 미국인 커플이 사공이 휘두른 노에 맞아 살해당한 사건이다. 그저 그런 신문 사회면의 사건 사고 기사가 작가의 눈길을 끈 이유는 사건 조사 중에 낱낱이 밝혀진 피해자 신분 때문이었다. 나이 팔십이 가까운 커플이 알고 보니 부부가 아니라 각각 남편과 아내가 따로 있는 기혼자였다. 한 해에 일주일 정도 훌쩍 혼자 여행을 떠나는 습관이 있었을 뿐, 오랫동안 평범한 결혼 생활을 유지해 온, 지극히 평범한 남편, 평범한 아내였던 것이다. 둘이서 수십 년 동안이나 매년 밀월여행을 함께해 온 비밀 연인이었음은 '무덤까지' 비밀일 수도 있었다. 이들이 운 없게도 폭력 사건 피해자로 세상을 떠나지만 않았더라면 말이다. 사람들은 사건 자체보다도 그들의 수십 년에 걸친 비밀 연애에 더 경악했다고 전해진다.

이야기를 신문 사회면에서 발견한 작가는, 어릴 때 연애편지

주고받다가 일찍 결혼해서 평생을 함께 살아온 작가의 부모님 이야기와 섞어서 장편 소설『콜레라 시대의 사랑』을 썼다. 여담이지만, 어쩌면 그래서 두 커플의 접합 부분이 내게 어색해 보였을지도 모르겠다. 연애편지를 주고받은 지 2년 만에 시장에서 직접 얼굴을 보자마자 페르미나가 이별을 통보해 버리는 장면이 내게는 영 어색했으니까.

  소설 동기가 되었다는 80대의 사랑, 내게는 낯설지 않다. 나는 일찍이 내 할아버지를 보며 깨달았다. 노년이야말로 그 누구의 눈치도 보지 않아도 되는 시간이라는 것을 말이다. 인생 전반전에는 사회가 던져 준 숙제를 하기에 바쁘다. 별다른 생각 없이 사회 구조가 그려 둔 설계도대로 살다 보면 모든 사람의 일생이 한결같다. 학교 열심히 다니고, 취직 준비 열심히 하고, 직장 다니고, 결혼하고, 아이 낳고, 키우기다. 아이들이 자라서 용돈 받는 날 빼고는 부모를 찾지 않을 때가 되어서 한숨 돌리기가 무섭게 찾아오는 게 바로 '중년의 위기'다. 누군가는 심리 치료를 받고, 누군가는 취미에 몰두하고, 누군가는 위로와 사랑을 찾아 헤맨다. 최소한 그럴 수 있는 작은 자유가 주어진다. 취직, 결혼, 출산, 육아라는, 책임질 일을 책임지고 해야 할 숙제를 마친 후의 삶은, 고통과 고독보다는 오히려 자유에 가깝다. 어쩌면 진정한 자기만의 인생은 그때부터 시작인지도 모른다. 먹고사는 문제가 해결된 경우에 한정되긴 하겠지만 말이다.

  노년이라는 정의부터가 과거와 다르다. 예전에는 환갑잔치가 동네 규모였지만, 평균 수명이 80대인 요즘, 환갑잔치는 과거

유산이 되어 버렸다. 소설 속 생타무르는 노인으로 살기 싫다며 환갑 기념 자살을 거행했지만, 요즘에 60세면 청년이다. 2015년 유엔이 제시한 새로운 연령 구분에 따르면 18세부터 65세가 청년, 79세까지가 중년, 80세가 넘어야 비로소 노년, 100세를 넘으면 장수 노인이기 때문이다. 물론 법률은 뒤늦게 개정된다는 특성상, 비스마르크 시대에 제정된 65세가 아직도 법률상 노인 기준이기는 하다. 하지만 신문 사회면만 들여다봐도 피트니스 대회 수상자, 패션모델, 유튜브 스타, 심지어 잔혹 범죄자까지도 70대가 흔하다. 장유유서가 핏속에 새겨진 이 나라에서조차 취직 준비 중인 피곤한 n포 세대가 건장한 70대에게 지하철에서 꼭 자리를 양보해야만 하는지가 논란거리 아닌가. 1985년에 발표된 소설에서는 80대의 페르미나와 플로렌티노가 노년의 사랑이라며 주목받았지만, 요즘 나이 체계로 따지자면 둘 다 100세는 넘겨야 저자의 의도대로 해석되리라. 말 그대로 '세기를 넘어서는 사랑'도 가능한 시대다.

사회적 의무에서 벗어나 비로소 자신의 인생을 찾아 나설 수 있는, 이루고픈 꿈이 있다면 온전히 매진해 볼 수 있는 시기. 건강한 몸에 사랑까지 있다면 인생 후반전이야말로 진정으로 충만한 시간일지도 모르겠다. 내가 너무 낙관적인가? 죽지 않을 것이라면 살아야 하고, 살아 있다면 결국에는 맞이하게 되는 게 노년인데, 이왕이면 기쁘게 맞는 게 어떨까. 나는 하고픈 일을 하며, 읽고픈 책을 읽고, 쓰고픈 글을 쓰고 싶다. 내 궁극의 섹스 판타지를 위해서라도, 건강하게.

찰나의 사랑,
칼끝의 행복

필립 로스 『죽어가는 짐승』

신은 사랑과 죽음, 그 두 가지 힘만을 만들었다.
그 두 가지는 가까울수록 열기가 더욱 뜨겁다.

- 에리카 종 『내가 두렵다』

내가 소장한 책 중에는 제자리에 꽂혀 있을 틈이 없는 책이 한 권 있다. 필립 로스의 소설 『죽어가는 짐승』이다. 내 책인데도 얘는 만나기가 너무 어려운 것이, 늘 '대여 중'이기 때문이다. 썩 좋지 못한 내 기억력으로도 빌려 갔던 사람이 스무 명쯤 된다. 만 원 약간 넘는 가격의 책을 구매할 여유는 있어 보이는 사람들이 왜 굳이 내 책을 빌려 가는지, 게다가 일단 빌려 읽은 다음에 왜들 새로 사는지, 어차피 살 거면 애초에 사서 읽을 일이지 왜 굳이 내 책을 일단 빌려 보는지, 나는 몹시 궁금했다. 때마침 책장으로 돌아와 잠시 숨을 고르던 『죽어가는 짐승』을 펼쳐 보고서야 나는 이유를 알았다.

이유는 다름 아닌 책 귀퉁이마다 적힌 다양한 감상 메모와 그림과 밑줄들 때문이었다. 사용한 펜 색깔조차 여러 가지다. 이제는 누가 친 밑줄인지, 누가 그려 둔 그림인지 알 수가 없으니, 이 책은 익명성을 등에 업고 더욱 인기몰이 중이다. 대체 어떤 그림인가 하면, 두 사람의 자세 그림이다. 누군가가 소설 옆 공백에 '대체 이게 어떤 자세라는 건지 이해가…. 흑흑' 하고 메모를 남겼고, 그다음 독자 중 누군가가 친절하게도 옆에 자세 그림을 그려 두었고, 또 다음에 책을 빌린 누군가는 세부도까지 첨가해서 설명을 추가해 두었다는 정도까지만 알려 드리겠다. 어떤 자세인지 궁금하시면 책을 읽어 보시기를.

B와 D 사이에는

에로스와 타나토스, 사랑과 죽음은 프로이트가 입을 열기 훨씬 전부터 인간 고뇌의 중심이었다. 어쩌면 인간이 두 다리 사이에 두 구멍을 가지고 태어난 이래 계속되었으리라. 두 구멍. 누구든 태어나면서 빠져나오는 탄생의 구멍, 그리고 세상을 떠날 때 모든 것을 쏟아 내는 죽음의 구멍. 두 구멍 사이는 거리도 좁다. 탄생과 죽음 사이인 인생도 순식간임을 의미라도 하듯이.

"인생이란 B^{birth}와 D^{death} 사이의 C^{choice}다"라는 명사의 말씀도 있지만, 알파벳 순서가 아닌 인간의 탄생 B와 죽음 D 사이에는 S, 즉 섹스도 있다. 탄생의 원인이면서 부산물로 지대한 쾌락까지도 함께 포함된 행위이자, 상황에 무관하게 즉물적 쾌락을 주는 신비한 마법 상자, 섹스. 섹스에 중요한 구멍은 아무래도 탄생의 구멍이다. 남녀가 가진 탄생의 구멍끼리 밀접하게 만나다 보면 후대가 탄생한다. 종족 번식, 이것이 자연이 설계한 섹스의 목적이다. 효율을 높이느라 쾌락이 덤으로 주어졌는데, 이 덤이란 게 좀 과했다. 마치 한정판 사은품 받으려고 일정 금액 이상을 주문하게 되는 심리처럼, 인간은 번식 본능보다도 쾌락 때문에 섹스를 추구하게 되었으니 말이다. 어쩌면 이것은 자연 설계도의 오류가 아닐까. 게다가 인간은 다른 동물들과는 달리 섹스가 허락된 기간이 한정되지도 않았으니, 섹스에 빠져들 수밖에 없다. 인구가 70억이 넘었고 조만간 100억에 육박하리라고 예견되는 오늘날까지도, 지구를 사랑하는 차원에서 섹스를 줄이자는 고귀한 환경 윤리는 아직 제안된 적이 없다. 번식 부담 없이 쾌락만 누리려는 의술은 개발되었지만.

극도의 쾌락을 추구하자면 신체 부위 중에서 탄생의 구멍으로만 한정할 이유는 특별히 없으니, 다른 구멍도 가용 범주에 들어온다. 소설 『에브리맨』 주인공 대사처럼 "다른 모든 것과 맞바꾸어도 좋을" 작은 구멍이라든지. 인간은 상상력과 응용력이 풍부한 생명체가 아니던가.

누구의 어떤 쾌락이냐 하는 문제로 바라보자면 섹스는 침대라는 사각의 링 위에서 진행하는 벌거벗은 두 실존 간의 권력 게임이 된다. 세상에는 완전한 평등이나 완벽한 공동 소유라는 건 존재할 수 없기 때문이다. 침대가 아닐 수도 있다든지, 늘 벌거벗는 건 아니라든지, 꼭 두 명뿐이지만은 않다는 등의 논란은 잠시 접어 두기로 하자.

『죽어가는 짐승』과 필립 로스

여기 62세 영문학 노교수가 있다. 이름은 데이빗 캐피시, 방송에도 자주 출연하는 저명인사다. 학문적 성취야 우리가 거론할 바 아니고, 육체적 성취 면으로는 젊은 시절부터 갈고닦은 유혹 실력과 기술이 꽤 되는 분이다. 경험치가 선수급이라고나 할까. 가슴 페티시라는 점이 특이사항이다.

내가 『죽어가는 짐승』에는 밝혀진 적 없는 페티시, 아니 캐피시 교수의 성적 취향을 알고 있는 이유는, 그가 주인공이었던 전작 덕분이다. 아직 번역되지 않은 중편 소설 『가슴』에서는 가슴 페티시 캐피시가, 『에로스학 교수』에서는 성혁명 세대인 68혁명 세대 여성과 무수히 다양한 섹스를 경험하는 캐피시가 등장한다. 『죽어가는 짐승』은 그가 주인공인, 세 번째이자 마지막 소설이다. 작가 필립 로스가 2010년 절필을 선언했고, 2018년에 사망했기 때문이다. 아쉽지만 캐피시 이야기를 더는 들을 수 없다.

다시 『죽어가는 짐승』으로 돌아가 보자. 캐피시 교수는 학기가 종료되는 시점에 집으로 학생들을 초대해서 파티를 열고, 그중에서 엄선한 여학생을 한 명 남겨서 그녀와 2차 파티를 열곤 했다. 물론 2차 파티 내용은 진한 섹스다. 요즘이라면 미투 대상으로 진즉에 교수직을 잃었으련만, 소설 배경은 아직 그런 때가 아니라서인지, 캐피시 교수는 명성과 쾌락을 길게도 유지하고 있었다. 62세인 올해에도 같은 방법으로 낚은 24세 제자 콘수엘라와 진한 섹스를 이어 가던 중이었다. 완벽하고 커다란 가슴에 예의범절까지 갖춘, 유럽 귀족 혈통 콘수엘라에게 캐피시는 매우 만족했다. 그가 낭만적 사랑을 믿지 않은 지는 이미 오래다. 그는 아름다운 가슴과 만족스러운 섹스면 그걸로 됐다고 생각하는, 연애의 프로였다.

캐피시와 콘수엘라가 탄생의 구멍을 접촉하던 평범한 섹스는 어느 날 새로운 국면에 접어든다. 콘수엘라 입안에 담긴 캐피시의 페니스를 그녀가 물어 버리면서부터다. 그녀는 확정 도장이라도 찍듯 캐피시의 허벅지까지 이로 물어 버렸다. 구강 성교에서 암묵적으로 금지된 공격이 행해진 것이다. 급소를 내맡긴 상대로부터 이런 공격을 당하면 남자에게 트라우마로 남지 않을까? 나는 정말 궁금하다. 남자는 질 삽입 성교보다는 구강 성교 때 상대에게 더 믿음이 강하다고 할 수 있을지가 말이다. 둘의 권력관계는 이 사건 이후로 완전히 역전된다. 콘수엘라는 의문의 1승을 챙긴다.

선수이기를 포기한 선수, 프로에서 아마추어로 전락한 캐피시 대 선수인지를 모르는 선수, 아마추어를 가장한 프로 콘수엘

라. 반세기 동안 백 명도 넘는 여자와 섹스하며 산전수전 다 겪은 백전노장 캐피시는 기껏해야 열 명의 경험치도 쌓지 못한 콘수엘라에게 완벽히 패배한다. 오직 혼자서만 그녀를 소유하고 싶다는 욕망이 시작되면서부터. 캐피시는 그녀에게 섹스 이상을 원하는 자신, 그녀를 잃을까 봐 노심초사하게 된 자신을 마주치고 당혹감에 빠진다. 말 그대로 난생처음이니까.

내가 이 나이에 그 불확실성의 광증을 견딜 수 있을까? 내가 감히 열광의 무아지경으로 되돌아갈 수 있을까? 그게 나의 장수에 도움이 되는 일이긴 할까?

마지막 문장이 가슴을 울린다. 에로스의 화살을 맞고서도 우선은 건강 상태부터 챙겨야 할 나이다. 캐피시 62세, 상대인 콘수엘라는 24세. 인생 시간표가 다른, 38살 차이의 커플이다. 캐피시는 끊임없이 의심한다. 콘수엘라는 자신의 몸과 가슴을 시험해 본 것뿐이다, 자신이 젊은 시절 그랬듯이 결국에는 어떤 젊은 놈이 채 가고야 말 거다 등등. 일반적인 도덕 개념이라고는 눈곱만큼도 없는 캐피시가 한 여자에게 질투심과 독점욕을 느끼고 그것에 굴복해 버린다는 건 여태까지 살아온 자신의 삶과 인생관을 부정하고 송두리째 바꿔야 한다는 뜻이다. 그로서는 몸서리치게 두려울 수밖에.

살아갈 날이 살아온 날들보다 적음을 이미 알고 있는 캐피시에게는 자신의 모든 것을 건 마지막 사랑이 젊은 그녀에게는 경험치를 높여 주는 한때 스치는 사랑이 될 것이 뻔히 보였다. 굳이 점쟁이에게 문의하지 않아도 통계적으로 맞을, 합리적인 예측이다. 섹스는 게임일 뿐 사랑 따위 모른다던 노교수 캐피시는 독점욕과 소유욕을 느끼는 자신에게 놀라 경기장에서 탈출한다. 어릴 때 읽은 우화 토끼와 거북이의 경주 같은 결과다. 능력치로 볼 때는 패배할 리가 없는 경주에서 토끼가 지고 만 이유는 단 한 가지였다. 지나친 자신감 말이다. 콘수엘라는 권력 경기가 진행 중인 줄도, 자신이 승리자인 줄도 모르며, 관심조차 없다. 가끔은 이렇게 아마추어가 경기 자체를 인정하지 않음으로써 승리를 거두곤 한다. 프로 선수 캐피시는 거북이에게 진 토끼가 되어 혼자 상처를 핥는다.

사랑을 믿지 않는 자가 사랑에 빠진 것만큼 가엾은 광경도 없다. 이 건조한 마음의 소유자는 우선 끊임없는 자기 부정 - 이건 사랑이 아니다, 일시적인 감정일 뿐이다, 호르몬의 이상 작용일 뿐이다 등 - 에서 시작한다. 그러나 어쩌랴, 그가 부정한 그것들을 바로 우리는 사랑이라 부르는 것을. 한 단계 더 발전해서 이미 자신보다 상대가 우선하는 순간을 마주하면, 소중히 지켜 온 자신의 사막에 모래 폭풍이 이는 경험을 한다. 혹시 그가 용기를 내어 사랑을 인정한다면, 아우렐리우스 황제가 일기장 『명상록』에 적었던 "영혼의 떨림"을 따른다면, 사막을 촉촉이 적시는 비가 내릴지 모른다. 초록 나무와 붉은 꽃이 자랄 수도 있다. 사랑에는 그런 힘이 있다.

하지만 캐피시는 도망쳐 버렸다.

인생의 속도, 몸의 나이

두 사람의 두 번째 경기는 8년 후. 최고 전략 무기인 가슴을 암으로 잃게 될 부상 예정자 콘수엘라가 70세 패잔병 캐피시를 찾아오면서 시작된다. 캐피시가 하필이면 가슴 페티시인 탓에 콘수엘라의 완벽한 D컵 가슴은 확실한 킬링 아이템이었다. 그런데 그녀는 이제 곧 그 가슴을 잃게 된다는 거다. 그녀가 완벽했던 가슴을, 건강을 잃음으로써 이제 그들의 인생 시간표는 비슷해져 버렸다.

콘수엘라는 게임의 규칙을 전혀 이해하지 못했다. 병에 걸린 몸으로 그를 찾아온 것부터가 백기 든 투항인데도 그녀는 자신이 무엇을 하고 있는지조차 인지하지 못한다. 설마 죽음이 가시거리에 들어왔다 해서 갑자기 캐피시에 관한 '사랑'이 주체할 수 없을 정도로 커졌을까? 아니, 애초에 '사랑'한 적이 있기는 한가? 다시 찾아온 콘수엘라가 하소연했다. 그녀와 섹스했던 다른 남자들은 그녀를 자위 수단으로 사용했을 뿐이라고. 오직 캐피시만이 그녀를 진심으로 아껴 주고 '사랑'해 주었다고.

그렇다. 여성에게 자위만도 못한 쾌감을 주는 섹스를 하는 남자, 본인만 좋으면 다 좋은 거라는 남자가 세상에는 넘쳐 난다. 그러니 여자라면 자위보다 더 기분 좋은 섹스를 한 날이면 꼭 일기를 써야 하는 법. 그런 날은 함박눈이 내리는 크리스마스보다 드무니까! 오해 마시라. 굳이 내 이야기가 아니라, 친구에게 듣자니 그러하고, 통계에 따르면 그렇다는 거다. 근거자료는 제시할 수 없지만.

콘수엘라는 하나만 알고 둘은 몰랐다. 혹은 모르는 척하고 있다. 캐피시가 아낀 것은 그녀 몸, 특히 가슴이지 그녀의 모든 것이 아니다. 가슴 페티시 캐피시의 집착은 콘수엘라의 아름다운 가슴과 몸에 관한 숭배와 지배욕이다. 낭만적 사랑은 둘 사이에 있었던 적도 없고, 이제 와서 시작될 리도 만무하다. 게다가 가슴을 잃게 된 지금에야? 그건 그녀의 꿈과 희망 사항일 뿐이다. 이해한다. 과거란 늘 지나치게 미화되어 우리를 속이곤 하니까. "마음이 한번 망각의 길로 접어들었다 하면 우리의 모든 행동이 그럴듯해 보이기 마련이랍니다 - 이것이 삶의 설계지요. 또 우리 자신이 망각되고 잊히거든 그 모든 행위들이 다 선하게 보이니 - 이것이 죽음의 설계랍니다."라던 주나 반스의『나이트우드』속 문장처럼 말이다. 캐피시는 뒷덜미를 잡혀 링 위로 다시 끌어 올려진다. 가만히만 있으면 이길 경기다. 그는 과연 소설 마지막 장면 이후로 콘수엘라를 만나러 병원에 갔을까? 간다면 그는 다시 패배자다. 왠지 나는 꼭 그럴 것처럼 읽혔다. 가지 않을 양이면 이야기를 시작하지도 않았을 테니. 소설『죽어가는 짐승』을 영화〈엘리지〉로 필름에 담은 감독도 나와 같은 생각이다.

그나저나 마지막 페이지에서야 소파에 앉아 이 모든 이야기를 듣고 있는 또 다른 제자가 있음을 넌지시 보여 주는 음흉한 작가 필립 로스. 그는 정말이지 프로 소설가, 특히 화자 감추기가 취미인 소설가다. 소설『네메시스』에서도 갑자기 튀어나온 화자 때문에 내가 어찌나 놀랐던지.

과연 8년 만에 이뤄진 재경기에서도 콘수엘라가 1승을 추가하게 될까? 그것도 아니다. 페티시즘은 극복되지도, 사라지지도 않는다. 오히려 나이 들어 경험치가 쌓이면 쌓일수록 더욱 까다로워질 뿐이다. 죽는 순간까지 캐피시는 가슴 페티시일 거다. 그러니 가슴을 잃은 콘수엘라가 원하는 캐피시의 숭배와 헌신은 없을 터이다. 이번 경기는 두 명의 패자만 남겼다. 차라리 시작하지 않는 게 나았을 경기, 누구도 행복하지 않은 결과다. 삶이 대부분 그러하듯이.

예정된 익사체들의 위로

우리는 헤엄을 치고 있어. 시간 속으로 가라앉고 있어. 그러다 마침내 익사해 사라져.

박수칠 때 떠나고, 땄을 때 자리 털고 일어서는 삶. 설사 이론으로는 잘 알고 있다 해도 정작 실천하기는 어렵다. 그래서인지, 오늘도 지구상의 '죽어가는 짐승'들은 갖가지 구멍으로 섹스해 가며 지리멸렬하게 살아가는 중이다. 탄생과 동시에 새겨진 운명을 거부하려 아무리 발버둥을 쳐 봐도, 우리는 결국 시간의 바다에서 태어나 서서히 침몰해 가는, 필멸하는 생명체다.

아마도 사랑은 죽음이라는 깊은 바다에 서서히 빠져 가는 우리 예정된 익사체들에게 허락된 유일한 위안이리라. 비록 그것이 찰나의 사랑, 칼끝의 행복이라 할지라도.

사랑은
달콤한 환희 속에서 파멸하는 것?

산도르 마라이 『결혼의 변화』 & 『열정』

"뭔가 일어난 게 틀림없다는 걸 그제야 깨달았네. 우주 속에서 이미 오래전에 사라져 버린 별빛을 지구에서는 한참 후에야 알게 되는 것처럼. 그렇지만 그게 언제였을까? 두 사람의 끈이 끊어진 순간을 포착하고 붙들 수 있을까?"

- 산도르 마라이 『이혼 전야』

멀리서 구경할 때는 재밌어 보여도 막상 직접 겪어 보면 일생에 한 번도 많을 경험이 있다. 콜라에 밥 말아 먹기, 연애 초고수와 사귀기, 주식에 전 재산 몰빵하기 같은. 결혼은 어떨까? 그저 할 때가 되었다며 하고, 누군가는 결단코 하지 않고, 누군가는 여러 번도 하는 그것 말이다.

결혼을 해 본 사람일수록 더 열렬한 비혼주의자가 될 가능성이 크다고 생각하는 나는, 결혼이란 "어쩔 도리가 없는 탓에 붙어 지내며 서로의 생명력과 생활력을 앗아가는 것"이라는 적나라한 표현을 소설에서 발견했을 때 풉, 하며 마시던 커피를 뿜고 말았다. '이런 팩트 폭력이 있나!' 더군다나 이 대사는 결혼 두 번에 이혼도 두 번을 했던 캐릭터가 내뱉은 말이었다. 책 제목이 『결혼의 변화』라니, 결혼식장에서 시작해서 가정 법원에서 끝나는, 용두사미의 과정을 보여 주려나?

"온전한 한 사람이 필요해" - 일롱카

『결혼의 변화』는 사랑에 실패한 세 남녀 - 한 남자와 두 전부인 - 의 하소연을 엮었다. 장마다 화자가 다른데, 각각 막역한 친구를 앞에 앉혀 놓고 들어 달라며 쏟아붓는 독백을 그저 이어붙인 것 같은 소설이다. 독자는 마치 화자가 마주 앉아 말하고 있기라도 하듯, 중얼중얼 끝도 없이 풀어놓는 이야기에 하염없이 빠져든다. 첫 번째 전부인의 길고 긴 사연을 다 들어 주고 나면 그녀를 가슴 아프게 했던 전남편의 하소연이, 그게 끝나고 나면 둘 사이를 갈라놓았던 두 번째 전부인이 차례로 이야기 보따리를 풀어놓는다. 핑계 없는 무덤 없다더니 사연을 듣다 보면 비난할 대상은 없고 오히려 세 사람 인생에 '그랬었구나' 하며 고개가 끄덕여진다. 서로에게 주는 상처와 갈등, 결국 누구 하나 승자가 되지 못한 사랑 게임이기에. 그렇게 세 사람의 이야기를 다 읽고 나면 내가 '들은' 이야기가 두터운 책 두 권, 합하면 무려 685쪽이었다는 사실에 놀라고 만다. '이렇게 길었던가?' 그만큼 재미있게 썼다. 하긴, 원래 남의 연애 이야기, 그것도 잘 나가다가 가차 없이 깨져 버린 이야기가 제일 재미있는 법이 아니던가.

첫 독백자는 일롱카, 열정적 사랑의 화신이자 남주인공 페터의 첫 번째 부인으로서 착하고 정숙한 소시민이다. 그녀는 "온전한 한 사람이 필요하다."라며 남편 페터의 몸과 마음과 영혼을 모두 갖고자 했다. 그녀는 그게 당연한 것으로 알았다. "사랑을 다른 사람과 나눌 수는 없다."면서. 첫사랑이나 풋사랑에서는 흔히들 그러하고, 나도 그랬고, 바로 그런 점이 상대방을 질식시켜 헤어지게 만들곤 한다. '너뿐이야'라는 주문에 서로를 속박하며 옭아매지만, 마법도 시간이 지나면 풀리고 눈꺼풀에 덮인 콩깍지도 말라 비틀어져 떨어지는 순간이 오는 법이다. 일롱카가 페터 지갑 속을 들여다 본 순간이 바로 그런 때였다. 12년간이나 그를 기다려 온 다른 여인이 있으며, 페터 지갑 속에는 그 여인의 보라색 끈 한 조각이 고이 간직되어 있음을 알게 된 순간 말이다. 페터는 지갑 속의 돈은 부인에게 주저 없이 꺼내 줄지언정 부인 사진은 지갑 속에 가지고 다니지 않는 사람이잖은가.

여기서 일롱카는 일생일대의 결심을 한다. 페터 마음을 점령하겠다는 것이다. 그녀의 야심을 고해소에서 전해 들은 늙은 신부는 그녀에게 이렇게 말한다.

"사람들은 사랑에 빠지면 언제나 상대방의 영혼을 빼앗으려 하는데, 그것은 죄입니다. (중략) 누군가가 우리에게 자진하여 내놓는 것에 만족하지 않는 사람은 언제나 죄인입니다."

점령하려는 사랑은 이기심과 허영심일 뿐이라는 이야기다. 하지만 '사랑'에 빠진 그녀가 그런 조언이 귀에 들어올 리가 없다. 페터 영혼을 얻으려 노력에 노력을 거듭한 끝에 그녀가 얻은 것은 페터가 매달 초 입금해 주는 생활비와, "지상에도 천상에도 오직 나한테만 맞는 유일한 사람은 존재하지 않아."라는, 사랑의 씁쓸한 진리가 전부였다. 단 한 번의 열정적 사랑에 인생을 모두 태워 버린 채, 숨은 쉬지만 진정 살아 있다고 말하기엔 무언가 텅 빈 삶을 이어가는 여인 일롱카. 이렇게 제1장이 끝난다.

너무 순진했고, 여전히 순진하기만 한 일롱카다. 인간이 어디 맞춤형이던가? '오직 나한테만 맞는 단 한 사람'이라니. 그런 건 좀 더 기다렸다가 인간형 안드로이드에 인공 지능을 이식해야만 달성할 수 있을 거다. 게다가 자기 자신마저 변해 간다는 요소를 고려하면 적어도 몇 달에 한 번씩은 업데이트가 필요할 거다.

한편 카페 문 닫을 때까지 일롱카의 하소연을 들어 주던 친구는 일부러 페터에게 접근해서 하룻밤을 함께 보내고 나서는 친절하게도 일롱카의 근황을 그에게 전한다. 여기서 우리는 교훈을 한 가지 얻는다. 옛 남자 얘기는 여자 친구에게 너무 구체적으로는 하지 말아야겠다는 것. 설사 말하게 되더라도 'A 씨'라 할 일이지, 손가락으로 가리키며 '저 남자'라고 알려 줘서는 안 될 일이다.

그나저나 친구의 옛 남자와 섹스하는 기분은 대체 어떤 걸까?

결혼 경험을 공유한 세 사람 - 일롱카, 페터, 유디트

두 번째 독백자는 페터다. 부유한 귀족이자 모범시민인 페터에게 "교육이 체험이 아닌 정보"인 소시민 출신 일롱카는 왠지 2퍼센트 부족하게 느껴졌다. 같이 살면 살수록 느껴지는 "미묘한 작은 차이" 때문에 느껴지는 불편함과 그녀의 과도한 애정에 숨이 막혀 오던 어느 날, 드디어 사건이 벌어진다. 페터 지갑 속의 보라색 끈 조각을 부인 일롱카가 찾아낸 것이다. 이 일은 그가 십수 년 전 애써 봉인했던 "인간 마음 밑바닥에서 잠자는 괴물", 즉 감정과 본능을 흔들어 깨웠고, 이 두려운 존재가 크게 기지개를 켜며 부활하고 말았다. 저항할 의지도 능력도 사라진 페터를 다시 예전의 '그녀', 즉 보라색 끈의 주인공이자 세 번째 독백자인 유디트에게 굴복시키면서 말이다. 페터가 일롱카와 이혼하고 유디트와 재혼하는 건 시간문제였다.

정치, 종교, 그리고 응원하는 야구팀만큼은 사회에서 대화 주제로 삼지 말자는 나만의 행동철학이 있다. 그 세 가지 주제는 타협이 불가능하기 때문이다. 취향도 쉽사리 바뀌거나 고칠 수 없다. 취향과 출신 계급 간 연관성을 부정하기 어렵다는 게 바로 피에르 부르디외가 두꺼운 저작 『구별짓기』에서 펼쳐 낸 이야기 아니던가. 바로 이것이 페터가 일롱카와 오래도록 함께할 수 없던 이유, 페터가 끊임없이 느끼며 불편해했던 "미묘한 작은 차이"다.

하녀 출신 유디트는 인간이란 "본능이 더 막강한 탓에 지성은 참 별 볼 일 없다."라는 사실을 딱히 학교에서 배우지 않았어도 잘 알아서 삶에 적용한 사람이다. 결국 '작은 주인님'을 남편으로 만들기에 성공했잖은가. 그렇다면 유디트는 페터를 사랑했을까? 그들도 서로 그런 줄로만 알았다. 몇 년간 살아 보기 전까지는 말이다. 결혼하기까지 무려 12년을 기다린 사랑이라니 대단한 열정이 아닌가? 열정 안에서는 시간도 이성도 사라져 버려서, 열정 이전은 이해할 수 없고 이후란 상상할 수도 없으며, 지금이 영원히 지속될 것만 같이 느껴지곤 한다. 하지만 우리에게 이야기를 들려주는 지금, 유디트는 로마에 있는 어느 호텔 침대 위에서 애인과 함께 누워 지난 날을 회상하는 중이다. 페터의 두 번째 전부인으로서 그녀는 이렇게 고백한다. "일평생 심한 갈증에 시달렸는데 막상 갈증을 해소할 길이 열렸을 때는 혐오감이 일었다."라고. 유디트는 신분 상승 의지와 사랑을 착각했던 것이다. 인간이 자기 자신을 알기란 얼마나 어려운 일인지! 유디트가 "침대 속에서도, 침대 밖에서도 시중을 들었음"을 페터가 알아차려 버린 후 그들의 이혼도 시간문제가 되어 버렸다.

그렇게 세 남녀는 사랑과 결혼에 완벽하게 실패했다. 승자는 어디에도 없다. 셋 중 가장 결혼 경험치가 높은 페터는 캐릭터 대표로서, 결혼이 차츰 변질되는 과정을 솔직하게 털어놓는다.

"이보게, 사랑의 시간도 죽음처럼 시계나 달력으로 계산할 수 없다는 생각이 들지 않는가? (중략) 노여워하거나 아니면 담담하게 서로 헤어지고 다시 처음부터 모든 것을 시작하네. (중략) 아니면 더 이상 어쩔 도리가 없는 탓에 함께 붙어 지내면서 서로의 생명력과 생활력을 앗아간다네. 병이 들고 서로 상대방을 죽이고 숨을 거둔다네. 그렇다면 눈을 감는 최후의 순간에는 과연 이해하는가? 서로에게서 뭘 원했던가?"

그리고는 결혼이란 결국 이런 것이더라고 결론을 짓는다.

"짝을 짓는 남자들과 여자들의 도움을 받아 종족 보존을 위해 세상을 새롭게 다지길 요구하는 법칙, 사랑의 입김을 통해 자신의 뜻을 관철시키는 커다란 맹목적인 법칙에 단순히 복종했을 뿐일세. (중략) 더없이 불쌍한 존재, 우리들은 과연 스스로를 위해 무엇을 바랐던가? 우리는 서로에게 무엇을 주었으며 서로에게서 무엇을 받았는가?"

아니, 결혼이란 게 이렇다는 걸 무려 두 번이나 경험해야 안다니 너무 무딘 거 아닌가? 페터는 또한 이런 이야기도 한다. "사랑한다는 것은 환희를 완벽하게 알고서 파멸하는 것을 뜻하네." 그래서 "진실한 사랑은 언제나 아주 위험하다네."라고. 그렇기에 페터는 용기 없는 사랑을 택했고, 사랑인 듯 사랑 없는 두 번의 결혼과 두 번의 이혼을 겪으며 사랑의 실패를 흠뻑 맛봤다. 직접 몸으로 겪어 내기 전까지 우리는 알지 못한다. 사랑은 결혼이라는 강렬한 햇빛에 스러져 버릴 무지개이고, 열정적 사랑은 유통 기한이 짧다는 것을. 삶이라는 건 맛보기 체험 학습만으로는 결코 만족스럽게 채워지지 않아서, 두 번 세 번 같은 경험을 반복하곤 하나니. 인간의 어리석음이여.

작가 산도르 마라이

 마음에 쏙 드는 책을 발견했을 때마다 그래 왔듯이, 이번 책도 나는 저자가 어떤 사람이며 어떻게 살아왔는지를 찾아보았다. 이번 작가도 1989년에 세상을 떠난 사람이었다. 어째서 나는 이미 이 세상에 없는 작가들이 취향인지 모르겠다. 저자는 무려 121년 전인 1900년, 오스트리아 - 헝가리 제국 카사 지역(지금은 슬로바키아) 귀족으로 태어난 산도르 마라이다. 본명은 귀족들이 흔히들 그렇듯, 매우 길다. 산도르 카롤리 헨릭 고슈밋 드 마라.

 많은 당대 유럽 지식인들처럼, 마라이는 두 차례의 세계 대전 후에 조국을 떠났고 1948년부터는 미국에 정착한 망명 작가다. 그는 사실 '발굴된' 작가에 가깝다. 그가 남긴 46권의 책은 헝가리어로만 쓰였기에, 살아생전에는 널리 알려지지 못했다. 그에 관해 알려졌던 정보라고는 '카프카에 관해 최초로 평론을 남긴 평론가' 정도였을 뿐.

 하지만 그가 1942년에 헝가리어로 출판했던 소설 『열정』이 출판한 지 무려 50년 뒤이자 작가 사후인 1998년에야 이탈리아에서 출간되며 작가의 위상이 완전히 달라졌다. 『결혼의 변화』를 비롯해서 『유언』, 『이혼 전야』 등 그의 다른 작품이 줄줄이 발굴되고 번역되어 읽혔고, 세계인의 마음을 파고들었으며, 지금 그는 "20세기 최고의 유럽 작가"로 불린다. 명성은 사후였다. 정작 작가인 마라이 본인은 1986년에 부인이 타계하고 양

아들도 세상을 떠난 후인 1989년, 권총으로 스스로 삶을 정리했기 때문이다. 그에게는 영원한 타지로 인식되었던 미국 샌디에고에서, 혼자서. 『결혼의 변화』에서 "나한테는 혼자서 죽을 권리가 있어. (중략) 그것은 커다란 권리일세."라던 페터의 목소리에 작가 산도르 마라이의 의지가 엿보인다는 건 나만의 착각일까.

한가지 더. 소설 『결혼의 변화』는 이력이 특이하다. 일롱카와 페터의 독백은 1941년에, 마지막 유디트의 이야기는 무려 39년 후인 1980년에 출판됐기 때문이다. 작가 사후에 발굴된 작품이다 보니 우리는 세 사람 목소리를 한꺼번에 한 권의 소설에서 모두 들을 수 있었지만, 당대 헝가리 독자들은 후편을 기다리고 또 기다렸으리라. 어쩌면 대를 이어 가며. 그래도 이렇게 이야기를 마무리해 주었으니 얼마나 훌륭한 작가인가.

한 여자와 두 남자, 『열정』

마라이는 다른 소설이자 대표작 『열정』에서도 사랑과 결혼, 열정을 이야기한다. 『열정』에는 한 여자와 두 남자가 등장한다. 친구의 부인을 사랑한 한 남자, 영혼을 공유한 줄로 알았던 친구와 사랑하는 부인이 서로 사랑에 빠져 자신을 배신해 왔었음을 알게 된 남자, 그리고 두 남자를 모두 사랑한 한 여자. 두 남자의 우정, 남녀의 사랑, 배반, 도망쳐 버린 남자와 남겨진 남자, 그리고 무려 41년의 기다림. 과연 누가 승자고 누가 패자이며 누가 배신당한 걸까.『결혼의 변화』처럼 독백 같은 대사가 이어지는 소설『열정』에서 저자는 사랑과 정열의 의미를 묻는다. 과연 그것에 온 인생을 바칠 만큼의 가치가 있을지를. 이미 41년을 그리 보내고 난 후에, 질문의 형식을 취했으되 질문이 아닌 문장으로, 작가의 세 번째 이름인 헨릭과 같은 이름을 가진 캐릭터의 목소리로 묻는다.

"말해 주게. 어느 날 우리의 심장, 영혼, 육신으로 뚫고 들어와서 꺼질 줄 모르고 영원히 불타오르는 정열에 우리 삶의 의미가 있다고 자네도 생각하나? 무슨 일이 일어날지라도? 그것을 체험했다면 우리는 헛산 것이 아니겠지?"

- 산도르 마라이『열정』

나는 진심으로 "그렇네"라고 대답할 수 있다. 어제와 오늘, 오늘과 내일의 구분 없이 똑같은 일상으로 점철된 하루하루만을 살아간다면, 100년, 아니 천 년을 산들 무슨 의미가 있을까? 먹고 싸는 동물로서 오직 오래도록 살아남는 게 목적인 삶? 나는 그런 삶이라면 차라리 일찍 정리하고 싶다. 지속 가능한 지구를 위해서라도 그편이 나으리라. 무언가에 정열을 불태우기로 스스로 결정했다면, 처음 의도대로 꾸준히 해 볼 일이다. 그 과정이 아무리 어렵고 힘들어도, 어떤 결과가 나와도, 당연히 그 누구도 탓할 수 없다. 오롯이 자신만이 그 무게를 감당해야 하리라.

마라이의 소설은 잔잔한 문장들로 깊숙이 심장을 파고든다. 인간 심리와 숨겨진 욕망을 이토록 예리하게 드러내던 소설가의 작품이 더는 없으리라는 사실이 독자인 나로서는 아쉽기만 하다. 100년 전이나 지금이나, 인간은 아무리 고상한 체 해 봐야 결국 욕망 덩어리에 불과하고, 결혼이란 서로에게 구속일 뿐임도 별반 달라지지 않았다. 산도르 마라이의 표현대로, 정말이지 "인간은 지옥의 끓는 물 속에 떨어져 부글부글 끓다가도 어느 날 천상의 도움을 받아 다시 살아나게 되면, 잠시 눈을 깜박인 다음 옛날에 하던 짓을 그대로 계속할" 것만 같다. 결혼, 이혼, 사랑의 갈구, 그리고 되풀이되는 사랑의 실패라는 바보짓까지도.

나의 성적 취향은
어느 부위?

다니자키 준이치로 『미친 노인의 일기』

'그녀는 자기 얼굴은 보겠지만, 자기 등이 이렇게 아름답다는 걸 알까?
자신은 아마도 모를 것이다. 그것을 제일 잘 아는 이는 나다.'

- 다니자키 준이치로 『치인의 사랑』

몇 년만 더 오래 살았더라면 노벨 문학상을 받았으리라는 일본 소설가 다니자키 준이치로. 그는 평생 일관되게 탐미주의 - 좀 더 구체적으로는 페티시즘, 마조히즘, 금기타파 - 를 추구했고, "일본인 미의식 저변에 잠재하는 호색과 에로티시즘의 전통에 서양 문화를 융화하여 순수 문학으로 격상시킨 천재 작가"라 일컬어지는 독보적인 존재. 대다수의 작품이 일찍이 서구에 번역되어 알려진 그는 1958년에 처음 노벨 문학상 후보에 올랐고, 1960년에는 최종 후보 5인에 포함되기도 했다. 하지만 일본 최초의 노벨 문학상은 1968년 가와바타 야스나리가 받는다. 다니자키 준이치로가 그보다 고작 3년 전인 1965년에 심장 마비로 별세하지만 않았더라면 아마 수상자 이름이 바뀌었으리라는 게 문단의 평이다.

다니자키 준이치로 전집에서 나는 세 권을 골라 연달아 읽었다. 『치인의 사랑』, 『열쇠』, 『미친 노인의 일기』다. 세 권 모두 1인칭 시점이라서 몰입도가 높다. 『치인의 사랑』은 15세 소녀 나오미를 데려다가 씻기고, 먹이고, 가르친, '파파'이자 남편인 13살 연상남 조지가 부인을 여신처럼 숭배하며 그녀 육체에서 헤어나지 못하는 이야기, 『열쇠』는 뒤늦게 눈뜬 희락에 빠져들어 결국 한쪽이 죽을 때까지 하고야 마는 중년 부부의 건전한 섹스 이야기다. 소설 곳곳에 여성의 신체를 탐미적으로 바라보는 시선과 표현이 가득하다. 사회 문제, 계급 의식, 역사 의식, 이런 건 단 1나노그램도 함유되어 있지 않은 소설이다. 이런 책도 일본에서는 출판이 되고, 순문학으로 인정받는다는 사실이 놀라웠다. 호색은 진즉 넘었고, 변태, 엽기, 금기까지도 사뿐히 즈려밟아 버린 그의 소설들에 나는 감탄했다. '일본 작가가 아닌 한 이렇게 쓸 수가 없어!'라고.

세 번째로 읽은 그의 소설 『미친 노인의 일기』 마지막 장을 덮을 때, 나는 깨달았다. 준이치로를 읽기 전과 후의 나는 절대 같은 사람일 수가 없음을, 존재하는 줄도 몰랐던 내 안의 음흉한 인격이 깨어나고야 말았음을 말이다. 내가 남녀불문하고 신체를 유심히, 그것도 부위별로 조목조목 관찰하고 있다니! 어떤 음식을 먹느냐가 몸을 만든다면, 어떤 책을 읽는지는 영혼을 이룬다.

욕망을 인지할 때

생전 처음 내가 '한 번만이라도 만져 보고 싶다'는 욕망으로 저절로 손을 뻗는 낯선 경험을 유발시킨 완벽한 엉덩이가 아직도 기억난다. 베를린 페르가몬 박물관에서인데, 안타깝게도 따스한 피가 흐르지는 않았다. 오호통재라. 아폴론 또는 다비드 상이었던 것도 같은데 글자 그대로 '군침 도는 엉덩이'란 게 무엇인지 나는 처음으로 느꼈다. 엉덩이만 뚫어지게 바라보느라 그게 누군지 확인도 안 했다. 얼마나 내가 그 엉덩이 곡선을 느껴보고 싶었던지 모른다. 단 한 번만이라도 쓰다듬어 보고 싶었건만 그랬다가는 경보기 울리고 무서운 표정을 한 관리자에게 추궁당하다가 국제 망신을 당할까 봐 두려워서 마지막 한 발짝 용기를 못 냈다. 대신 군침 삼키며 카메라 셔터만 눌러 댈밖에. 그전에도 그 후로도, 내게 그만큼의 욕정을 불러일으킨 엉덩이는 없었다. 그에 비하면 인간 엉덩이 따위!

이런 낯 뜨거운 이야기를 이렇게 스스럼없이 글로 써 댈 수 있는 이유는 단연 다니자키 준이치로 덕분이다. 그가 76세에 쓴 성애 탐구 소설 『미친 노인의 일기』에서 주인공이자 화자인 '나'는, 하필 다른 사람도 아닌 며느리의 발에 푹 빠지고 만다.

설정부터 금기 타파다. 며느리 사쓰코의 발을 만져 볼 수만 있다면, 혹은 핥아 볼 수만 있다면, 노인 머릿속엔 오직 그런 생각뿐이다. 마조히스트이자 발 페티시인 노인은 며느리가 원하는 건 뭐든지 해 준다. 어차피 앞으로 살날은 많지 않고 돈은 죽을 때까지 쓰고도 남으니, 그녀가 갖고 싶다는 3천만 원짜리 호안석 반지쯤이야 키스 한 번과 교환할 가치가 충분하고도 남는다. 체면이나 거리낌 없는, 호색과 탐미의 극치다. 담당 의사조차도 노인이 살아가는 힘은 오직 호색이라 진단했기에 가족들도 노인의 행동을 용인해 주는 분위기다. 오히려 며느리에게 시아버지 도발을 조금만 더 참아 주라는 식이니, 우리나라와는 문화가 달라도 아주 많이 다르다. 한편 노인이 발에 가진 집착은 대단하다. 죽은 뒤에 자기 묘지 위에 며느리 발을 본뜬 조각상까지 세우겠다는 계획을 세우는 대목이다.

 죽어서라도 나는 느껴 볼 것이다. 느끼지 못할 리가 없다. 마찬가지로 사쓰코도 땅속에서 기꺼이 그녀의 무게를 견디고 있는 내 혼의 존재를 느낄 것이다. 어쩌면 흙 속에서 뼈와 뼈가 딱딱 소리를 내며 뒤얽혀서 서로 웃으며 노래하고 삐걱거리는 소리까지 들릴지 모른다. 아니, 그녀가 실제로 돌을 밟고 있을 때만 그런 것이 아니다. 자신의 발을 모델로 한 불족석의 존재를 생각하는 것만으로 그 돌 아래에서 뼈가 울고 있는 소리가 들릴 터다. 나는 울면서 '아파, 아파'하고 외칠 것이며, '아프지만 즐거워, 더없이 즐거워, 살아 있을 때보다 훨씬 더 즐거워'라고 외칠 테다. 또 '더 밟아 줘, 더 세게 밟아 줘'라고 외치리라.

 이것이야말로 진정한 페티시구나, 하는 깨달음을 주는 대목이었다. 노인은 마조히즘적 발 페티시라서 여성의 발에 밟히면서 쾌감을 느끼는 풋잡$^{foot\,job}$을 죽어서라도 느껴 보고 싶은 거다. 이 대목에서 나는 잠시 독서를 멈추고 내 발을 들여다보았다. 한참을 뚫어져라 바라봐도 얻은 것이라고는 오직 이것뿐.
'음. 발톱을 깎을 때가 되었군.'

탐미주의 작가 다니자키 준이치로

작가와 작품은 별개라는 통념은 다니자키 준이치로에게는 적용하기 어렵다. 소설에서 1인칭과 일기 형식을 적절히 활용해서 독자의 몰입도를 최대로 끌어올리던 저자는 실제로도 여성 발과 '나쁜 여자'에게 끌리는 성향이었다고 전해진다. 기생 출신이라서 결혼했는데 알고 보니 순종적인 현모양처형이라며 실망한 나머지 부인을 구박하고 심지어 친구에게 양도하겠다는 신문 광고까지 낸 양반이다. 이 사건은 아직까지도 일본 문학계 최대의 스캔들이다.

거기에서 그치지 않는다. 소설『치인의 사랑』주인공인 나오미의 모델인 처제와 묘한 사이가 되기도 했었고, 현모양처 부인과 이혼 후에는 그가 꿈에도 그리던 '나쁜 여자'와 50세에 재혼, 남은 생은 그녀와 그녀 발을 숭배하며 많은 작품을 남겼다. 소설뿐 아니라 삶에서도 일관되게 페티시즘과 탐미주의를 추구한, 나름대로 정직한 작가라고나 할까.

70대에 쓴 마지막 장편 소설 『미친 노인의 일기』에서 그는 자신이 가진 은밀한 소망과 취향을 문학으로 승화시켜 영원히 후세에 남기는 데 성공했다. 그의 다른 소설에서는 다양한 - 발, 어깨, 등, 심지어 체액까지 - 페티시가 등장하곤 한다. 특히 발이 자주 등장한다. 어쩌면 남성이 더 시각에 예민하다는 속설이 맞는지도 모르겠다. 그래서 모든 헬스장 선전 사진에는 초콜릿 복근을 자랑하는 웃는 얼굴을 한 코치 모습이 나오는지도.

당신의 성적 취향은?

나는 좀 다르다. 특히 울퉁불퉁한 배 - 복근이든 지방이든 - 는 질색이다. 어쩌면 식스팩은 남성의 자아도취일지도 모른다. 마치 풍만한 가슴이 여성 자신의 희망 사항이듯이 말이다. 나는 다비드상 엉덩이 때문에 한껏 눈이 높아진 이후로는 현실 세계 남자 엉덩이에는 흥미를 잃었다. 아무리 유심히 뜯어봐도 남성 신체는 썩 섹시한 구석이 없었다. 애초에 노출된 부분이 적기도 하고, 옷 위로 보이는 곡선도 그다지 느낌이 없다. 아무리 어깨, 손, 무릎, 종아리를 샅샅이 분석해도, 만지고 싶다거나 핥아 보고 싶은 부위가 없다. …굳이 궁금한 신체 부위라면 엉덩이와 그 앞쪽 정도랄까? 안타깝게도, 둘 중 어느 곳도 쉽게 구경할 수가 없는 부위인 데다가, 구경이라도 할라치면 나 역시 그에 상응하는 부위를 보여 줘야만 할 터이니 선뜻 엄두가 안 난다. 게다가, 사회 문화에 세뇌되었기 때문인지는 몰라도, 오히려 내게는 여성 가슴이 더 섹시하게 느껴진다. 특히 내게는 없는 깊은 가슴골은 내 심장을 빨리 뛰게 만든다. 하얀 피부에 D컵 가슴인 여성을 보면 나는 부러움과 시샘이 섞인 오묘한 기분에 사로잡히고야 만다. '상의 벗고 거울만 봐도 행복할 테니 평생 우울증에 걸릴 일도 없겠네. 좋겠다. 정말 부럽다' 하는 생각이 든다.

나는 시각보다는 후각이다. 열 가지 향수 중에 그날의 기분과 업무에 맞는 향기를 입고서야 출근하는 나는, 갖다 쓸데도 없는 식스팩 따위보다 체취가 더 본능을 강하게 자극한다. 나는 꽤 코가 민감한지 일상이 만만치 않다. 이를테면 쩌는 담배 냄새나 구운 삼겹살 냄새를 풍기는 사람이 2미터 이내로 접근하면 어떤 핑계를 대서라도 자리에서 벗어나고야 만다. 산소가 모자란 방에서 호흡이 곤란하듯이, 나쁜 냄새가 가득한 공간에서는 숨쉬기 힘들어서다. 반면, 들이마시고픈 향기를 풍기는 사람도 가끔, 아주 가끔 있다. 파트리크 쥐스킨트의 소설 『향수』를 나는 글자 그대로 받아들일 수 있기에, '뜯어 먹어 버리고 싶은 향기'를 가진 사람을 한 번쯤은 만나 봤으면 좋겠다는 희망도 갖고 있다. 실제로 그런 사람을 만난다면 나는 가슴에 코를 박고, 흠뻑 냄새 맡고, 몸을 핥고, 침을 빨아 먹게 해 달라고, 한 번만이라도 허락해 달라며 무릎 꿇고 애걸할지도 모른다.

뭐니뭐니해도 향기의 향연은 침대 위이리라. 다비드 엉덩이를 가진 남성과 나체로 침대 위에서 뒹군다면 그에게 뿜어 나오는 체취만으로도 황홀할 텐데. 그러나 이건 오직 시뮬레이션, 실증 없이 머릿속에서만 존재하는 사고실험이다. 같은 사고실험인데도 20세기 최고의 물리학자 아인슈타인의 게당켄익스페리먼트는 상대성 원리를 만들었건만, 비루한 내 사고실험은 이런 결론만 내줄 뿐이다: "지난 40여 년간의 데이터를 토대로 한 객관적 추론의 결과는 다음과 같다: 이번 생은 여기까지라고 판단된다."

뭐, 그렇다는 얘기다.

제 2 부.
고독하고 은밀한 몸의 속사정

연애를
책으로만 배웠을 때 벌어지는 참사

귀스타브 플로베르 『마담 보바리』

낭만적 경험 같은 건 없다: 낭만적 기억과 로맨스에 관한 욕망 그것이 전부다. 더없이 강렬한 황홀한 순간들은 단지 어디선가 느꼈거나 혹은 언젠가는 느끼게 되기를 갈망하는 것들의 그림자일 뿐이다.

- 오스카 와일드

'누구나 제목을 알고 있지만 읽지는 않는 작품'을 고전이라 한다던가. 제목이 친숙하고 내용도 어디선가 들었기에 읽었다고 착각하는 소설. 내게는 플로베르의 『마담 보바리』가 그랬다. 게다가 연애하다 자살하는 유부녀 이야기라니, 흔한 '~ 부인' 시리즈라며 시큰둥했다. 보바리 부인인 엠마 보바리도, 카레닌 부인인 안나 카레니나도 모두 혼외 연애에 깊이 빠져들었다가 자살하지 않나. '여성의 불륜은 목숨으로 갚으라는 식의 뻔한 19세기 소설을 내가 21세기에 읽어야 하나. 앞으로 내가 살날이 얼마나 남았는지, 읽을 수 있는 책이 몇 권일지도 알 수 없는 이 시점에 고작 그런 책을?' 하는 생각에 계속 미뤄만 두던 소설. 지금 생각하면 건방지기 그지없었다.

통속도 작가의 손을 거치면 예술이 된다

『마담 보바리』는 1856년 잡지 《르뷔 드 파리》 연재 때부터 반종교적이고 반인습적인 표현으로 재판에까지 회부되었던 시대의 문제작이다. 택시 마차를 타고서 마땅한 목적지 없이 시내를 하염없이 돌며 남녀 승객이 그 안에서 무언가 - 아마도 소설 역사상 최초의 카섹스 - 를 열심히 하는 것 같다든지, 중요 조연인 신흥 소부르주아가 가톨릭 신부와 자주 반종교적 논의를 펼친다든지 하는 대목이 문제시되었다. 다행히도 유능한 변호사 쥘 세나르의 변론 덕분에 무죄 판결을 받았고, 신예 작가 플로베르는 단번에 대중의 이목을 집중시키며 유명 작가로 급부상했다. 그는 "마담 보바리는 나다"라고 표현할 정도로 작품에 자부심이 있었다.

위대한 고전으로 칭송받는 대단한 작품이건만 줄거리는 참으로 진부하다. 거칠게 요약하자면, 재혼인 시골 의사 샤를르와 사이에 딸 하나 낳고 권태에 절어 살던 감상적 여성 엠마 보바리 이야기다. 유부녀가 된 그녀는 뒤늦게 연애 초고수 로돌프에게 푹 빠져 '기쁨을 아는 몸'이 되었지만 반년 만에 처절하게 배신당한다. 다음으로 만난 연하 애인 레옹에게는 오히려 엠마가 '기쁨'을 전수할 줄 아는 중수 반열에까지 올랐다. 하지만 그동안 로맨스를 유지하느라 들인 사채를 막지 못해 엠마는 그만 음독자살하고야 말았고, 뒤늦게 부인의 외도를 속속들이 알게 된 남편 샤를르도 곧 죽고 만다는 이야기다.

흔한 막장 드라마 스토리 아닌가. 당시 신문 사회면을 장식했던 실화 〈들로네 사건〉을 취재해서 쓴 소설이라 하니, 19세기나 21세기나 인간들 사는 모습은 비슷하게 지리멸렬한가 보다. 굳이 차이가 있다면 요즘에는 자살이 아니라 신체 장기까지 털리는 엽기범죄가 끼어든다는 정도랄까? 그런데도 일단 한번 책을 펼치면 중도에 멈출 수가 없다. 마치 같은 재료를 쓰더라도 내가 만든 끼니와 프로 요리사가 만든 요리가 확연히 다르듯, 뻔하디 뻔한 얘기를 길고도 길게 썼는데도, 차원이 다른 매력이 느껴지니 말이다.

무엇보다 눈치도 못 채는 사이에 시점이 이동되는 게 놀라웠다. 샤를르의 눈으로 보고 있었는데 어느새 내가 엠마가 되었다든지 하는 식이다. 다시 꼼꼼히 찾아봐야만 엠마의 눈, "그 깊은 심연 속으로 온통 빨려들어" 갔었음을 깨닫는다. 독자는 어느 학생에서 샤를르로, 그리고 다시 엠마 눈 속으로 들어간 후, 소설 대부분을 그녀 시점에서 읽게 된다. 우여곡절 끝에 엠마가 영원히 눈을 감은 후에야 우리는 다시 샤를르의 시점으로 돌아오지만, 그는 로돌프에게 "이게 다 운명 탓이지요!"라는 어이없는 대사 후 죽고 만다. 그래서 소설의 마지막 한 페이지는 다시 객관적인 누군가의 시점에서 기술되는데, "그(오메)는 이제 막 레지옹 도뇌르 훈장을 받았다."라는 건조한 설명으로 끝이 난다. "플로베르는 시점이 바뀌는 접착제 흔적까지도 꼼꼼히 지웠다"라는 어느 평론가의 표현대로, 신경 써서 찾아보지 않는 한 언제 시점이 바뀌었는지 알아채기 어렵다.『마담 보바리』

는 섬세한 묘사, 예술적 표현, 빈틈없는 플롯, 다양한 층위의 해석으로 출판 이후 모든 소설가의 교과서가 된 소설이다. 읽다 보면 그 위상이 당연하다고 고개가 끄덕여지게 된다. 예를 들면 플로베르는 병자성사 장면에서 엠마의 일생을 단 한 문장으로 요약했다. 이렇게나 아름답게.

우선 지상의 모든 영화를 그토록 갈망했던 두 눈에, 다음에는 따뜻한 미풍과 사랑의 냄새를 그토록 좋아했던 콧구멍에, 다음에는 거짓을 말하기 위해 벌어지고 오만에 전율하며 음란한 쾌락에 울부짖던 입에, 다음으로는 기분 좋은 감촉을 즐기던 두 손에, 그리고 마지막으로 욕망을 채우기 위해서는 그토록 빨리 달렸건만 이제는 이미 걸어 다니지도 못할 발바닥에 성유를 발랐다.

엠마는 왜 독을 마셔야만 했나?

책이야 독자가 읽기 나름이다. 나라는 독자는 연애의 기술 관점에서 읽었다. 우선 주인공 엠마의 외모와 몸매가 궁금했다. 나는 왜 이런 게 궁금할까? 나노 묘사로 유명한 플로베르이건만, 신체 치수는 쓰지 않았다. 측정이 얼마나 중요한데! 엠마 외모에 관해서는 풍성한 까만 머리와 짙은 갈색 눈, 장밋빛 뺨, 뽀얀 손톱에 심지어 입술 깨무는 버릇까지도 나와 있건만, 키, 가슴 크기, 허리나 엉덩이 둘레는 묘사가 없다. 그저 늘씬하다, 몸맵시가 예쁘다는 두리뭉실한 표현이 전부다. 엠마의 정확한 키와 가슴 - 허리 - 엉덩이 둘레의 쓰리 사이즈를 소설에서 발견하신 분은 제게도 좀 알려 주시길.

그다음으로 내가 궁금한 건, 엠마가 사랑에 실패한 원인이었다. 엠마는 샤를르, 로돌프, 레옹이라는 세 명의 남자와 각기 다른 사랑을 했건만, 그 누구와도 '행복하게 살았습니다'가 되지 못했고, 끝내 음독자살로 소설에서 퇴장하고 만다. 대체 무엇이 원인일까?

결혼하기 전까지 그녀는 사랑을 느낀다고 여겼었다. 그러나 그 사랑에서 응당 생겨나야 할 행복이 찾아오지 않는 것을 보면 자신이 잘못 생각한 것이 아닌가 하는 의문이 생겼다. 그래서 엠마는 여러 가지 책들에서 볼 때는 그렇게도 아름다워 보였었던 희열이니 정열이니 도취니 하는 말들이 실제로 인생에서는 도대체 어떤 의미인지 알고 싶었다.

"남자는 지쳐서 결혼하고 여자는 호기심에 결혼한다. 그리고 둘 다 실망한다"라는 경구가 떠오른다. 몸으로 하는 많은 활동이 그렇듯, 연애는 경험치가 전부다. 책에서 읽은 간접경험 따위, 실전에선 다 소용없다. 엠마를 보라, 얼마나 많은 로맨스 소설로 정신무장을 했는지를. 한때 엠마는 "읽을 건 다 읽었어."라며 한숨짓기까지 했다.

연애란 요란한 번개와 천둥과 더불어 갑자기 찾아오는 것이라고 그녀는 믿고 있었던 것이다. 하늘에서 인간이 사는 땅 위로 떨어져 인생을 뒤집어엎고 인간의 의지를 나뭇잎인 양 뿌리째 뽑아 버리며 마음을 송두리째 심연 속으로 몰고 가는 태풍과도 같은 것이라고 말이다.

완벽한 이론가인 그녀의 현실 사랑에선 낭만이 없었고, 결혼에는 응당 따라올 줄 알았던 패키지 품목인 행복이 없었으며, 낭만을 찾아 벌인 혼외 연애조차도 배신이라는 된서리를 맞는다. 엠마의 자살은 연애를 책으로만 배웠을 때 일어나는 참사다. 그녀는 낭만적 사랑, 한술 더 뜬 감상적 사랑이라는 환상에 빠져 익사하고 만 것이다.

지금이라고 많이 다를까? 19세기 프랑스에서 문화 소비재가 소설이었다면 요즘은 동영상이다. 영화, 드라마, 노래, 하다못해 광고에서조차 낭만적 사랑은 칭송의 대상이다. 매체가 다를 뿐, 여성들은 여전히 '백마 탄 왕자', 아니 '벤츠 탄 건물주'의 구원이나 '첫눈에 반해 시작된 영원한 사랑'이나 '파도처럼 온몸을 덮쳐 오는 오르가슴'의 존재를 믿는다. 제대로 정신을 차리고 있지 않으면 감상적 사랑의 달콤함에 세뇌되고야 만다. 어쩌면 사회는 여성들이 낭만적 사랑이라는 감정의 블랙홀에 빠져 다른 생산적인 일들 - 후대 생산 제외 - 에 관심 가지지 못하게 만들고 싶었던 건 아닐는지.

엠마 입장에서 한번 생각해 보자. 답답한 집에서 얼른 탈출하려고 시골 의사와 결혼했는데, 신혼 침대 머리맡에 사별한 전부인 부케가 놓여 있을 정도로 무덤덤하고 무신경한 남자인 데다가, 단 한 번 초대받았던 당데르빌리에 후작 파티에서 경험한 상류층 생활은 어찌나 멋지고 달콤하던지. 부자유한 여성으로서 인생의 대리 만족이라도 시켜 줄 아들을 가지고 싶었건만 애써 낳아 놓으니 딸이고, 종교에라도 의지하려 했으나 하필 '사람이란 등 따시고 배부르면 그만'이라는 사고 수준의 고루한 동네 신부에, 말벗이라고는 이익에 혈안이 된 약삭빠른 신흥 부르주아 약제사뿐이다. 그나마 말이 통했던 레옹은 파리로 유학 가 버리고, 엠마의 아름다움과 외로움을 알아챈 인간이라고는 처음 만난 자리에서 그녀를 어떻게 유혹하고 어떻게 떼 버릴지까지 단번에 견적 내는 연애 999단의 초고수 로돌프뿐이다. 낭만적 연애라는 환상에 절어 있는 아마추어 엠마가 프로 로돌프의 눈높이 맞춤 유혹에서 과연 벗어날 수가 있었을까?

연애 급수의 불균형은 결국 하수 엠마로부터 이런 대사를 끌어내고야 만다. "내게는 당신밖에 없어요.", "함께 도망가서 살아요." 고수 로돌프의 반응은 '때가 되었구나'다. 때란 물론 버릴 때다. "어쩜 이렇게 바보일까! … 어쨌든 참한 정부였어." 고작 이것이 엠마가 몸과 영혼과 재산을 모두 바쳐 가며 사랑한 첫 애인 로돌프가 엠마에 관해 남긴 평이다. 애초부터 섹스만 하려는 고수와 낭만적 사랑을 완성하려는 하수 간의 '잘못된 만남'이다. "새로움의 매력은 의복처럼 한 꺼풀 한 꺼풀 벗겨져 버리고 언제나 같은 모양, 같은 말뿐인 정열의 영원한 단조로움만이 적나라하게 드러나는 것"을 느꼈을 때, 이미 낭만성은 멀리 멀리 떠난 후다. 정열, 다른 말로 욕정의 연료는 다름 아닌 새로움의 매력이 아니던가. 욕정은 분명 사랑의 한 면, 어쩌면 가장 넓은 면이지만, 소독용 알코올처럼 재빨리 휘발되어 버린다.

엠마의 솔직담백한 고백과 모든 자원을 투자한 올인all-in이 로돌프에게는 일회성 폐기용품으로 판명된 것과는 반대로, 의도치 않게 그녀가 고도의 밀당을 시전한 셈이 되었던 연하남 레옹과는 3년 후 뜨겁게 재회한다.

문자 그대로 손 한번 잡았을 뿐 플라토닉하게 헤어졌던 레옹과 두 번째 만났을 때, 그들은 마차로 길고 긴 드라이브를 했다. 바로 이 부분이 재판까지 회부된 문제 장면이다.

문학 사상 최초의 카섹스 장면

당시 마차를 조사해 보았다. 소설에 표현된 말 두 필이 끄는 마차는 양쪽 바퀴 사이 간격이 143.5센티미터, 오늘날 대부분의 기차선로 폭과 같다. 역사를 더 거슬러 올라가자면 로마 시대 전차 폭과도 같다. 기준이란 건 일단 한번 정하면 바꾸기가 불가능에 가깝다는 증거다. 이래서 표준이 중요한 거다. 바퀴 위에 놓인 마차칸은 바퀴 간격보다 더 넓으니 엠마와 레옹이 탔던 택시 마차 폭은 지금의 대형차 정도로 짐작된다. 게다가 내부에는 폭신한 의자가 앞뒤로 배치되어 있으니, 이쪽으로 저쪽으로, 앉았다가 누웠다가 숙였다가 엎드렸다가 할 수 있다. 이 정도면 리무진이나 '움직이는 러브호텔'이라 불러도 과하지 않다.

  엠마와 레옹 두 사람이 오랜 시간 동안 차양 내린 마차 안에서 연립 방정식을 풀었는지, 법리 해석을 했는지는 모르겠지만, 넓직한 공간을 활용해서 다양한 체위로 카섹스도 충분히 가능해 보인다. 시간이야 물론 둘의 체력과 열정에 달린 일이다.

마차는 다시 길을 되짚어 왔다. 그러자 이때부터는 목적도 방향도 없이 닥치는 대로 헤매고 다녔다. (중략) 대체 무슨 미치광이 같은 격정에 사로잡혔기에 이 손님들은 도무지 멈출 줄을 모른 채 내쳐 달리고만 싶어 하는 것인지 그로서는 이해할 수가 없었다. 그는 몇 번 멈추어 보려고도 했지만 그때마다 곧 등 뒤에서 어서 가라고 호령하는 성난 고함소리가 들려왔다. 그래서 그는 땀에 흠뻑 젖은 두 마리의 야윈 말을 한층 거칠게 채찍질하면서 (중략) 셔터를 내린 마차 한 대가 무덤보다도 단단하게 문을 걸어 닫은 채 배처럼 흔들거리면서 나타났다간 사라지고 또 끊임없이 다시 나타나는 이 광경에 (후략)

  위에 인용한 대목이 문제 장면이다. 플로베르는 마차가 말이 지치도록 시내를 달리고 또 달렸다고만 했지, 안에서 벌어지는 일에 관해서는 묘사도 설명도 전혀 쓰지 않았다. 그런데도 외설적이라며 재판에 회부되었다니, 당시 독자들도 내가 상상하는 그런 내용을 머릿속에 그렸던 모양이다. 시대와 국가를 초월해서 비슷하게 연상되는 어떤 장면 말이다.

마담 보바리들의 인생

궁금해졌다. 왜 소설 제목은 『엠마 보바리』가 아니고 『마담 보바리』일까, 하고. 따져 보니 소설에서 마담 보바리는 세 명이나 된다. 시골 의사 샤를르 보바리 중심으로 보면, 헬리콥터 맘이었던 샤를르 엄마인 보바리 노부인, 거의 20살 연상에 부동산이 좀 있는 과부(뒤비크 부인) 엘로이즈 보바리는 첫 번째 부인, 베르토 농장주 루오 영감의 외동딸이자 주인공인 엠마 보바리가 두 번째 부인이다. 그리고 세 여인 모두 '마담 보바리'로 불린다.

사망 순서대로 그들을 살펴보자. 엘로이즈 보바리는 공증인에게 재산을 도둑맞은 후에는 결혼사기범으로 몰려 시부모에게 시달리다가 소설 제1부 제2장에서 급사, 엠마 보바리는 권태에서 탈출하고자 두 남자와 혼외 연애를 벌이고 쇼핑 중독에 빠져 끌어다 쓴 사채를 감당 못 하다가 제3부 제8장에서 자살, 가장 오래 산 샤를르 엄마는 아들 하나 바라보고 온갖 참견해 가며 살다가 아들이 죽자 "노부인도 그해에 죽었다." 마지막 장인 제3부 제11장에서다.

이런 삶이 『마담 보바리』, 19세기 여성의 인생이다. 당시 여성은 변변한 직업을 갖거나 교육을 받기는커녕 독신으로 살 자유조차 없었다. 그렇다보니 자유로운 남자들 - 남편이나 아들, 혹은 연인 - 을 통해 삶의 의미를 찾으려 집착하기도 했다. "자신의 삶이 고립되어 있다 보니 그 여자는 흩어지고 부서져 버린 자신의 모든 허영심을 그 어린것의 머리에다 걸었다. 높은 지위를 꿈꾸었고 벌써부터 키가 크고 미남자에다가 재기발랄하며 토목공학 기사나 법관으로 자리 잡은 아들의 모습을 눈앞에 그리고 있었다."라던 샤를르 엄마처럼. 또는 연하 남편의 일거수일투족까지 감시하며 소유하려던 엘로이즈나 감상적 사랑으로 도피한 엠마처럼.

자기 인생을 설계할 수 없이 오직 낭만적 사랑만을 추구하도록 설계된 시대에서 '마담 보바리'는 그 누구도 행복하지 않았다. 실존이 사라져 버리면 사랑은 불가능하지 않던가. 사랑하는 사람끼리는 하나가 되고 싶어 하지만, 두 사람이 문자 그대로 하나로 융합되어 버리는 순간부터는 사랑도 사라져 버리고야 만다는 사랑의 역설!

그뿐이랴. 1986년 심리학자 로버트 스텐버그가 제안한 '사랑의 삼각형 이론'에 따르면, 사랑은 친밀감, 열정, 헌신의 세 가지 요소의 조화가 필요하다고 한다. 에리히 프롬의 말처럼, 사랑은 의지의 행위이자 결단의 행위이며, "겸손, 객관성, 이성의 발달을 요구한다. 우리는 이러한 목적에 전 생애를 바쳐야 한다." 『사랑의 기술』에 나온 말이다.

여기까지 읽으신 독자라면 아마 이런 생각을 하실 거다. "됐고, 그래서 대체 지금 나더러 어떻게 사랑하란 말인가? 구체적인 방법을 좀 알려 달라!"

진실은 이렇다.

"그걸 알면 제가 이렇게 책상에서 글이나 쓰고 있겠어요?"

21세기 안나 카레니나는 어떤 모습일까?

질 알렉산더 에스바움 『하우스프라우』

페미니즘의 한계라는 생각이 들었다.
결국에는 대부분의 여자들이 아이들과 함께 집에 남아 있고,
달라진 것이라고는 이제 돈까지 벌어야 한다는 것이다.

- 소니아 로시 『퍼킹 베를린』

가끔 광고에 혹해서 지름신이 강림하듯, 책 표지의 홍보 문구에 현혹되어 덥석 책을 사고야 마는 경우가 있다. 『하우스프라우』가 바로 그런 책이다. 내 지갑을 연 광고 문구다.

『안나 카레니나』에 『마담 보바리』와 『그레이의 50가지 그림자』를 섞은 작품
- 《타임》

독일어로 집^{Haus}과 여자^{Frau}의 합성어인 하우스프라우^{Hausfrau}는 기혼 여성, 주로 가정주부를 뜻한다. 미국 시인 질 알렉산더 에스바움의 첫 번째 장편 소설이다. "그녀의 시는 어둡고 에로틱한 이미지와 언어유희가 특징이다"라는 책날개의 설명도 구매

에 한몫했다. 21세기 안나 카레니나는 얼마나 에로틱한 모습일지, 결말은 어떨지 너무나도 궁금했다.

어쩌다 엄마 & 어쩌다 결혼 9년 차, 안나 벤츠

첫 장면은 스위스 기차역이다. 미국인 안나는 28세에 결혼해서 9년째 남편 고향인 디틀리콘에 살고 있다. 은행가 남편 덕에 경제적으로는 걱정이 없다. 어쩌다 보니 결혼했고, 어쩌다 보니 어머니가 되었다. 스스로의 철학이나 강렬한 반항 의지가 없는 한, 사회가 주입한 대로 교육받은 인간은 때가 되면 결혼하고 결혼하면 대개 아이 낳기 마련이니까.

안나는 그렇게 어머니가 되고 싶었던 것도 아니었다. 다른 여자들처럼 그렇게 갈망하지 않았다. 안나는 겁이 났다. 내가 다른 인간을 책임져야 해? 작고, 무력하고 필요한 게 많은 인간을? 그래도 안나는 임신했다. 그리고 다시, 그런 후에 또다시.

어느덧 세 아이 엄마가 된 안나. 근처 사는 시어머니 우르줄라는 매우 자주 들러서 육아를 돕는다. 우르줄라에게 안나는 아들을 행복하게 해 주고 손주들을 만들어 낸 육체에 불과할 뿐,

안나의 외로움이나 슬픔은 안중에도 없다. 이런 설정은 한국 아침 드라마에서 워낙 흔히 보고 들은 시각인지라 그다지 충격적이진 않다. 스위스 거주 9년 차지만 스위스식 독일어인 슈비쳐뒤치를 아직도 익히지 못한 안나. 그녀는 늘 외롭고, 슬프고, 권태롭다. 돈만 벌어다 주지 무슨 생각을 하는지 알 수 없는 남편 브루노, 안나를 도구로만 취급하는 시어머니 우르줄라, 알아들을 수 없는 스위스식 독일어 슈비쳐뒤치로 둘러싸인 마을 안에서, 안나는 한없이 자존감이 낮아지고 나약해진다.

난 슈퍼마켓에 살아. (중략) 나는 고용된 도우미야. 가사 도우미. (중략) 내가 어딘가로 떠나면 사람들이 그리워해 줄까? (중략) 여기가 바로 내가 남은 평생을 보낼 곳이야. (중략) 여기가 바로 내가 죽게 될 곳이야.

안나는 브루노의 권유를 따라 정신상담의와 주기적으로 상담하고, 독일어 학원에 다닌다. 그리고 학원에 가는 척하면서 여러 애인과 섹스도 한다. 물론 남편과도 한다. 그녀는 『풍경과 상처』의 김훈 작가처럼 섹스로 만유합일을 추구하는 편은 아니다. 그저 기회가 되니까 또는 슬픔을 달래려고, 하고 또 한다. 심지어 애인과 섹스가 미처 끝나기도 전에 다른 애인한테 문자 받고선 바로 다음 섹스를 위해 떠나기도 한다! 안나는 "애인은 짭짤한 과자나 마찬가지지. 하나 집으면 멈출 수가 없어."라며 애인을 수집한다. 하지만 허망하게도, 그렇게나 열심히 섹스해도, 여전히 그녀는 슬프고 공허하다. 어쩌면 그건 그녀가 정말로 원했던

게 섹스가 아니기 때문이리라. 안나는 마지막까지도 깨닫지 못했지만 말이다.

안나는 섹스를 좋아하면서도 좋아하지 않았다. 필요하면서도 필요하지 않았다. 섹스와 그녀의 관계는 그녀의 수동성과 다른 데로 관심을 돌리고 싶다는 난공불락의 욕망에서 우러난 난해한 동반자 관계였다. 그리고 원해진다는 것에 대한 욕망. 그녀는 누군가에게 원해지고 싶었다.

그녀는 그저 사랑받고 싶고, 원해지고 싶었다. 자기 존재감을 증명하고 싶어서인 듯 보인다. 몸의 대화인 섹스만으로는 고독을 달래거나 슬픔을 잊기가 어려울까? 각기 다른 장소에서, 각기 다른 사람과, 여러 번에 걸친, 수많은 섹스로도 원해지고 있다는 욕구는 충족되지 않는 걸까? 그렇다면 과연 섹스로 얻어지는 게 뭘까? 김훈 작가는 산문집 『풍경과 상처』에서 관능이야말로 '세계와의 합일에 이르는 길'이라고 하던데. 나는 『그레이의 50가지 그림자』가 연상된다는 장면은 대체 어디쯤에 어떻게 나오는지 얼른 찾아야겠다는 일념으로 부지런히 책장을 넘겼다.

안나는 한 번도 전희에 열광한 적 없었다. 그녀는 육체가 긴장하고 쾌락을 눌러 놓았던 댐이 터지기 전에 문지르고 쑤셔서 고온계가 폭발하는, 복잡한 30분의 과정을 견딜 필요가 없는 여자였다. 그녀의 욕망은 기본적이었다. 집어넣어, 빼내. 가능한 한 오래 반복해. (중략) 얼마나 거칠게 섹스를 했던

지 그 후에는 둘 다 걸을 수도 없었다.

　안나 벤츠는 나와 성적 취향도 능력치도 매우 다른 여자였다. 대체 어떻게 해야 이런 경지에 이를 수 있는지가 소설에 쓰여 있더라면 좋았으련만, 그런 건 없었다. 눈앞에 그려질 듯한 상세 묘사도 부족하다. 『그레이의 50가지 그림자』와의 비교가 무색하게도, 창의적 섹스 방법에 관한 체계적인 탐구도 발견할 수 없었다. 심지어 안나와 애인 아치는 오직 대화 속에서만, 말로만 애널 섹스를 한다. 차라리 독자가 기대하지 않게 말이라도 말던가! 수갑, 채찍, 결박, 하다못해 안대 하나 없이 대체 어딜 봐서 『그레이의 50가지 그림자』에 비견된단 말인가. '난 선전 문구에 낚인 거야.'

　영어와 독일어를 오가는 언어유희가 이 소설의 장점이다. 작가가 시인이라서 단어에 민감했는가 보다. "Du hast hier einen Fehler."(당신 여기 실수했어.)라는 독일어 교사 롤란트와 남편 브루노의 추궁에 안나는 "Ohne Fehler, ohne Herz."(실수 없이는, 심장도 없어요.)라고 대답한다. 그 기세로 살아갔더라면 좋았으련만, 안나의 미래는 독일어 동사 용법이나 영어 단어 설명을 빌어 소설 초반부에 이미 암시된다.

행동 - 과거든 미래든 모든 행동 - 은 문장 맨 끝에 온다. 맨 끝에. 행위 외에는 할 수 있는 다른 게 남지 않았을 때에.

수동성 passivity 과 정열 passion 은 시작은 비슷하다. 다른 것은 어떻게 끝나는가일 뿐이다.

인물 성격 묘사조차도 언어에 기댄다. 이를테면 안나가 독일어 수업에서 만난 두 번째 애인 아치 서덜랜드를 이렇게 표현한다. 난 한참을 웃었다.

아치의 독일어는 슬픈 여자와 불륜 관계인 남자가 하는 독일어였다. 그는 소유격을 형편없이 구사했다. 무엇이 누구의 것인지 중요하지 않았다. 모든 건 자유롭게 쓸 수 있었다.

안나 카레니나 vs 안나 벤츠

여기서 잠시 톨스토이의 『안나 카레니나』를 기억해 보자. 안나 카레니나는 권력자 카레닌의 부인이자 8살 아들 세료쥐아의 어머니였지만, 브론스키 백작과 열정에 빠져 자신의 모든 것을 포기하고 그를 따른다. 시간이 흐르자 브론스키의 열정은 차갑게 식었고, 안나에게 남은 건 사교계의 손가락질, 그리고 이제는 집착으로 변한, 과거에는 사랑으로 불렸던 그 무엇뿐이다. 안나는 기차에 몸을 던져 생을 마감한다. 19세기 안나는 세상을 떠나는 마지막 순간까지 열정의 화신이다. 말 그대로 산화한다는 느낌이랄까. 바로 그렇기에 지금까지도 독자들은 작가 톨스토이가 정한 주인공들인 키티나 레빈이 아닌, 안나 카레니나를 기억한다. 나도 안나가 자살한 뒤의 소설 내용은 기억조차 안 난다. 톨스토이의 의도와는 반대인 셈이다.

19세기 안나를 죽인 범인은 톨스토이의 펜이지만, 그의 펜이 그렇게 굴러가게 만든 배후 조종자는 당시 가치관이다. 가부장적 사회와 이를 떠받치기 위한 일부일처제도, 숭고해야만 하는 모성애, 법적 규약을 저버리고 열정을 따르는 죄책감 그리고 신을 향한 마음 말이다. 남녀 간 '부적절한 관계'에서 남성인 브론스키는 낭만적이라며 칭송받으며 문제없이 사회 활동을 했지만, 여성인 안나는 남녀 모두로부터 경멸당했다. 과연 지금이라고 많이 다를까? 최첨단 과학 시대에서조차 성 계급의 불평등은 그다지 변화가 없다.

안나 카레니나가 러시아 기차에 몸을 던진 지 150년 후, 안나 벤츠는 스위스 기차역에서 눈을 감는다. 안나 벤츠는 셋째 폴리진이 외도로 태어난 자식임이 들통나자 남편에게 폭력을 당하고 쫓겨난다. 운전면허증은커녕 본인 명의로 된 은행 통장조차 없던 그녀는 자립할 방법이 전혀 없다. 휴대전화를 붙들고 열심히 전화해 봐야 수시로 섹스하던 여러 애인은 연결이 잘 안 되고, 친절했던 정신과 의사도 다른 상담 중이라며 그녀를 외면한다. 안나 벤츠는 자살해 버린다. 수동태에 집착하던 그녀답게, 수동성의 극치다. 수동적 성격이 언어를 빌어 이렇게 묘사된 적이 있다.

안나는 열차를 타고 가는 내내 자아를 찾았다가, 자아로 부글거렸다가, 침묵에 빠져드는 주기를 반복했다. 그 은유가 똑똑히 들어와 박혔다. 승객 passenger. 수동적 passive. 나는 내 삶을 직접 이끄는 기술자가 아니지. 선로 위에서든 아니든. 나는 그렇게 훈련받았어.

  자신이 본인 인생의 주인이기를 포기한 사람은 무슨 낙으로 세상을 살까? 안나 벤츠는 섹스에 탐닉했지만, 이제는 섹스도, 심지어 먹고 자는 기본 생활조차도 막막해지니 그냥 자살하고 말았다. 안나 카레니나처럼 기차에 몸을 던져서.

  믿기 어려울 지경이다. 21세기에, 더구나 여성 작가가 그린 '21세기 안나 카레니나'의 인나가 고작 이런 모습이라니! 놀라움을 넘어서 충격이다. 기차역이라는 특정 장소나 자살 장면, 주인공 이름 등 다분히 『안나 카레니나』를 염두에 둔 『하우스 프라우』는 『안나 카레니나』의 오마주도, 패러디도 되지 못했다. 대신 "어디 감히 고작 이 정도를 『안나 카레니나』와 비교하려 해?"라는 호통이 목구멍까지 치고 올라온다.

제일 비싼 오만 원권 지폐 모델이 여성이면
여성 존중 시대?

 기혼 여성은 직장이 있건 없건 '하우스프라우'이길 강요받는다. 즉, 무임금 가사 도우미이자 헌신적인 어머니, 아이들에게 현명한 교육자이자 임시처치 가능한 의료 기술자, 시집과 그 가족에게는 고분고분한 며느리, 밤에는 화끈하게 침대를 데우는 요부, 이 모든 역할을 동시에 잘하길 강요받는다. 헤스티아와 아테나와 데메테르와 아프로디테를 황금비율로 섞으라는 소린가? 이 새로운 여신의 이름은 뭘까?

 한국에서 가장 권위 있는 지폐인 오만 원권 모델은 역사적 현모양처 신사임당이다. 그녀는 육아를 분담하러 임신 때부터 친정인 강릉에 갔고, 5살짜리 아들에게 사서삼경을 외우게 했으며, 요청받으면 잔칫집에서라도 일필휘지로 치마폭에 초충도를 그릴 줄 알던, 초특급 인텔리 여성이자 열혈 교육맘이다. 그녀의 지성과 노력은 오늘날 엄마와 아들이 나란히 지폐 모델이 되는 결실을 맺었다. 오죽헌에는 아들 율곡 이이가 태어난 방도 전시되어 있다. 여긴 이런 문화다.

 왜 하필 전형적인 현모양처 신사임당인가? 5천 년 역사 동안 인구의 반은 여성이었고, 그중에는 유관순도 나혜석도 강경애도 있었다. 3·1운동에 적극 참여한 어린 혁명가 유관순이 한국 역사를 대표하는 여성이 되기에 무엇이 부족하다는 건가? 유관순은 감옥에 갇혔을 때조차 아침저녁으로 만세를 부르고, 3·1운동 1주년 기념으로 옥중 만세 운동을 전개했다. 결국 유관순은 지하 감옥에 감금되어 지독하고 야만적인 고문을 당했고, 후유증으로 고작 18세에 순국했다. 이토록 불타는 삶을 살아 낸 여성 독립운동가는 한국을 대표할 수 없는가?

한편 인형의 삶을 거부했던 신여성 나혜석은 '아이는 엄마의 살점을 떼어 가는 악마'라며 〈어머니 된 김상기〉에서 여성 출산과 육아 문제를 최초로 사회 문제화했다. 그게 1922년이다. 하지만 거의 100년이 지난 지금까지도 여성은 여전히 출산과 육아에 얽매여 있다. 어린이집이 생기는 숫자만큼 불임 클리닉도 생겼고, 친정어머니라는 이름은 손주돌보미라는 직책과 별반 다를 바 없이 받아들여지고 있다. 어성에게 육아는 두 세대에 걸쳐 견뎌 내야 할 의무가 되어 버린 것이다. 그래서 딸 낳은 여성은 100년 전과는 사뭇 다른, 노후 육아까지 대비해야 하는 착잡한 심경에 이른다. 그때나 지금이나, 여전히 착잡하다.

소설가 강경애는 또 어떤가. 그녀는 일제 강점기인 1930년대에 항일 투쟁지역 간도에서 소박하디 소박한 삶을 살며 리얼리즘 소설을 여러 편 남겼다. 그녀는 한국 최초의 민중 소설가다. 항일 투쟁, 자본가와 노동자의 대립, 항일 무장 조직의 어두운 단면 등 당시 간도 생활이 그녀 소설에는 생생히 그려져 있다. 그런데도 강경애의 소설을 윤동주의 시만큼 흔히 접할 수 없는 건 왜일까? 남녀 불문 한국 최초의 민중 소설가가 한국의 지폐 모델이 되지 못한 이유는 뭘까?

그렇다. 그건 아마 유관순, 나혜석, 강경애가 얌전하게 육아와 바느질에 몰두하여 현모양처가 되려는 대신 짱돌을 들고 투쟁했기 때문이다. 가부장적 사회에서는 투쟁하는 여성, 즉 '여성답지 않은' 여성을 대표성 있는 지폐 모델로 내세우고 싶지가 않은 거다. 그것이 무엇에 대한 투쟁이건 말이다. 민족해방이건, 여성해방이건, 계급 투쟁이건 간에.

심지어 목소리를 내는 것조차도 반기부터 들고 보자는 식이다. 2019년 가을에 개봉한 영화 〈82년생 김지영〉은 조남주 작가의 동명 원작 소설을 스크린으로 옮긴 작품이다. 소설이 그랬듯, 82년생 김지영 씨로 대표되는 평범한 한국 여성의 삶을 있는 그대로 보여 주는 내용이다. 현실과 유리된 드라마 같은 사건 사고가 벌어지지도 않는다. 그런데도 영화 개봉 초기 관객 평점은 관람객 성별에 따라 10점과 1점으로 극단적으로 나뉘는 기현상을 보였다. 이것이 과연 영화 작품성에 매긴 평가점수였을까?

남성이 시스템을 만든 사회 관점에서는 여성이 감히 거대담론을 논하고 이를 위해 행동하는 게 '어색해 보인다'. '여성은 그렇게 거칠고 힘든 일을 해서는 안 된다.' 이 사회는 여성을 좁은 틀 안에 가두고 억누른다. "여성으로 태어난 이상, 인생 최고의 목표는 '신사임당'이 되는 것이며, 여성으로 태어나 제일 잘한 일은 역시나 아이를 낳고 잘 키우는 일"이라고, 단 하나의 '바람직한' 여성상만을 제시한다. 소설『이갈리아의 딸들』표현을 빌리자면 '그들이 자리를 지키지 않는다면 생명이 소멸할 것'이기 때문인데, 이 문장에서 '생명'은 가부장적 사회 구조다.

현재의 사회 제도를 유지하기 위해 소수의 희생은 필요하다는 논리다. 반대자를 소수로 만들기 위해서는 대다수 여성도 신사임당이 여성 롤 모델임을 인정해야만 한다. 그러니 잊지 않도록 지폐, 그것도 가장 비싼 몸값을 가진 지폐에 신사임당을 찍어 배포하면서 후대 교육에 두고두고 활용한다. '여길 봐, 이분이야말로 너희가 목표로 해야 할 여성이지.' 여성해방 따위를 외치는 반대자는 무능력자이자 사회 부적응자, 교육 시스템 이탈자로 치부해 버린다.

효과적인 선전법과 교육법은 또 있다. 사회가 원하는 대사를 읊는 여성을 언론에 소개하는 것이다. 간신히 숨만 쉬어 가며 버티는 직장맘을 끌어다가 슈퍼우먼이라는 면류관을 씌워 이런저런 기사를 써서 내보낸다. 얼떨결에 슈퍼우먼이 되어 버린 직장맘은 '존재 자체만으로도 민폐'라는, 원하지도 않던 지위에 올라 수많은 여성의 질타를 받는다. 소수가 소수를 미워해서 영원히 소수자로 남도록 만드는 전략이다.

인스턴트 볶음밥 따위가 어떻게 애들 아침밥이냐고 호통치는 배우자의 비난 속에 꾸역꾸역 출근하는 아침에, 온종일 출장 다녀온 후에 '가정'이라는 이름의 제2의 무급 직장에 출근해서 더러운 그릇으로 가득한 식탁을 치우는 밤 열한 시에, 나는 이 '사랑이 넘치는 불평등한 가정'에서 서서히 닳아 없어지는 연료가 바로 나임을 새삼 깨닫는다. 직장맘 롤 모델은 이제 슈퍼우먼이, '돈 버는 신사임당'이 되어 버렸다. 『위대한 개츠비』의 초록 불빛이 연상된다. 애써 목표로 헤엄치다가는 결국에는 지쳐 익사해 버리고 마는, 덧없는 희망 고문 말이다.

21세기 안나는 어떤 모습이어야 할까?

가족 제도에 반기를 들고 인생을 모두 걸었다가 장렬히 산화한 낭만적 사랑의 아이콘은 이미 안나 카레니나가 차지하고 있다. 옆자리는 없다. 사람들은 일등만 기억하는 법이 아니던가. 19세기 발명품인 낭만적 사랑은 여전히 광고와 영화에서 응용되지만, 어쩌면 스크린 위에서와 상품 포장지 안에서만이다. 영원성과 유일성으로 대표되는 낭만적 사랑. '어떻게 사랑이 변하니?'로 시작된 낭만적 사랑은 길지 않은 유통 기한 후에는 '어떻게 사랑이 안 변하니?'가 되고 만다.

다들 경험으로 안다. "라면 먹고 갈래?"의 라면조차도 시간이 지나면 불어서 먹기 불편하다는 것을. 제아무리 스크린을 통해서 그런 게 어딘가에 있다더라고 세뇌를 시킨다 해도, '영원하고 유일한 사랑'이란 것은 상상에 불과함을 현대인들은 이미 알고 있다. 물론 누구나 꿈은 꾼다. 직접 '영원하고 유일한 사랑'이란 것을 경험해 보기를, 좀 더 정확히 말하자면 그런 사랑의 대상이 되어 보기를 말이다. 마치 착하게 살다 죽으면 천국이라 불리는 좋은 곳으로 간다고 하듯, 다들 믿고는 있다. '영원하고 유일한 사랑'이 존재할 확률이 비록 내일 지구가 멸망할 확률과 별반 다를 바 없더라도 완전히 0은 아니라고.

현대는 소설 『안나 카레니나』 배경인 19세기 러시아처럼 전남편이 죽을 때까지 재혼 불가능한 것도 아니고, 여성이 귀부인이거나 가정교사 또는 하녀라는 극단적인 계급으로 나뉘는 것도 아니다. 이런 세상에서 투정만 부리며 자립하려는 시도조차 하지 않는 여성을 나는 '안나'라 부르고 싶지 않다. 안나 벤츠는 외롭고 슬퍼서 아무것도 못 하겠다고 했지만 그건 허울 좋은 핑계에 불과하다. 고독은 인간의 기본 속성이고 그럼에도 불구하고 살아 내야 하는 게 인생이라는 숙제다. 살아 내면서 가끔 발견하는 행복은 인생의 선물이고, 선물이란 건 미리 약속된 게 아니니, 없다고 불평할 일도 아니다. 그런 불평은 중학교 1학년 크리스마스 아침, 산타 할아버지가 더는 양말에 선물을 넣어 주지 않던 그 날 끝냈어야 하지 않을까? '영원하고 유일한 사랑'의 대상이 되길 바란다면 먼저 그런 사랑을 상대에게 줄 수 있어야 할 것이고 말이다. 뿌리지 않고 거두기만 바라서는 아무것도 얻지 못한다는 만고불변의 진리도 유치원에서 배웠던 것 같은데.

선물이란 단어를 꺼내면 안나 벤츠가 한마디 끼어들지도 모른다. 영어로는 '선물'이라는 뜻인 gift가 독일어 das Gift가 되면 '독'이란 뜻으로 변질되고 만다고, 그래서 독일어가 싫고 스위스가 싫다고 말이다. 안나 벤츠 씨, 그렇다면 진작 떠나셨어야죠. 기찻길에 몸을 던질 게 아니라, 그 기차를 타고서 말이죠. 소설 『리스본행 야간열차』의 주인공 그레고리우스처럼, 늦었더라도 자기 인생의 주인이 되었어야죠. 혹시 압니까, 기차에서 제2의 안나를 만나 둘이서 손을 맞잡고 새로운 삶을 시작하게 될지?

생각해 보면 안나 벤츠는 안나 카레니나가 넘치도록 가졌던 열정조차 없었다. 권태를 잠시 잊기 위한 도피성 섹스라니, 그건 상대에 대한 모욕이자 섹스에 대한 모독이 아닌가. 평생은 불가능하더라도 섹스하는 동안만큼은 상대의 유일성과 독자성을 인정해줘야만, 김훈 작가 말대로 '벗은 몸을 내던져' '만유혼음의 그리움'을 구체화한 몸의 대화로 '이 난해한 세계와의 합일'에 다다를 가능성이 있지 않겠는가. 책 뒤표지의 《타임》지 선전 문구를 난 이렇게 고치고 싶다.

소설 『안나 카레니나』 주인공과 이름은 같지만 『마담 보바리』의 엠마 보바리보다 주관 없는 여주인공이 『그레이의 50가지 그림자』를 말로만 흉내 내다 결국 자살로 마감하는, 애매한 소설. (주의: 읽고 나면 톨스토이의 『안나 카레니나』를 읽고 싶은 마음이 매우 강렬해지는 부작용이 있음.)

비낭만적
사랑과 사회

미셸 우엘벡 『투쟁 영역의 확장』 & 정이현 『낭만적 사랑과 사회』

기업들은 학위나 자격증을 가진 젊은이들을 놓고 다툰다. 여자들은 일부 젊은 남자들을 차지하려 한다. 남자들은 일부 젊은 여자들을 차지하려 한다. 그 와중에서 일어나는 동요와 혼란은 심각하다.

- 미셸 우엘벡 『투쟁 영역의 확장』

눈치 없을 수 있는 것도 권력이야.

- 조남주 『그녀 이름은』

'1등만 기억하는 더러운 세상'은 학교나 경쟁적인 첨단 기술만의 이야기는 아니다. 문자 그대로 당장 피부에 와닿는 문제는 누구 피부에 닿고 싶고 또 닿을 수 있는가 하는 문제, 좀 더 적나라하게 표현하면 과연 누구와 섹스하고 싶으며, 또 할 수 있는가, 하는 문제가 된다. 중세 시대만 해도 기껏해야 걸어서 하루를 넘지 못했던 정보나 활동 범위는 산업 혁명 후에 넓어지기 시작했다. 급기야 20세기 말에는 만지거나 냄새 맡을 수도 없는 사이버 세상이란 게 열리더니만, 이제는 급기야 문명 세계의 지구 전체가 하나의 촌락인 '지구촌', 더 나아가 나라들이 쪽방마냥 다닥다닥 붙은 집 한 채인 '지구집'이 되어 버리고 말았다. 언제 어디서든 휴대전화기 하나만으로 사이버 세상에 접속해서 현실 세계에 관여할 수가 있다. 이제는 정보가 넘쳐 나는 게 문제다. 누구나 클릭 몇 번이면 비교가 되니 기준치도 높아졌다는 것이 문제라는 소리다.

일상 생활용품의 내구성이나 품질 비교라면 소비자의 권리가 향상되었다는 뜻이므로 누구에게나 바람직하리라. 그러나 자본주의 체제에서 나고 자란 세대들만으로 구성된 지구촌 문명 세계에서는 모든 것에 가격표가 달려 있다. '값을 매길 수 없다'는 대상에게도 마찬가지다. 이를테면 축의금이나 부의금을 보자. 얼마를 낼지, 직접 갈지 혹은 봉투만 보낼지는 대상이 누구냐에 따라 다르다. 과연 값을 매긴 게 아니라고 부정할 수 있을까? '돈 주고 살 수 없다'고 배운 시간, 열성, 노력을 사고파는 게 바로 직장 아니던가. 가끔 내가 들인 시간을 이미 내 경험으로 지불했다고 주장해서 탈이긴 하지만 말이다. 이렇게 뭐든 사고파는 자본 시장에서도 최소한 공식적으로는 건드려서는 안 되는 성역이 있다. 그건 바로 사랑이다.

사랑, 그것은 너무나 지고지순하고 아름답고 드높은 가치이기에, 감히 돈 따위로 사고팔 수 없다고 우리는 배웠다. 그래, 그렇다 치자. 세상에는 천만 이백스물여섯 가지, 혹은 그 이상으로 다양한 종류와 층위의 사랑이 있다. 끝없는 혹은 끝없어야 하는 어머니의 사랑, 촌수도 따지기 어렵다는(아마도 너무 멀어서이리라) 부부간의 사랑, 하늘 같은 스승의 사랑, 남사친 혹은 여사친이라 부르는 이성 간의 끈끈한 우정, 우리집 막내라 부르는 반려동물과의 사랑, 거울을 보며 느끼는 자기애 등등. 그러나 사랑의 범위를 좁혀서 연애로 한정 지어 보면, "누구와 섹스할 것인가?" 하는 문제로 귀결된다. 섹스 상대자를 고를 때 과연 우리는 무엇을 고려할까? 유전자를 섞고 싶은 욕구가 샘솟는, 잘생기고 예쁘고 건강한 사람 아닐까? 물론 "매력적인 사람"이나 "마음이 아름다운 사람" 등으로 포장할 수는 있겠지만, 결국 언어를 한 꺼풀 벗기고 보면 체격 좋고, 몸매 좋고, 잘생기고, 예뻐서, 섹스하면서 눈을 감든 뜨든 육체적이고도 심리적인 충만감을 주는, 혹은 그러리라 기대되는 상대라는 뜻이리라.

본능이 우리를 주도할 때, 우리는 잠시 내가 어떤 위치인지 생각지 않곤 한다. 자신의 주제를 파악하지 못하는 보바리즘에 빠지는 것이다. 여기에 문제가 있다. 모든 사람이 '모든 것을 걸어도 좋아!'라고 생각하는 대상자는 최상위 0.1퍼센트로 동일하다. 빛이 있으면 그림자가, 알파가 있으면 오메가도 있는 법이다. 서열을 매기자면 알파부터 오메가까지 전부가, 알파와만 섹스하길 원한다는 얘기다. 알파는 번호표를 나눠 주기 바쁘고, 오메가는 평생을 기다려도 번호표조차 받지 못한다. 어쩌면 자본주의의 가장 직접적인 폐해는 섹스의 영역에 있는지도 모른다.

한편 사랑의 부산물로는 결혼이 있다. 사랑에 관한 해석이 분분하듯이 결혼도 극과 극으로 해석된다. 청첩장 문구처럼 '사랑의 완성'인지 혹은 결혼 생활 3년 차 이후부터 공감하는 '사랑의 무덤'인지는 확실치 않지만, 어느 쪽이든 사랑과 관계는 깊다. 과연 지금 사회에서 사랑이 거래 대상이 아니라고 할 수 있을까? 중매 회사들이 수익을 내는 상품은 무엇일까? 그들은 과연 무엇을 사고파는가?

"자유주의 섹스는 투쟁 영역의 확장이다"

자본주의 체제에서 자유 섹스에 짓눌리는 개인을 잘 그려 낸 소설이 있다. 프랑스 작가 미셸 우엘벡의 첫 소설 『투쟁 영역의 확장』이다. 그는 현대 사회에서 파편화된 개인을 조명한 『소립자』로 세계적인 소설가로 급부상했고, 『지도와 영토』로 공쿠르 상을 받았다. 논란을 일으킨 소설로는 아시아 섹스 관광을 소재 삼은 『플랫폼』, 이슬람의 유럽 지배가 주제인 『복종』이 있다. 이들 문제작에서는 이슬람 단체가 저지르는 테러가 소재로 등장하는데, 두 권 모두 소설이 출판되고 얼마 되지 않아 실제로 테러가 일어났기에 더욱 이야깃거리가 되기도 했다. 그의 소설을 훑어보면 짐작되시겠지만, 내 개인적인 생각으로는, 우엘벡은 인종 차별과 성차별주의를 탑재한, 머리는 좋으나 심성은 쪼잔한 유럽 백인 남성이다. 특이한 일도, 드문 일도 아니다. 내가 유럽에서 4년 넘게 계약직으로 근무할 때 아시안 여성이라면 일단 성매매 목적으로 입국한 게 아닐까 하는 의심 어린 시선으로 바라보던 유럽인은 꽤 흔했다. 지금이라고 별반 다를 거 같지도 않다.

프랑스 극우 작가 미셸 우엘벡의 『투쟁 영역의 확장』을 살펴보자. 여기 잘나가는 정보 회사 남자 직원이 두 명 있다. 그들은 회사가 판매한 소프트웨어를 설명하고 시연하느라 지역을 돌며 함께 출장을 다니는 중이다. 이제 막 서른이 된 화자는 개발한 소프트웨어를 정부 부처에 납품할 만큼 능력 있는 엔지니어지만 "성욕도 없고, 야망도 없고, 별다른 기분 전환 거리도 없는 상태"다. "인생이란 허무하고도 짧다. 매일매일 아무런 흔적도 추억도 남기지 못하고 그저 그렇게 흘러가다가 어느 날 갑자기 뚝 끊기는 것"이라는 염세주의자이다. 동거하던 베로니크가 2년 전 떠난 후로 사랑도 섹스도 없이 오직 세상에 불만만 쌓이는 중이다. 다른 한 명은 입심 좋은 동료 라파엘 티스랑이다. 그는 유려한 말솜씨로 딱딱한 정부 부처 관계자의 온갖 무신경한 질문까지도 혼자 처리할 수 있는 능력자다. 외모가 개구리 같다고 표현될 정도로 매력이 없는 게 결정적 흠이지만.

둘의 공통점은 똑똑하고 좋은 직장에 연봉도 높다는 것과 지금은 솔로인 남성이라는 것이다. 일할 때만큼은 반짝반짝 빛이 나는 두 남자건만, 저녁에 맥주잔을 기울이며 곁들이는 신세 한탄 레퍼토리는 늘 반복된다. 어디서건 여자를 유혹하면 곧 대차게 거절당하기 때문이다. "빌어먹을, 난 스물여덟 살인데 아직도 숫총각이라니…"라는 티스랑의 혼잣말. 프랑스에서는 13살쯤에 겪는다는 첫 경험조차 아직인 28세 모태솔로 티스랑을 바라보며 화자는 사색에 잠긴다.

결국 우리 사회에서는 분명히 섹스도 차별화의 또 다른 체계를 보여 준다는 생각을 했다. (중략) 무제한적인 경제 자유주의와 마찬가지로 섹스의 자유주의는 〈절대 빈곤〉 현상을 낳는다. 어떤 이들은 매일 사랑을 하는데, 어떤 이들은 평생에 대여섯 번뿐이다. (중략) 자유주의 경제는 투쟁 영역의 확장이다. 그 사회의 모든 연령층, 각계 각층으로의 확장이다. 마찬가지로 자유주의 섹스는 투쟁 영역의 확장이다.

고작 섹스를 가지고 뭐가 이리 심각한가 싶어 실소를 터뜨리려다가도, 한때 인터넷을 떠돌던 유머가 떠올랐다. '남자의 뇌 구조'라는 제목의 그림이다. 남성 뇌의 90퍼센트 이상이 오직 섹스로 채워진 그림 말이다. 그러니 화자의 독백도 있을 법한 생각이고 합리적인 추론처럼 보인다. 인간의 태생적 버릇인 차별화, 즉 어떻게든 남들보다 다르고 조금이라도 더 잘나야만 만족하는 인간 심보가 무한 경쟁 체제와 결합된 결과가 섹스 영역까지 확장되었다는 분석이다. 자본주의의 흔한 패턴 빈익빈 부익부가 섹스 영역에까지도 나타났다는 이야기다.

"경제적 차원에서 라파엘 티스랑은 승자이지만, 섹스 차원에서는 패자이다. 어떤 이들은 그 두 가지 다 성공하지만, 또 다른 이들은 두 가지 모두 실패한다."라는 사회 규칙을 찾아낸 화자. 물론 그 자신도 섹스 차원의 패자다. 출장이 길어질수록 티스랑의 실패 횟수는 늘어나고 고뇌와 절망도 깊어진다. 바에서 술까지 사 줘 가며 분위기를 띄워 놓아도 여자가 새로 들어온 건장한 흑인 남성과 단번에 친밀해지는 광경을 보고 분노하는 두 명의 '오메가 수컷'. 화내지 마시라. 여기서 오메가 수컷이라는 표현은 우엘벡이 장편 소설 『소립자』에서 사용한 용어다. 화자는 티스랑에게 이렇게 말한다. "너에게는 구원도 희망도 없어. 하지만 복수의 기회조차 남아 있지 않다는 말은 아니야. 네가 원하는 여자들을 너도 소유할 수 있어. (중략) 오늘 저녁부터 살인자가 되는 거야. 너에게 남은 기회는 그것뿐이야. 네 칼끝에서 여자들은 떨면서 자신의 젊음을 구걸하겠지. 그때 너는 진정으로 주인이 되는 거야."라고. 맙소사. 화자는 악한 오메가 수컷이다. 여기서 잠시 상기하자면 작가 우엘벡은 인종 차별 및 성차별주의자다. 백인 여성과 흑인 남성이라 더 과격하게 표현한 듯하다.

천만다행으로 티스랑은 선한 오메가 수컷이었다. 그렇지 않았더라면 이 소설은 범죄 소설로 분류될 뻔했다. 티스랑이 칼을 손에 들고 그들을 따라가기까지는 했지만, 그녀가 건장한 흑인 청년의 페니스를 한껏 입안에 머금는 것을 보며 티스랑은 자위를 시작했고 잠시 후 화자에게로 되돌아왔다. "피를 본다고 달라질 것도 없잖아." 그러나 악마가 된 화자는 더 부추긴다. "피는 사방에 있어."라고. 티스랑은 대답한다. "알아. 정액도 어디에나 있지. 이제 지겨워." 그 말을 마지막으로 티스랑은 파리 복귀 중 자동차 사고로 사망한다. 공식적으로는 사고사다. 그러나 따지고 보자면 단 한 번도 사랑하며 섹스하지 못한 고액 연봉자의, 경제적 알파이자 동물적 오메가 수컷의 자살이다.

소설에는 침대 때문에 자살한 남자 이야기도 등장한다. 26살 의회 행정관 제라르 르베리에는 보름간의 휴가 후 금요일 밤에 집에 돌아와서는 "머리에 권총을 한 방 쏘았다." 그가 몇 달 동안이나 침대 구매 문제로 고민했음을 알고 있던 동료들은 그의 죽음에 별로 놀라지도 않았다고 한다. 대체 침대가 어쨌기에? 여기 설명이 이어진다.

침대를 파는 사람들에게 존경을 받고 싶으면 더블 침대를 사야 한다. 그것이 필요하든 안 하든, 그리고 그것을 놓을 자리가 있든 없든, 싱글 침대를 사는 것은 곧 성생활이 없다는 것을 널리 알리는 것이고, 가까운 시일 내는 물론이고 먼 훗날까지도 그럴 가능성이 없다는 것을 공개하는 행위인 것이다. (중략) 침대는 5년 내지 10년, 아니, 20년까지도 쓰는 물건이다. (중략) 침대라는 것이 보통 결혼 생활보다 더 오래 살아남는다는 사실을 우리는 모두 너무나 잘 알고 있다.

폭이 160센티미터는 되어야 "존경과 친절, 나아가 공범 사이의 미소까지도" 받을 수 있다고 문단이 마무리된다. 세상은 정말이지 알파들에게만 관대하다. 하다못해 침대까지도.
남자 사정이 이렇다면, 여자 쪽은 어떨까.

그녀는 어떻게 정글에서 살아남는가?

 소설가 정이현은 소설집 『낭만적 사랑과 사회』에서 발랄하면서도 알싸하게 현대 여성의 생존 공식을 보여 준다. "나는 레이스가 달린 팬티는 입지 않는다."라는 섹시한 첫 문장으로 당시 문단을 충격에 빠뜨렸다는 단편 〈낭만적 사랑과 사회〉를 시작으로, 모든 단편에 '스마트한' 여성을 그렸다. 상황을 재빠르게 판단해서 자신에게 유리하게 만들어 버리는 능력자다. 자유가 보장된 자본주의 경제 체제, 승자독식의 정글에서 주인공은 지혜롭게, 혹은 영악하게 살아남는다.

사랑! 피가 한곳으로 몰려 갑갑한 느낌을 해소하고 싶은 몸의 욕망이 도대체 사랑이랑 무슨 관계라는 건지 이해할 수 없다.

 남자 사전에 들어 있는 단어 '사랑'의 의미를 이렇게 깔끔하고 담백하게 정의한 소설이 있던가? 엠마 보바리가 음독자살까지 하게 만든 무시무시한 단어, '사랑'! 화자 유리는 숫처녀라 남자 몸은 아직 몰라도 남자 심리만큼은 잘 알고 있다. "기회만 있으면 어떻게 저 여자랑 한번 자 볼까 하는 궁리밖에 하지 않는 주제에 급할 때마다 비밀병기처럼 사랑을 들이댄다."라고 날카롭게 분석한다. 이러한 인생의 깊은 진리를 22세 숫처녀 유리는 대체 언제 어떻게 알게 된 걸까? 나는 왜 그 나이 때 그걸 꿈에도 생각지 못했는지 자괴감까지 든다.

그러고 보면 인생이란 참 오묘하다는 생각이 들었다. 어쩔 수 없을 것 같은 순간이 닥쳐와도 돌아가거나 피해 가는 길은 반드시 있게 마련이었다.

  화자 유리의 인생관이다. 조남주의 소설 『그녀 이름은』에 나온 대사처럼, "눈치 안 볼 수 있는 것도 권력"이 맞다. 세상을 임기응변과 요령으로 살아가는, 결코 지배 계급이라 할 수 없는 우리의 주인공에게 눈치 빠름은 생존 필수 전략이다. 갑작스레 차 안에서 시작하자던 섹스에 오럴 섹스로 응대해서 처녀성을 지켜 내는 주인공 유리. 장점이라고는 스포츠카가 있다는 것뿐이라 유리가 결혼상대자로 생각하지 않는 민석이가 요구한 섹스였기 때문이다. "여자는 금 가는 순간 끝장"이라는 고루한 입장을 일주일에 단 한 번 있는 가족 식사인 일요일 아침 밥상머리 교육 주제로 내거는 부모를 보며, "깨진 유리를 붙이지 못해 여기까지 온 사람은 오히려 엄마"라고, 어쩌면 그것이 자기 이름의 유래인지 모르겠다고 생각하는 쿨하디 쿨한 그녀, 유리. 임신한 친구 혜미의 중절 수술 고민을 들어 주며 "나쁜 놈. 가랑이를 벌리고 중절 수술을 받을 제 여자 친구가 아니라 이제 겨우 착상된 수정란 때문에 눈물을 흘리다니. 나는 진심으로 혜미가 가여워졌다."라다가도 혜미가 타고 온 뉴비틀 자동차를 보는 순간 "어차피 출발선이 다른 게임이었다. 내가 조그만 무역회사의 여사무원이 되어 나이 들어가거나, 물 간 생선회와 식은 LA 갈비찜이 포함된 싸구려 뷔페를 피로연으로 결혼식을 올릴 때 혜미는 전혀 다른 곳에 있을 것이다. (중략) 나는 혼자 힘으로 이 척박한 세상과 맞서야 했다. 진정으로 강한 여성이 되어야 하는 것이다."라며 두 주먹 불끈 쥐고 현실을 직시하는 유리. 썩 빼어난 미모도, 금수저 집안 출신도 아닌, 그러니까 알파 아닌 암컷. 자신이 가진 거의 유일한 자본인 처녀성을 사수하느라 "고무줄이 헐렁하게 늘어나고 누렇게 물이 빠진 면 팬티"를 최후의 보루로 입고 다니는 22세 여성. 오럴 섹스는 가끔 하는 숫처녀 유리.

 심지어 유리는 언젠가 있을 최후의 전투일, 즉 그녀가 처녀성을 투자할 역사적인 밤에 따라야 할 십계명까지도 만들어 뒀다. 1) 샤워는 혼자 먼저, 2) 속옷은 신중히, 3) 머리칼은 감지 말고 촉촉히 적시기만 하고, 4) 배뇨감은 없애고, 5) 화장은 은은하게, 6) 침대에는 타월을 깔고, 7) 머뭇거리다가, 8) 남자가 팬티 벗기려 할 때 절대 엉덩이를 얼른 들지 말 것이며, 9) 행위 중에는 남자가 모든 것을 리드하게 하고, 마지막으로 가장 중요한 것은 10) 타월의 혈흔을 함께 확인하는 것이라고 말이다. 물론 대상은 그녀 인생을 올인할 알파 수컷이어야 한다. 특히 경제적 알파 수컷이어야 한다는 게 중요하다.

팬티, 전투복 또는 보호복?

나는 유리의 팬티가 영 눈에 밟힌다. 여성에게 팬티는 과연 어떤 의미인가. 남에게 보여 줄 일은 별로 없지만, 나만은 구석구석 꼼꼼히 알고 있는 옷이다. 드러나지 않는데도 오히려 원피스나 재킷에 비해 가격대 편차가 훨씬 심각한 옷이기도 하다. 크기와 모양, 재질과 장식에 따라 세상에는 은하수 속 별의 수만큼이나 다양한 팬티가 있다.

허리부터 아랫배까지를 꾹꾹 눌러 준다는 보정 팬티, 골반에 걸치는 비키니 팬티, 어디를 가려 준다는 건지 고개를 갸웃하게 만드는 끈 팬티, 어떤 용도인지 가운데가 길게 갈라져 있는 레이스 티팬티 등등. 인간의 상상력이 총동원된 패션 아이템이랄까. 일본 작가 요네하라 마리는 이브의 무화과 잎부터 시작해서 일본 전통 속옷 훈도시 이야기가 주를 이루는 에세이집 『팬티 인문학』을 남기기도 했다.

어떤 팬티를 입었는지와 무슨 향수를 뿌렸는지로 하루 기분이 결정되는 나로서는 유리가 무척 안쓰럽다. 남자에게 결코 보여 주고 싶지 않은 누런 면 팬티를 입음으로써 섹스 가능성의 씨를 말리는 유리는 필요 이상으로 고행을 감내하는 수도사로 보인다. 왜 속옷에서 얻는 즐거움을 포기한단 말인가? 보여 주는 게 아니라 입는 게 제맛인데. 변변찮은 섹스보다 섹시한 팬티 한 장이 더 큰 만족감을 주는 법인데 말이다.

팬티는 가장 은밀하고 개인적인 장식이다. 누렇게 바래고 고무줄 늘어난 팬티를 입고서는 절대로 기분이 좋을 수도, 매력적인 사람이 될 수도 없다. 나는 그런 팬티를 입고서는 어떤 일도 제대로 할 수 없을 것 같다. 나는 심지어 책이나 논문을 읽더라도 팬티만큼은 섹시하게 입어야 글자가 눈에 들어온다.

최후의 전투라 불러도 좋을 만큼 비장한 밤에 유리가 입은 필승 전투복은 민무늬 흰색 실크 팬티였다. "고급스럽고 순결해 보이는 팬티"니까. 이건 정말 엄청난 투자다. 실켓이라 불리는, 표면 처리된 폴리에스테르가 아니라 진짜 천연 실크 브라와 팬티 세트라면 수십만 원이 든다. 나도 보라색 천연 실크 슬립을 걸쳐 보았다가 가격을 듣고는 고이 벗어 놓은 적이 있다. 입기만 해도 기분 좋아지는 촉감의 가볍고 따뜻한 진짜 실크 슬립의 가격은 무려 33만 7천 원, 그것도 할인 가격이었다. 슬립이 필요했던 나는 오는 길에 핸드폰으로 4천 5백 원짜리 실켓 슬립을 주문했다. 검정색, 흰색, 살구색, 이렇게 세 개나 샀다. 만 원 이상 구매해야 배송료 면제라서다. 이상과 현실의 괴리는 속옷 구매에도 존재한다.

여하튼, 22세 유리는 수십만 원짜리 속옷 세트와 함께 일생에 단 한 번인 처녀성까지 걸었다. 결혼으로 신분 상승하는 기회를 잡자는 올인 배팅! 그러나 어쩌나. 그녀의 첫 섹스는 침대 위에서 삽입 중인 알파 수컷의 어깨를 있는 힘껏 밀어 버릴 정도로 아팠건만, 정작 결정적 증거인 혈흔이 없었다! 그녀가 고이 지켜 온 처녀성은, 그 고귀한 자본은 대체 어디로 사라져 버린 걸까? 대체 무엇을 위해 유리는 매일 누런 면 팬티를 입고 첫 경험을 미루는 고행을 감수해 왔던 걸까? 정이현 작가는 이런 반전으로 우리가 가진 세계관을 다시 한번 비튼다. 청순녀는 실은 영악한 계산 후에 청순함을 연기 중일 뿐이라며 한 번, 그리고 그녀가 믿어 의심치 않던 최고가의 상품인 처녀성이라는 것은 실은 그 존재를 증명할 방법조차 없는 허깨비에 불과했다며 두 번.

독자로서 나는 이런 의문이 들었다. 유리의 첫 섹스는 언제라고 해야 하는 걸까? 대체 어디서부터가 섹스인 걸까? 딥키스? 성기와 구강의 만남? 손가락 삽입? 성기 삽입? 출혈?

낭만적 사랑의 약효는 정말 다 된 걸까?

정이현 소설의 주인공들은 소위 '알파 암컷'이 아니다. 금수저도, 능력자도 아닌 그녀들은 시스템의 틈새를 파고드는 전략을 쓴다. 체제를 철저히 이용하는 영악함과 위장술이 그녀들의 무기다. 알파 수컷의 머릿속에 그려진 대로 흰색 계통의 여리여리한 옷을 입고, 통금 시간이 엄격한 청순녀를 연기한다. 외모도, 학벌도, 건물주 부모도 내세울 게 없는, "출발점부터 다른" 약자의 생존 전략이랄까. 유리는 훌륭한 연기로 '유리의 성' 즉 하얏트 호텔에 입성한다. 혈흔이 없어 실패한 이 소설과는 달리, 현실에서는 영악한 '유리'들이 소수의 알파 수컷들을 모두 차지했을지도 모른다. 낡은 면 팬티나 처녀성 따위 없더라도 성형 수술과 화장 예술, 패션 감각으로 무장하고, 전투에 임하고, 당당히 성공하여, 경제적 알파 수컷을 휘어잡고 사는, 살아 숨 쉬는 '유리'를 나는 꽤 많이 보고 들었다.

외모가 형편없다던 티스랑도 한국처럼 빈부 격차가 심한 사회에서라면, 혹은 프랑스에서도 소설 출판 연도인 1994년이 아닌 21세기라면 자살하지 않았을지도 모른다. 오늘날 자본주의 사회는 경제력이 성적 매력 못지않게 작용하기도 한다는 사실을 누가 부정할 수 있을까. 유럽의 '천 유로 세대'나 한국의 '88만 원 세대'라는 이름부터 베이비부머 세대와의 경제력 격차를 보여 주지 않던가. 자본이 부족한 세대의 신산한 삶을 그린 에세이도 있다. 출판 직후 유럽을 휩쓸고 2016년에 영화로도 제작된 『퍼킹 베를린』은 이제 막 20세가 된 이탈리아 여대생 소니아가 오직 돈을 벌기 위해 5년 동안이나 베를린에서 대학 학업과 성매매를 병행한 생활을 고스란히 적은 자서전이다. "돈 많은 게 예쁜 거다"라는 말이 오직 우스갯소리로만은 들리지 않는, 씁쓸한 시대다. "짚신도 짝이 있다"는 조선 시대에나 통할 속담이고, 낭만적 사랑은 20세기 드라마 속에나 남아 있는데, 그런 드라마조차도 회당 5백 원씩 결제를 해야 다시 보기 할 수 있는 세상이 바로 지금 우리가 사는 21세기 문명 사회인 것이다.

우엘벡이 썼듯, "여자들은 일부 젊은 남자들을 차지하려 한다. 남자들은 일부 젊은 여자들을 차지하려 한다. 그 와중에서 일어나는 동요와 혼란은 심각하다." 경제적 알파건 외모적 알파건,

알파들이야 먹고살거나 섹스에 굶주릴 걱정이 없을 것이고, 우리 절대다수는 그렇지 않다. 자본주의 사회는 일부일처제라는 극약에 낭만적 사랑이라는 환각제까지 합성 처방으로 여태껏 버텨 왔건만, 이제는 약효가 다 되었다. 아무도 낭만을 믿지 않는다. 로맨틱한 사랑은 코미디 소재나 광고 재료로 전락했다. 여성은 이제 일부일처제가 온당치 않음을, 본성을 억누르고 억압하여 자발적인 노예로 만들려는 술수일 뿐임을 깨달아 버렸다. 여자도 돈을 벌 수 있는 사회에서 여성이 남성에게 종속되어야 할 이유는 없다. 사랑, 그것도 낭만적 사랑이라는 이름으로 여성이 스스로를 구속하기 전까지는 말이다.

몸으로 살아가는
괴로움

록산 게이 『헝거』

몸에 산다는 것,
이것은 인간이라는 직업을 수행하러 나서는 수습생에게 부여된 과업이다.

- 알렉상드르 졸리앵 『인간이라는 직업』

나는 매달 첫째 날 아침이면 직장에 구비된 인바디 기계 위에 올라선다. 심장은 두근두근하는데, 결과를 기대해서라기보다는 결과가 두려워서다. 오늘도 검사지에는 C자가 선명하다. 체중-골격근량-체지방량에서 근육은 부족한데 지방은 차고 넘친다는 뜻이다. 심지어 C자 모양이 왠지 반년 전보다 더 납작해진 듯한데, 단지 기분 탓인가? 딱히 하는 운동이 없으니 근육 부족이야 인정해야겠지만, 흡연도 치맥도 안 하는 내가 내장 지방이라니 대체 얘들은 어디서 나오는 걸까? 설마 근육이 지방으로 바뀌어 버리는 건가? 노력하지 않아도 지방이란 건 차곡차곡 잘도 쌓인다. 내가 언제 '내 몸 속 숨겨진 지방 적금'이라도 부었던가? 그런 서류에는 서명한 기억이 없는데. 몸 속 지방이 아니라 통장에

찍히는 액수가 이만큼씩만 차곡차곡 늘어나면 얼마나 좋을까! 매달 재 보지 않았더라면 지방 수치건 건강 상태건 잘 몰랐을 터인데. 측정이 인식의 지평을 넓히는 건 확실하다.

  나도 어릴 때는 통장 잔액도 건강 수치도 생각하지 않고 살았다. 통장 잔고에 맞춰 살면 그만이었다. 청바지에 티셔츠만 입던 나였기에 외식 대신 학생식당, 커피숍 대신 자판기 커피를 선택하면 되었다. 통증이 심한 생리 주간과 먼지 알러지 빼고는 몸이 특별히 나를 구속하지도 않았다. 내가 가장 절실히 몸의 결박을 깨달은 건 임신과 출산, 수유 기간이었다. 오직 나만의 것인 줄로만 알았던 내 몸, 내 피부, 내 장기들이 내 통제를 완전히 벗어나서 나 아닌 다른 존재만을 위해 동작하던 시기였다. 자연의 관점에서는, 나라는 개체의 행복이나 안위는 눈곱만큼도 고려 대상이 아니었다. 오직 종족 번식이라는 위대한 과업을 마칠 때까지 목숨만 붙여 놓으면 되는 거였다. 자연의 가혹함이란! 내가 영양 주사로 연명하며 온몸으로 깨달은 삶의 냉혹한 진실은 '결국 인간은 몸뚱아리 하나로 산다'라는 것이었다. 심장도 뇌도, 팔도 다리도, 손도 발도, 페니스도, 클리토리스도, 모두 몸이 아니던가. 고통과 환희, 슬픔과 기쁨, 쾌와 불쾌, 사랑과 증오, 그 어떤 감정도, 생각도, 행동도 모두, 몸으로 감각하고, 인지하고, 느끼고, 행하는 것이다. 몸이 없이는 영혼도 없다.

몸과 허기에 관한 고백서 『헝거』

 몸으로 사는 것, 특히 여성의 몸으로 사는 게 무엇인지에 관한 진솔한 자서전 『헝거』는 몸과 삶, 젠더와 몸, 사회와 몸, 몸에 새겨진 인생을 다시 한번 돌아보게 했다. 삶과 경험으로 써 내려간 간결하고 명료한 문장으로 채워진 책이요, 용감한 글쓰기를 대표한다. 쉬운 단어와 간결한 문장 덕에 페이지가 술술 넘어갔다. "내 몸과 내 허기에 관해 고백하려 한다."라는 시작글대로, 책은 거의 몸에 관한 이야기로 채워진다.

 록산 게이는 가장 살이 쪘던 20대 후반 때의 신체 치수를 공개하면서부터 글을 시작했다. 그녀는 키 190센티미터에 몸무게 261킬로그램이었다고 한다. 나는 키 190인 사람은 스포츠 뉴스 화면 속 농구 선수로만 존재를 알았지, 직접 본 적이 없다. 상상하기도 어려울 정도로 존재감이 느껴지는 몸, 어디서든 눈에 띄는 거대한 몸으로 살아가는 일상은 어떤 느낌일까? 무엇을 하든 어디에 있든 항상 몸을 의식하게 되지는 않을까? 그녀는 "자신의 몸을 편안하게 느끼는 것이 무엇이고 그것이 얼마나 큰 사치인지"를 독자가 절감하도록 이 책 곳곳에서 허심탄회하게 털어놓았다. 감자 칩 한 조각도 공공장소에서 맘 놓고 먹지 못하는 사회 시선, "젠더조차 지우는 힘"이 있는 커다란 몸을 가진 그녀가 강연자라 밝힐 때마다 마주치는 프로그램 주최자의 떨떠름한 반응, 초청받은 토론회에서조차 준비된 팔걸이 의자가 너무 좁아 앉지 못하고 다른 출연자들과 구색 맞추느라 찰영 내내 스쿼트 자세를 취한 경험 등이 가감 없이 적혀 있다.

록산 게이는 전작 『나쁜 페미니스트』 서문에 "나를 따라다닐 나쁜 페미니스트라는 꼬리표를 환영한다."라고 말했다. 여기서 '나쁜'은 '완벽하지 못한'이란 뜻이다. 그녀는 "누군가의 본보기가 되려고 애써 노력하지 않는다. 완벽하려 하지 않는다. 내가 모든 해답을 갖고 있다고 말하지 않는다. 내가 전부 옳다고도 말하지 않는다. 나는 그저 내가 믿고 있는 것을 지지하고, 이 세상에 뭔가 도움이 될 만한 일을 하고, 내 글로 새로운 관점을 제시하면서도 온전히 나 자신으로 남고 싶을 뿐이다."라고 썼다. 얼마나 솔직한가.

여담이지만 이 책은 페미니즘을 싫어하는 사람들에게 더 많이 팔렸다고 한다. '나쁜'이 들어간 제목 덕분에 페미니즘에 거부감을 느끼는 사람들이 읽지도 않은 채 선물용으로 많이들 구매했더라는 웃픈 소문이다. 책은 제목이 반이라더니, 역시나 판매 부수에 큰 영향을 미치는 건 제목과 표지인가 보다. 『나쁜 페미니스트』는 출간 5년 만에 페미니즘 입문서라는 위치를 차지했다.

맥주 냄새라면 치를 떨게 된 소녀

한편 저자가 "사이즈가 되는" 몸을 가지게 된 계기는 너무나도 슬프다. 아이티계 미국인 12세 소녀 록산은 여느 다른 소녀들처럼 유력 집안 출신 백인 소년 크리스토퍼를 흠모했다. 놀랍게도 록산은 그와 몰래 만나는 사이까지로 발전했고, 그는 차츰 과도한 요구를 하기 시작했다. "그에게 싫다고 말하는 방법을 몰랐다. 싫다고 말해야 한다는 생각이 머릿속으로 들어온 적도 없다. 이건 내가 치러야 할 대가일 뿐이라고, 그에게 사랑받는, 아니 진정 솔직하게 말해 버리자면, 그가 나를 참아 주는 대가라고 나 자신에게 말했다. (중략) 언젠가부터 거울에서 내 모습을 보지 않게 되었는데 거울을 보면 죄의식과 수치심 외에는 아무것도 느껴지지 않았기 때문이었다." 이 관계는 끔찍한 사건으로 변질된다. 남자 친구인 줄로 알았던 크리스토퍼가 그녀를 윤간한 것이다. 바지를 벗지도 않은 채, 그녀에게 침을 뱉어 가면서, 여러 술 취한 소년과 함께 말이다. 몸도 영혼도 파괴된 성폭행 피해자 록산은 그때 고작 12살이었다!

"해가 갈수록 나 자신이 점점 더 역겨워 참을 수가 없었다. 강간을 당한 것은 내 잘못이고, 나는 그런 일을 당해도 싼 인간이고, 숲에서 일어난 그 일은 나처럼 한심한 여자애에게 일어날 만한 일이었다고 생각했다. (중략) 한밤중에 깨어 숨을 몰아쉬고 공포에 떨면서 천장만 보며 밤을 꼬박 새우거나 책이라도 읽어서 나 자신과 내 몸과 내 인생에서 빠져나와 더 나은 장소로 들어갔다." 그녀는 다시는 그런 일이 없도록 남자들로부터 자신을 보호해야 한다는 생각에 먹고, 먹고 또 먹었다. "음식은 유일한 위안이었다. 음식은 나를 판단하지도 나에게 무언가를 요구하지도 않았다. 먹을 때는 오로지 나 자신이 될 수 있었다." 200킬로그램이 넘자 그녀는 비로소 '안전'해졌다. 초고도 비만이 된 거대한 육체 속에 숨어 버린 그녀가 느끼는 공포와 두려움을 남자가 짐작이라도 할 수 있을까? 맥주 냄새를 풍기고 낄낄거려 가며 그녀를 강간하던 소년들은?

왜 사건이 일어났을 때 학교나 가족에게 피해 사실을 말하지 않았을까. 감당하기 어려운 일을 불시에 겪으면 사람은 오히려 아무 일도 없었던 듯 행동하기도 한다. 저지가 그러했듯, '피해자다움'을 필사적으로 숨기고 부정하려는 심리적 방어 기제가 작동하는 것이다. 듬뿍 사랑받고 자라던 성실하고 귀여운 딸이 밖에서 어떤 일을 겪었는지를, 딸을 철석같이 믿고 있는 부모님께 어떻게 말할 수 있을까. 부모님이 얼마나 슬퍼하고 얼마나 마음 아파할지, 또 어떤 파장이 미칠지도 짐작되는데 말이다. 게다가 모든 피해자가 겪는 가장 큰 마음고생은 자책감이다. 죄를 저지른 가해자는 발 뻗고 코 골며 자는데, 피해자는 눈물과 자책감으로 밤을 새우고 세월을 보낸다는 전 지구적 공통점에 정말이지 분노가 치민다! 게다가 록산은 고작 12살 꼬마였는데! 죽고 싶을 만큼 마음이 아픈 사람은 다른 이에게 아프고 괴롭다는 말조차 할 수 없다는 것을, 누군가에게 털어놓을 때는 이미 많은 치유와 망각이 이뤄진 후라는 것을, 마음의 상처를 깊이 겪어 본 사람이라면 누구나 안다. "'그가 말했다/그녀가 말했다' 때문에 이 세상의 너무나 많은 피해자가 앞으로 나서지 못한다. 왜냐하면 너무나 자주 '그가 말했다'가 더 중요하게 취급되기 때문에 우리는 우리가 아는 진실을 삼켜 버리는 것이다." 하지만 몸으로 겪은 사건은 사라지지도, 잊히지도 않으며, 성폭행 피해자 중에 스스로를 인정할 수 있을 정도로 정신을 추스르게 되는 사람은 드물다. 저자처럼 자신을 낱낱이 드러내고 기억을 되새김질하여 책으로 남기기까지는 얼마나 큰 용기가 필요했을까!

그런 끔찍한 경험에 짓눌린 자신을 벌주려는 듯, 록산 게이도 "무관심, 경멸, 노골적인 적대감을 끌어들이는 피뢰침과도 같은" 20대를 거쳤다. 자신을 덮친 부당한 불행에 스스로를 실종시켜 가며 되는대로 사는 둥 한때 무너져 내리기도 했지만, 그녀는 버텼고, 끝내는 이겨 냈다. 천만다행으로 그녀에게는 독서와 글쓰기가 있었기 때문이었다. 그녀는 "계속 글을 쓰고 쓰고 또 쓰고 책을 읽고 읽고 또 읽으며 희망을 가졌다. 학교에 다니고, 일하고, 공부하고, 점점 더 나은 직업을 갖고 학교를 더 다니고, 조금씩 더 나은 작가가 되었고, 아주 천천히 더 나은 사람도 되었다." 멋지다! 1974년생인 록산 게이는 지금 작가, 교수, 편집자, 해설자로서 활발히 활동하고 있다. 특히 『나쁜 페미니스트』와 『헝거』는 세계적인 베스트셀러다. 이만한 인간 승리가 또 어디 있을까!

나는 이 책에서 제84장이 가장 인상 깊었다. 이 장은 작가가 크리스토퍼, 즉 12세의 그녀를 윤간한 당시 남자 친구를 20년 후 인터넷으로 찾아본 이야기다. 신파가 아닌, 간결하고 건조한 문장만으로 구성된 한 문단인데도 나는 눈물을 흘렸다. 성폭력을 대수롭지 않게 생각하는 사람이라도 이 장을 읽으면 생각이 바뀔 것이다. 솔직한 글쓰기는 현란한 수사 없이도 독자의 마음을 파고드는 법이다. 유사 이래 얼마나 많은 여성이 성폭행 때문에 인생을 잃어 갔을까를 상상해 보면 정신이 아득하다. 흔한 일이 아닐 거라고? 천만에. 매우 흔하다. "우리가 모두 이런 이야기들을 갖고 있다는 것과 그 이야기들이 너무도 많다는 사실이 나를 지치게 만든다." 여성들은 자신의 목소리를 대신한 록산 게이의 『헝거』에 공감하고, 눈물을 흘리고, 분노했다. 마음을 열고 진심으로 책을 읽었다면 님싱 독사도 성범죄가 여자 인생에 얼마나 큰 악영향을 미치며 얼마나 마음속 깊이 공포로 자리 잡을지를 어렴풋이라도 느꼈으리라.

성추행 대상이 되는 게 소녀의 성장 과정?

내 주변 여자들과 이야기하다가 새삼 확인하게 된 사실이 있다. 성추행을 경험하지 않은 여자는 없더라는 것! 술자리에서 남자들이 자신의 성 경험담을 자랑스레 떠벌릴 때, 우리 여자들은 자신이 겪은 성추행과 성폭행 경험담을 나누기라도 해야 하나?

어떻게 용케 피했는지 노하우를 공유하고, 서로를 다독여 가며? 울화가 치민다. 이런 게 쌓이다 보면 화병 환자가 되는 거고, 그런 한국 여성이 많다 보니 영어 사전에도 hwabyeong이란 단어가 등재됐으리라.

도시에서 나고 자란 나도 성추행을 여러 번 겪었다. 생전 처음 보는 이놈 저놈한테서, 꾸준히, 다양하게. 하교하는 초등학생 팔을 붙잡아 당기더니 덥석 내 음부로 손을 뻗치던 아저씨(손녀뻘 소녀에게 대체 뭘 하고 싶었수, 할배? 설마 기저귀라도 갈아 주려 한 거? 10살은 기저귀 안 해!), 하교 버스에서 중학생인 내 엉덩이에 딱딱해진 성기를 눌러 대던 남자(만원 버스인 줄로만 알았는데 내릴 때 보니 한산해서 순간 소름 좍 끼쳤다, 아재야. 내가 너 때문에 후배위 자세에 공포심이 생겼는데 이거 어떻게 보상할래?), 밤샘하러 실험실 복귀하던 여대생 목에 등 뒤에서 커터를 들이대며 가만히 있으라고 위협하던 청소년 등등(네가 나라면 가만히 있겠니? 혼자 할 수 있는 일은 좀 혼자 하라고! 커터 잡을 손으로 네 페니스를 잡는 거야, 쉽지? 진정 이런 것까지 꼭 내가 가르쳐야 하는 거냐?).

그런 일을 당하면 며칠 동안 잠을 못 이뤘다. 내가 그렇게 만만해 보이나 싶고 억울하고 화도 나고 이야기할 데도 없으니 눈물만 났다. 내가 지금처럼 안전한 나이가 될 때까지 화장과 치마를 멀리하고 살았던 이유기도 하다. 지금 그 사건들을 떠올리면 오직 분노뿐이다. 그것들 - 인간이라고 부르기조차 싫다 - 은 지금 어디서 뭘 하며 살까? 밥값 제대로 할 것들은 아닌데, 설마 내가 내는 세금으로 먹고사는 거 아닌가? 신문 사회면에는 불법 촬영이나 성범죄 기사가 장소와 대상만 바꿔 가며 지겹도록 반복 보도된다. 어제도, 오늘도, 10년 전에도 그랬다. 10년 후에는 제발 좀 달라지길!

노브라와 레깅스 패션이 사회 이슈?

2019년 초여름, 신문 사회면에는 레깅스와 노브라가 이슈였다. 입고 꿰맨 듯한 레깅스는 속옷이지 바지가 아니며 브래지어 착용은 사회적 예의라는 주장과, 레깅스는 일상 운동복일 뿐 섹시함을 강조하려는 의도 따위 없고 브래지어 착용 여부는 엄연히 개인의 자유라는 주장이 첨예하게 대립했다. 설문 조사 결과에 따르면 두 견해는 세대 갈등에 가까웠다. 단, 30대 이상의 남성들은 전폭적으로 노브라에 찬성했다.

나는 레깅스와 노브라가 사회 이슈라는 사실 자체가 우리 사회가 얼마나 경직되었는지를 보여 준다고 생각한다. 오지랖이 열두 폭, 할 일도 없고 시간도 많구나, 싶다. 남이 뭘 입건 무슨 상관이란 말인가? 나 먹고 입을 거 생각하기도 바쁘다. 나는 더워서 레깅스는 안 입으며, 옷맵시를 좋게 하려고 브래지어를 착용한다. 여름에는 모름지기 원피스에 티팬티가 최고 조합 아닌

가. 내 생각엔, 여름에 원피스를 입을 수 있다는 게 여자가 누릴 유일한 장점이다. 쿨패드 들어간 여름용 브라는 왜 개발되지 않는지 모르겠다. 패드 재질만 갈아 끼우면 여름엔 쿨브라, 겨울엔 핫브라가 될 터인데.

여성에게 몸은 무슨 의미일까? 남성 몸을 요약 정리하면 다른 것 다 필요 없고 페니스만 남는다고 한다. 다소 충격적인 그 발언을 나는 점잖은 인텔리 남성에게서 직접 들었다. 그 후로 기회 있을 때마다 다른 남성들에게 이 표현에 관한 의견을 꾸준히 물었지만, "남성을 요약하면 페니스"라는 신박한 정리에 정색하고 반론을 펼치는 남성은 단 한 명도 없었다. 오히려 파안대소하며 위트 있는 문장이라 추켜세울 뿐이었다.

같은 맥락으로 문장을 만들자면, "여성을 요약하면 자궁"일까? 여성들은 이 문장에 어떤 반응을 보일까? 일단 나 자신부터도 매우 강한 거부감이 든다. 왜 나는, 여성은, 이 문장이 그저 '위트 있는 농담'으로 들리지 않을까? "여자란 원래 예민"하니까? 개인적인 성격 때문에? 아니다. 태어나면서부터 이날 이때까지 줄곧, 여성들은 성적 대상과 출산 가능성으로 계량되어 왔기 때문이리라. 원하지 않을 때조차도! 여성들은, 아니 최소한 나는, 그냥 사람이 아니고 '자궁 달린 사람'으로 취급되는 게 신물 나게 지겹고, 역겹다. 그러니 내가 어찌 "여성을 요약하면 자궁"이라는 문장에 웃을 수가 있겠는가? 썩은 미소조차 날릴 수 없다. 손에 든 펜이나 마우스를 날리면 모를까.

영화 〈터미네이터: 다크 페이트〉 대사가 기억난다. 이 영화는 노년이 된 〈터미네이터 1〉 주인공 사라 코너가 미래에서 온 슈퍼 군인 그레이스와 함께 터미네이터에게 쫓기는 여학생 대니를 도와준다는 설정이다. 대니는 지극히 평범한 자신이 대체 왜 미래에서 온 터미네이터에게 쫓기는지를 알고 싶어 한다. 노전사 사라는 확신에 차서 말한다. "그들이 무서워하는 건 네가 아니야. 네 자궁이지. 성모 마리아 역할은 내가 잠시 양보하지." 사라 자신의 경우처럼, 터미네이터는 대니가 미래에 낳게 될 아들을 두려워한다는 소리였다. 듣고 있던 미래 전사 그레이스가 말한다. "당신이 성모 마리아라니 역겹네요." 영화 후반에서야 그레이스는 비밀을 털어놓는다. "대니, 네 아들 따위가 아니야. 그들이 두려워하는 건 너야. 서로 공격해서 자멸해 가던 인간들을 규합해서 통솔하고, 마침내 기계들에 대항하는 지도자가 되는 자, 바로 너, 대니를 말이야."

시대가 바뀌었다. 미래 인류 지도자도, 그녀를 지키는 미래 전사와 보조 전사까지도 모두 여성인 영화가 관객 지갑을 여는 시대다.

누구의, 무엇을 위한 다이어트인가?

 과연 자기 몸에 만족하는 여성은 얼마나 될까? 글을 읽으시는 분들은 어떨까? 나는 내 몸에 만족하지 않는다. 저자 록산 게이도 그렇다고 고백한다. 자기 몸에 만족하는 여성은 신기할 정도로 적은데, 그건 성공한 여성도 마찬가지다. 1970년대에 빌보드 차트 상위권을 지속적으로 차지하고 지금은 이지리스닝 팝의 전설이 된 듀오 '카펜터즈'의 보컬 캐런 카펜터도 그랬다. 밴드 이름이 익숙하지 않은 분도 팝송 〈Top of the world〉는 많이 들어 봤으리라. 아름답고 편안한 목소리로 세계인의 사랑을 받던 캐런은 10대 때 시작한 다이어트 후유증으로 거식증이 생겼고, 결혼 1년 만에 이혼한 후에는 걷잡을 수 없이 심각해져서 서른둘이라는 이른 나이에 사망하고 말았다. 폴 매카트니가 "세계에서 가장 아름다운 목소리"라던 매혹적인 알토 보이스는 이제 오직 음반을 통해서만 들을 수 있다.

 그녀가 살아간 나이보다도 더 오랜 시간이 흐른 지금, 다이어트와 거식증이 더는 스타만의 전유물이 아니다. 일반인도 날씬하고 완벽한 몸매를 갖고 싶어 열망한다. 아니, 열망해야 하는 사회에 끼워져 산다. 록산 게이는 대중 매체에서 다이어트 프로그램이 전달하는 메시지가 "자아 가치나 행복은 날씬한 몸과 불가분의 관계이니 일단 살을 빼자"로 동일하다고 비판했다. 그뿐인가. 오프라 윈프리가 펼친 다이어트 사업을 보며 록산 게이는 일갈한다. "60대 초반의 억만장자이며 지구에서 가장 유명한 여성인 오프라 윈프리조차도 자기 자신이나 자신의 몸에 대해서는 행복을 느끼지 못하나 보다. 이것이 바로 우리 뜻대로 되지 않는 몸에 관해 이 문화가 보내는 해로운 메시지다. 아무리 나이가 들어도, 아무리 물질적인 성공을 거두어도, 우리는 날씬하지 않으면 만족하거나 행복할 수 없다."

과잉 공급과 끊임없는 '허기', 즉 욕망을 먹고 자라는 자본주의, 다른 말로 소비주의 사회를 사는 우리. 여자라면 날씬하고 젊고 아름다워야 한다는 믿음이 중세 시대 종교만큼이나 강하게 뿌리박혀 있는 시대다. '가슴과 엉덩이는 크고 허리는 날씬한 건강 미녀'는 21세기 산업이 창조한 왜곡된 이데아는 아닐지?

'여성 취향 방송'을 몇 시간만 시청하면 체중 감량 제품과 다이어트 푸드 광고의 퍼레이드를 볼 수 있다. (중략) 사실 이것들은 대기업들의 돈주머니를 두둑이 불리고 있을 뿐이다. 난 이 광고들을 보면 돌아 버릴 것 같다. 그것들은 자기혐오를 한껏 부추긴다. 대부분의 사람에게 있는 그대로의 우리 몸은 절대 충분하지 않다고 말한다. 그들은 잔인한 열망과 동경을 부추긴다. (중략) 여자들은 사회의 의도에 자기를 어떻게든 꿰맞추려고 한다. 여자들은 늘 배가 고프다. 나도 그렇다.

TV와 신문은 다이어트 식품 광고로 도배됐고, 거리에서는 헬스장과 지방 흡입 시술 병원 광고가 시선을 사로잡는다. 우리 모두는 더 젊고 날씬해 보이려고 노력한다. 과연 누구의 욕망인가. 내가 원하는 건가 원해야 한다고 강요받는 건가. '타자의 욕망'이든 아니든, 현대인은 남녀 불문 '건강해 보이는 날씬한 몸'을 추구하는 건 부정할 수 없는 사실이다. 실제로 건강한 것보다는 남들에게 건강하고 날씬해 보이는 게 더 중요한 듯 여겨지는 건 과연 나만의 편견일까.

다이어트 푸드 광고와 연예인들의 체중 감량에 대한 언론의 호들갑을 통해 우리 여성들은 어떤 생각을 주입받고 있을까? 제대로 된 음식을 먹고 제대로 된 식이요법을 하고 그에 따른 희생만 치르면 원하는 건 다 가질 수 있다는 생각이다. 이런 현상은 체중 감량에 대한 욕망을 여성 정체성의 기본적인 요소로 여기는 이 문화에 대해 무엇을 말하고 있는가?

여성 평생의 과업, 다이어트?

"내가 아는 모든 여자는 평생 다이어트를 하고 있다."라고 록산 게이는 썼다. 내 주변도, 나도 그렇다. 스크린에 비치는 젊고 예쁘고 날씬한 여성이라는 허상에, 살아 숨 쉬는 내 몸을 끼워 맞추는 작업을 우리는 평생 지속한다. 모델이 입은 옷맵시를 기대하며 주문 버튼을 클릭하고, 화장품 광고를 보면서 투명에 가까울 정도로 완벽하게 보정된 피부를 가질 수 있다고 착각하고선 야근까지 해서 번 돈을 기꺼이 지불한다. 보바리즘에 빠져 있는 우리는 머릿속에 주입된 환상과 다른 모습을 거울 안에서 발견할 때마다 경악한다. '이건 내가 아니야.' 그리고서는 더 성분 좋고 효과가 좋다는, 간략히 말하면 더 비싼 상품을 찾아 인터넷을 누빈다. 얇아진 내 지갑과 낮아진 내 자존감을 연료 삼아 다이어트 산업은 오늘도 거침없이 성장한다. 지금 존재하는 그대로의 나를 받아들이고 인정하지 않는 한 이 사업은 계속해서 번창하리라.

'여성의 몸'이라는 자본주의 사회의 결박이 사라지는 때는 바로, 보여 주기 위한 몸이 아닌, 내가 살아가는 내 몸임을 자각하는 순간부터다. 세상이 강권하는, 사실상 도달 불가능한 '착한 몸매'를 헛되이 추구하는 충직한 소비자가 아닌, 나 자신으로 살아가는 한 인간임을 깨닫는 순간부터 말이다.

'내가 생각하는 나'는 과연 나 그대로일까?

주나 반스 『나이트우드』

질문을 받기 전까지는 자신이 아는 줄도 모르는 것들이 있어.
(중략) 올바른 질문을 던지는 사람을 만날 기회란 많지 않아.

- 크리스토퍼 이셔우드 『싱글 맨』

런던에서 버스로 1시간 반 거리에 있는 작은 도시 옥스퍼드. 그곳에 도착하자마자 나는 예쁜 풍경에 온통 마음을 빼앗기고 말았다. 관광 엽서에서나 보던 광경이 그대로 눈앞에 펼쳐져 있었으니까. 그날은 두 번째 직장 면접일이었다. 멋진 풍경 덕분이었을까? 평소보다 120퍼센트 더 발휘된 실력과 유난히 들떠 미소가 그치지 않던 내 표정이 긍정적으로 비쳤는지 나는 최종 면접에 합격했다.

며칠간의 관광이 아니라 몇 년 생활할 준비를 하면서야 깨달았다. 잠시 들르거나 눈으로 보기에는 그림처럼 예쁜 도시가 정작 눌러앉아 살기에는 팍팍한 곳이었다. 특히 대학 학부생들이야 소속 기숙사가 있지만, 직장인은 당장 잠잘 곳 구하기가 만만찮았다. 내가 어렵사리 구한 숙소는 미국인 단기 유학생 셋과 집을 공유하는 셰어 하우스였다. 집친구^{housemate}는 모두 새내기 대학생이었고 매년 바뀌었다. 일종의 가디언처럼, 나이 많은 내가 집의 방 한 칸을 차지하고 살며 혹시라도 있을지 모를 문제에 대비하는 체제였다. 보수는 없었다. 워낙에 칼리지^{college} 소속 없이는 방 구하기 힘든 곳이다 보니, 1달에 약 70만 원 방세로 그 집 방 하나에 거주할 수 있는 게 보상이라면 보상이랄까. 그 집에서 나는 2년을 살았고, 집친구는 세 번 바뀌었다. 첫 번째는 단 2달밖에 기간이 겹치지 않아 잘 기억이 나지 않지만, 두 번째 집친구들은 내 사고 체계를 바꾸어서인지 아직도 기억이 생생하다.

세 번째 집친구들도 기억에 남는다. 판에 박은 듯한 전형적인 금발 백인에게서는 짐작 못한 식습관을 경험하기도 했다. 라면 애호가 토미가 저녁 준비하는 시간이면 온 집안에 매캐한 증기가 가득 차서 눈이 따가울 지경이었다. 뜨거운 공기는 위로 상승한다는 건 자연의 법칙이다. 1층 부엌에서 어떤 요리를 하건 2층 내 방에는 음식 냄새가 고여서 머물다가 늦게 퇴근하는 나를 맞이하곤 했다. 냄새는 고사하고 매운 기운에 하도 눈이 아파서 어느 날은 일부러 조금 일찍 퇴근해 봤더니, 왠지 익숙한 냄새가 집안 가득했다. 설마? 설마가 맞았다. 뚜껑 연 냄비에서 보글보글 끓고 있는 건 다름 아닌 라면이었다. 게다가 통마늘까지! "오늘의 특식이야?"라고 물었더니 토미가 친절히 대답했다. "나는 이거 저녁마다 먹는데? 오늘은 웬일로 네가 좀 일찍 왔네." 그는 조리대 앞에서 두 손을 부산히 움직였다. 매운 향이 내 코와 눈을 찔렀다. 마늘 껍질을 벗기던 토미가 한순간 고개를 돌려 나를 똑바로 바라보며 하는 말, "미안하지만 라면은 못 나눠 줘. 양이 적거든." 안 물어봤거든! 비록 라면 앞에서 내 눈빛이 아무리 처량해 보였다 해도 말이지. 한국인인 나는 그날 미국인 남성 토미에게서 라면 맛있게 끓이는 법을 배웠다. 토미가 "이런 거, 너 먹어는 봤니?" 하고 잘난 척하며 알려 준 비결은 이랬다. 1) 뚜껑은 계속 열어 둬야 한다. 2) 면은 젓가락으로 계속 들어 올렸다가 내려야만 면이 쫄깃해져서 식감이 살아난다. 3) 무엇보다도 라면에서 가장 중요한 국물은 통마늘(!)을 여섯 쪽(!!) 넣어야 국물 맛이 좋다는 거다. 그러다 문득 라면 봉지를 보니 이런, 신라면이 아닌가! "이거 한국 라면이잖아!" "정말이야? 인류 최고의 식품이 한국산이었구나!"라더니 이어지는 라면 예찬론. 누구라도 손쉽게 단 3분 안에 만들어지는 소울 푸드는 오직 라면뿐이라는 게 그의 주장이었다. 맞는 말이다. 나도 라면 좋아하니까. 하지만 그런 문장을 미식축구 선수 같은 덩치를 한, 금발 머리 19세 소년에게서, 비 뿌리기 5분 전처럼 우중충한 영국 하늘 아래서 듣게 될 줄은 몰랐다. 내가 집안 가득한 매운 냄새에 눈을 깜빡이는 동안 통마늘 여섯 쪽이 투척된 신라면을 예찬하는 그의 목소리는 축구부 구호만큼 컸고, 푸른 두 눈은 소울 푸드 라면에 관한 열정으로 반짝였다. 토미, 아직 위장은 무사하지?

   내가 2년을 지낸 집의 건물부터 기억해 봐야겠다. 영국 영화에 배경으로 흔히 나오는, 특징 없는 갈색 벽돌집이다. 2층짜리 작은 단독 주택은 골목길에서 들어간 다섯 번째 집이었다. 가끔 내놓은 쓰레기 봉지를 찢어 놓던 옆집 고양이 세 마리만 빼면 이웃들도 조용한 편이다. 예전 소유자가 대학에 기증한 집으로, 교직원 한 명이 관리하는 외부 주택 다섯 채 중 하나다. 1층에는 공동으로 쓰는 부엌, 화장실, 욕실과 방이 하나 있었는데, 남학생이 배정됐다. 아마도 안전상의 이유였으리라. 2층에는 내가 쓰던 큰 방 하나와 내 방을 둘로 쪼갠 듯한 크기의 작은 방 두 개가 있었는데, 거긴 주로 여학생이 썼다.

새 학기 시작 일주일 전에 새로 맞이한 미국인 집친구들은 모두 신입생으로 1년간 교환 학생 자격으로 영국에 왔다. 공식적이고 형식적으로 우리는 서로 인사를 했고, 각자 잠자리에 들었다. 그때까지만 해도 나는 내 업무만으로도 바빠서 집을 공유하는 친구들과 그다지 교류가 없었다. 그날까지는.

어느 밤, 1층에서 알의 비명이 들렸다. 19세 새내기 소년을 30세인 내가 보호해야 한다는 생각으로 나는 방 안에 있던 긴 자를 집어 들고 계단을 내려갔다. 하여튼 나이 먹어서 좋을 일은 하나도 없다니까. 50센티미터 자가 무기라니. 그래도 없는 것보다는 낫겠지. 계단을 내려가며 나는 물었다.

"알, 괜찮아?"

방 안에서 그의 비명이 다시 이어졌다. 대체 저 안에 무슨 일이 벌어진 걸까. 나도 무서워졌다. 현관문이 안 잠겨 있었던 걸까? 누가 침입한 걸까? 50센티미터 자 따위로 사태가 해결될까? 이

문 뒤쪽에는 누가 있는 걸까? 2층 케이트가 조심스레 방문을 여는 소리가 들렸다. 나는 알의 방문을 노크하고 다시 물었다.

"괜찮아? 들어가도 돼?" 다행히 그가 대답했다.

"응! 들어와! 조심하고!"

대체 뭘 조심해야 하는 걸까. 저렇게 말할 수 있는 걸 보면 최소한 목숨을 위협받는 상황은 아닌가 보다. 나는 문을 조심스레 열었다. 알은 책상 위에 올라가 있었다. 그가 떨리는 손으로 침대를 가리켰다.

"저 안에, 침대 안에!"

아무도 없었다. 최소한 침대 안에 있는 건 사람은 아닐 터였다. 그럼 혹시 쥐? 나는 겁이 덜컥 났다. 50센티미터 자로 쥐를 때려야 하는 건가? 혹은 쫓아낼 수 있을까? 부엌으로 달아나면 어쩌지? 나는 침대로 다가갔다.

"천장에서 뚝 떨어졌어. 이젠 침대 속으로 들어가 버렸어. 어떡해!"

나는 쥐가 천장에 거꾸로 매달려 달리다가 떨어지는 광경을 상상했다. 아니면 천장에 구멍이? 침대에 펼쳐진 이불을 들춰 보기 전에 나는 천장부터 훑어보았다. 구멍은 없었다. 어라, 뭐지? 나는 알을 바라봤다. 그의 얼굴은 공포로 질려 있었다. 쥐가 맞나 보다. 어떡하지. 이불을 들추는 순간 나에게 쥐가 달려들면! 이불자락을 잡은 내 왼손은 들어 올리라는 대뇌의 명령을 자꾸만 거부했다.

"거미가, 이만한 거미가!"

그는 엄지손가락을 옆으로 들어 보였다.

기가 막혀 나도 모르게 입이 벌어졌다. 고작 거미 따위로 새벽 한 시에 비명을 질렀단 말인가. 방문 밖에서 두 손을 모으고 초조하게 서 있던 케이트와 린지는 미련 없이 뒤돌아 각자 방으로 들어가 버렸다. 계단이 삐걱거리는 소리가 들렸다. 짜증이 밀려왔다. 나는 내일 아침 일곱 시 반에 프로젝트 중간점검이 있단 말이다. 내 계약 연장 여부를 결정하는 중요한 회의가! 이불을 확 들추려는 순간, 알이 소리를 질렀다.

"그냥 둬! 내가 알아서 할게!"

'네가 어떻게 뭘?' 하는, 무시를 숨길 수 없는 눈빛으로 나는 그를 바라보았다. 알의 손에는 어느덧 휴대폰이 들려 있었다.

"친구에게 문자를 보냈어. 그가 곧 온대. 소리 질러서 미안해. 가서 자. 잠 깨워서 미안해."

"정말 괜찮겠어?"

"응. 내 친구가 와서 해결하도록 하자. 얼른 가서 자."

내 방에 올라왔지만 이미 잠은 안드로메다까지 달아나고 말았다. 나는 멀건 천장에 50센티미터 자로 할 수 있는 일 목록을 보이지 않는 글자로 적기 시작했다. 책상 길이를 잰다, 선을 긋는다, 거미를 몰아낸다, 방문 앞에 걸쇠처럼 끼워 넣는다, 옷장 위의 물건을 끌어 내린다, 여기까지 적었을 때 현관문 소리가 났다. 낯선 남자 목소리가 들렸다. 알이 반기는 목소리도 함께 들리는 걸 보니 친구가 온 모양이었다. 50센티미터 자로 할 수 있는 일은 더 이상 떠오르지 않았지만, 내 방광은 당장 화장실을 방문하라는 신호를 강력하게 보내기 시작했다. 거역할 수 없는 자연의 명령에 나는 계단을 다시 내려와 부엌을 지나 화장실로 가야만 했다.

부엌은 때늦은 티타임 중이었다. 식탁 위 향초는 라벤더 향을 풍겼고, 은은한 불빛에 비춘 두 남자는 거미 따위는 모두 잊은 듯 홍차를 즐기고 있었다. 오붓한 분위기였다. 그 식탁 옆을 통과하도록 만든 내 방광이 원망스러웠다.

"실례합니다."

두 사람은 민망하게도 자리에서 일어서서 인사를 했다. 알이 우선 소개를 했다. "여기는 리차드, 여기는 쓴미야."

"안녕, 리차드."

"안녕, 쓰미."

발음하기가 어려워서인지 내 이름은 여럿이 되어 버렸다. 쓴미, 슨미, 쓰미, 스미 등등. 아무려면 어떤가. 정확히 말하려 애는 쓰지만 나도 리차드^{Richard}를 리차드^{Lichard}로 발음하고 있을지 모르는데.

리차드는 다부진 근육에 어깨도 넓었다. 알 같은 소년이라기보다는 다 성장한 남자라는 느낌이랄까. 한밤중에 아무렇게나 꿰어 입고 온 티셔츠와 반바지겠지만 이 모습 그대로 타고 온 자전거 모델을 해도 되겠다 싶은 미남이었다. 그러나 눈앞에 누가 있든, 당시 나를 지배하는 건 팽팽한 나의 방광이었다. '이놈의 영국식 예의라니. 화장실 한번 가기도 힘들다.' 리차드가 영국인 특유의 장황한 대화 - 이 늦은 시간에 귀댁에 방문하게 되어 대단히 실례입니다만 어쩌고저쩌고 - 를 시작하려는 찰나, 나는 어색한 미소와 함께 늦은 시간에 와 줘서 고맙다는 영혼 없는 대사로 첫 대면을 급마무리하고 얼른 화장실에 들어섰다. 남은 시간 4초. 변기 뚜껑을 열었다. Bloody hell. 누군지 모르겠지만 설사하고 물을 내리지 않아 물똥이 가득했다. 레버를 누르고 속으로 욕을 하며 변기에 앉았다. 30초. 마침내 보낼 것을 보냈다. 절로 나오는 안도의 한숨. 아니, 잠깐. 밖에서 소리가 다 들릴 것 같다. 화장실에서 나오는 길에 손을 씻고, 식탁 옆을 다시 지나며 나는 일부러 태연한 척 물었다.

"알, 거미는?"

"리차드가 있는데, 뭐. 걱정 말고 잘 자."

알은 환하게 웃으며 대답했다. 리차드를 바라보는 그의 눈빛에서 나는 깨달았다. 이 장면에서 나는 애초부터 등장하지 않았어야 한다는 것을 말이다. "좋은 시간 보내. 잘 자." 나는 이번에는 진심을 담아 말했다. 불빛마저 달달했다. 좋겠다, 커플. 아까 화장실 상태는 알이 준비하던 과정이었군. 다 좋은데, 변기 물은 좀 내리란 말이다! 지금 얘기하면 분위기 다 깰 테니 조용히 가자…. 그런데 알, 나 지금 너무 궁금해. 솔직히 말해 줘. 정말로 거미가 있긴 했어?

내 인생에 알만큼 여성스러운 사람은 없었다. 그의 감성은 10대 여중생과 다르지 않았다. 밤 열한 시에 퇴근한 나를 붙들고 그날 득템한 스카프를 번갈아 가며 착용하고 패션쇼를 하면 그때는 무조건 잘 어울린다고 감상평을 말해 줘야만 일찍 잠들 수 있었다. 같은 반 친구들에게 한마디 들은 말로 상처받고서 울기도 많이 울었는데, 혹시라도 "뭐 그 정도를 가지고 그래"라고 했다가는 그 많은 원망이 모두 내게 쏟아지니 오직 듣기만 해야 했다. 진심으로 들으면 속 터지니, 유체이탈 청법을 동원해서 듣는 척만 하는 식이었다.

나는 사회에서 흔히들 말하는 여성성이란 걸 모두 모으면 알과 과연 무엇이 다를까 생각해 봤다. 딱 한 가지였다. 몸. 구체적으로는 볼록한 가슴과 생리하는 자궁, 질과 난소 말이다. 하지만 정작 그 모든 걸 태어나면서부터 몸에 지닌 나는 내면과 감정이 전혀 '여성적'이지 못했다. 뭐랄까, 소주 세 병 마시고 벌렁 누워 코 골다가 가끔 사타구니를 벅벅 긁어 대는 아재마냥 무덤덤하고 건조하달까. 세상에는 사랑할 것도, 사랑스러운 것도, 사랑이라는 것도 없었다. 경쟁과 생존, 투쟁과 지배만이 있을 뿐이고, 생존이란 건 유지하기 어려웠다. 세계라는 정글에서 허기진 배로 버려진 뼈를 핥아 대는 털 빠진 새끼 표범이 바로 나였다. 오죽하면 내 내면을 현실로 만든 광경을 직접 보고 싶어 사막 여행을 가고팠을까. 실제로도 나는 모래 사막에서만큼 마음이 편안하게 느껴진 적이 없었다. 마치 내 마음 안으로 들어온 것 같았기 때문이다. 나는 주나 반스의 『나이트우드』에서 매슈 오코너가 표현한 '여자'와는 달라도 너무 달랐다.

설령 그릇 위에 심장만 덩그러니 놓인 모양새로 이 세상에 나온다 한들 그

위에서마저 '사랑'을 부르짖으며 잘린 개구리 다리처럼 펄떡거릴 것이 무릇 여자랍니다.

   세상을 정글로 보는 내게 사랑은 사치품이었다. 존재하기는 한다고 일컬어지지만 내 것이 아닌 것. 알은 나와 달랐다. 그는 모든 것을 사랑했고, 모든 것에서 아름다움을 찾아냈다. 1달에 단 3일 빼고 매일 비가 내리던 그해 1월 흐린 하늘, 늘 축축했던 손바닥만 한 화단의 잔디, 지붕이고 담벼락이고 제멋대로 헤집고 다니는 고양이들, 살짝 이가 빠진 찻잔에 마시던 홍차의 향에서까지도 아름다움은 숨어 있었다. 그는 그것을 말로 표현하고 다른 사람들과 느낌을 나누면서 기쁨을 느꼈다. 한편 그는 모든 것에서 슬픔을 찾아내기도 했다. 같은 집에서 같은 세상을 사는데도 그와 나는 너무도 달랐다. 아무것도 느끼지 못하는 삶과 모든 것을 다 느껴야만 하는 삶 중에 과연 어느 쪽이 더 좋은 걸까? 나는 지금도 알 수가 없다. 설사 안다 해도 선택할 수 있는 문제는 아니리라. 그의 내면을 그려 낸다면 어떤 풍경일까. 꽃이 가득 피고 디저트 카페와 솜사탕 가게가 즐비한데 왈츠가 흘러나오는 놀이동산?

   내 옆방 케이트는 정말로 조용했다. 있는지 없는지 모를 정도여서, 출근하지 않는 주말이면 오후가 될 때까지 늦잠을 자고, 화장실 가느라 하품하며 계단을 내려가려다가도 갑자기 옆방 문이 열리면 화들짝 놀라곤 했다. '맞다, 이 방에도 사람이 살았었지' 하며 말이다. 은은한 미소가 일품인 케이트는 목소리를 들어 보기가 어려울 정도로 조용한 성품이었다. 언젠가부터 그녀 방에서 목소리와 웃음소리가 들리기 시작했다. 다행이었다. 혹시라도 예전 집친구 피아처럼 2주 동안 울기만 하다가 우울증에 걸려서 학업 포기하고, 진정제 주사 맞고 귀국하지는 않을지 걱정하고 있었기 때문이다. 목소리가 둘이었다. 매일 그랬다. 화장실에서 마주치는 얼굴도 하나 늘었다. 그 작은 방에서 그녀들은 같이 살았다. 케이트의 파트너 레베카는 화장실 앞에서 처음 마주쳤을 때 내게 악수를 청했다. "안녕, 슨미지? 나는 레베카야. 케이트 방에 가끔 놀러 와도 될까?" 효율적인 축약 소개였다. 그녀는 미대 입시 단골 메뉴인 석고상 줄리앙 같은 얼굴에 알토 톤의 편안한 목소리였다. 세상일이 흔히들 그렇듯, 타이밍은 참으로 중요하다. 이번에는 대장 운동이 나를 지배했다. 긴 대화가 하고 싶어지는 미모였지만 어쩔 수 없이 나도 축약 소개를 했다. "안녕, 레베카. 언제라도 환영이야. 마음 편히 방문해." 그리고 나 지금 좀 급해. 다행히 그녀는 선선한 미소와 함께 까딱 목례를 하고는 부엌으로 향했다. 나는 변기 의자에 앉아 생각했다. 내 집친구들은 혹시 모두 얼빠가 아닐까. 레베카는 내 말을 진심으로 들었는지, 혹은 그 집이 편안했는지 거의 매일 왔다. 어쩌면 그날 이후로 아예 출퇴근을 그 집에서 했을지도 모르겠다. 내게 레베카와 단 둘이 이야기할 기회는 다시 오지 않았다. 케이트가 늘 그녀 옆에 있었기 때문이다.

그리고 린지가 있다. 내 옆의 옆방을 쓰던 린지는 평범했다. 너무 조용하지도, 너무 수다스럽지도 않았고, 그녀가 방으로 데

려오는 여자나 남자도 평범했다. 워낙 수시로 바뀌어서 이름도 기억나지 않는 그녀들과 그들. 나와 그들의 만남은 대부분 식탁 앞이나 층계참에서 가벼운 소개 정도로 그치곤 했다. 두 번 온 친구가 있기는 한가? 있었을지 몰라도 아직까지 기억에 남는 미남 미녀는 없다. 린지, 미안해! 오직 미인만 기억하는 선택적 기억력을 가진 내 두뇌를 탓해 줘.

생각해 보니 그 집에 살기 위해서 나는 집 관리자이자 대학 소속 직원 매튜에게 면접 심사를 받았다. 약속 장소에 가서 그를 보자마자 내 입에서는 저절로 감탄이 새어 나왔다. '영국 신사 실사판이다!'라고. 영화에서 튀어나온 듯한 말쑥한 정장 차림에 정중하고 예의 바른 말투와 행동. 게다가 손글씨는 어찌나 예술이었던지! 이것은 그림인가 글씨인가! 그는 귀족 작위가 있던 내 지도 교수보다도 더 예의를 차렸는데, 마치 영화 속 중년에 접어든 집사처럼 보이기도 했다. 그는 내게 이런저런 질문을 했으나 질문이 무엇인지는 기억이 나지 않는다. 나도 좀 얼빠 기질이 있어서 매튜 아저씨 감상하느라 어떤 질문에 관해서건 솔직담백한 대답이 술술 나왔다는 것만 기억난다. 이런 남자는 과연 어떤 연애를 할까 하는 궁금증이 들기가 무섭게, 그가 동성 파트너와 20년째 함께 살고 있다는 정보가 들려왔다. '멋진 남자는 모두 가톨릭 신부거나 게이'라던 브라질 친구 루이자의 명언이 확인되는 순간이었다. 매튜가 나의 무엇을 심사했는지는 모르겠으나, 나중에 알게 된 다른 집 가디언과 이야기해 보니 평범치 않은 학생이 주로 내가 사는 집에 배정되는 듯했다. 어쩌면 면접 질문 중에 종교나 도덕에 관한 질문이 섞여 있었을지도 모르겠다. 개인의 성적 취향이나 종교관은 내가 신경 쓸 바 아니고, 자신의 관념을 남에게 강요하지 않는다는 공중도덕만 잘 지키면 그만이라는 내 사고방식은 그때나 지금이나 같다.

학기가 지날수록 집은 4인이 아니라 7인이 지내는 시간이 더 많아졌다. 화장실은 북적대고 부엌도 붐볐다. 우리는 공동 경비에서 화장지를 사고 정수기 필터를 샀다. 혼자 지내는 가장 넓은 내 방이 더 넓게 느껴졌다. 내 방의 반 정도 될까 말까 한 좁은 방에서 커플들은 하고픈 일을 다 하며 살았다. 커플들끼리 서로에게 폐는 끼치지 않으면서. 그러면 된 거 아닌가.

퀴어 문학의 고전 『나이트우드』

내가 좀 장황하다 싶게 과거의 추억을 꺼낸 건 최근에 읽은 소설 때문이다. 기억이란 마치 거미줄과도 같아서, 눈에 보이지 않게 가늘지만 얼마나 질기고 끈덕진지 모른다. 존재조차 잊고 있다가도 어쩌다가 하나 드러나면 연이어 수십 개의 추억이 순서에 맞춰 고개를 들고 목을 든다. 가끔은 자신의 기억에 깜짝 놀라기도 한다. 내게 이런 일이 일어난 적이 있었어? 하며 말이다. 단 하나의 실마리에서 풀려나와 끝없이 이어지는 실타래처럼,

치렁치렁한 문장으로 욕망과 삶을 독특한 스타일로 그려 낸 작품이 있다. 번역하기 만만찮은 문장을 한글 문장으로 살려 낸 번역자께 독자로서 깊이 감사드린다.

미국 작가 주나 반스의 『나이트우드』는 1936년, 퀴어 문학이라는 장르조차 없던 시절에 나온 퀴어 장편 소설이다. 모더니즘의 대표적 문제작으로 불린다. 1892년 일부다처 가정에서 태어난 주나 반스는 여성 참정권 운동가이자 작가였던 자델 터너 반스의 손녀로, 학교 대신에 폴리가미 신봉자인 아버지와 할머니로부터 가정교육을 받았다. 미성년 때부터 아빠 애인의 오빠에게 결혼으로 가장된 성적 대상자로 넘겨지기도 했고, 편지에서 추측컨대 할머니와도 근친상간에 가까운 친밀한 관계였다고 알려졌다. 그렇잖아도 복잡한 가정사에 부모의 이혼이라는 한 가지 일이 더 보태졌다. 어머니와 형제자매를 부양하느라 20살 때부터 저널리스트, 일러스트레이터로 집안 경제까지 책임져야 했던 그녀는 수많은 여성 애인과 남성 애인을 거느렸다고 전해진다. 마치 제2차 세계 대전 이전 파리에 살던 미국 여성 예술가의 대표와도 같은 삶을 살았던 주나 반스. 그녀가 9년간이나 격렬히 사랑하다가 끝내는 헤어진 연인 셀마 우드와의 관계를 소재로 그려 낸 대표작이 바로 『나이트우드』다. 소설 제목부터도 주나 반스의 헤어진 연인 이름과 연관이 깊다. 이 작품은 퀴어 이론이 나오기도 전에 탄생해서 퀴어 문학 고전이 되었다. 당시 파리에 살았던 많은 동성애 여성 예술가들은 자신의 생활을 글로 남긴 경우가 매우 드물기 때문에, 주나 반스의 작품은 더욱 큰 의미를 갖는다. 페미니즘 관점에서도 이 소설은 중요하다. 소설가이자 페미니스트인 도로시 앨리슨은 "『나이트 우드』는 가장 좋은 의미에서 페미니스트 소설이다. 복잡다단하고, 여성이 중심이며, 아무것도 두려워하지 않는다"라는 평을 남겼다.

『나이트우드』에는 남성과 여성이 온통 뒤섞여 있다. 여느 소설처럼 남성들과 여성들이 등장한다는 이야기가 아니라, 하나의 인물 안에 여성성과 남성성이 혼재된 캐릭터들이 넘쳐 난다는 이야기다. 타고난 성인 섹스와 사회적 성인 젠더가 서로 같지 않은 사람들이 말이다. 소설 첫 장면에 등장하는 헤트비히 폴크바인부터가 그렇다. 출산이라는 지극히 여성적인 행위를 하는데도 불구하고, 우람한 체격과 담대함을 보이는 여장부로 그렸다. 헤트비히가 아들 펠릭스를 낳고 일찍 사망해서 직접 대면한 적이 없는 그녀의 며느리 로빈 보트가 바로 이 소설의 주인공이다.

소설 형식과 표현은 참으로 독특한데, 정작 주인공 로빈의 대사는 별로 없고 온통 그녀 주변 인물 간의 사랑과 욕망, 기억과 대화로 소설이 이어져 나가기 때문이다. 목소리 없는 주인공은 독자에게 묘한 느낌을 준다. 게다가 길고도 긴 문장과 페이지마다 흥건한 시적 비유는 독자의 진입 장벽을 높이는 데 일조한다. 오죽했으면 소설 편집자였던 T. S. 엘리엇조차도 "시로 훈련된 감수성만이 그것을 온전히 감상할 수 있다"고 평했을까. 바로 이것이 『나이트우드』의 독특한 맛이다. 특이한 맛의 음식이 그렇듯, 이 소설도 일단 즐기기 시작하면 헤어날 수 없이 빠져든다.

로빈과 함께 소설의 주축을 이루는 인물은 의사 매슈 오코너다. 이 수상쩍은 부인과 의사는 알고 보면 무면허인데, 그의 어둑어둑한 방에는 가발을 비롯해서 여자 옷이 넘쳐 난다. 수다스러운 아일랜드인으로 설정된 그는 마침표가 가끔만 나오는 길고 치렁치렁한 대사들로 소설을 채운다. "소년의 몸을 지닌, 키가 큰 소녀의 모습"을 한 로빈 보트만큼이나 매슈 오코너의 성적 정체성도 일반적이지 않다. "속된 말로 페고트나 페어리, 혹은 퀸이라 일컬어지는 몸"이라고 자신을 소개하는 매슈. 그의 입담은 가히 독보적이다! 이를테면 "벽돌을 백 장 누이고도 벽돌공이라 불리지 않더만, 사내아이 하나 누였다고 그때부터 남색자라는 꼬리가 붙다니!"라며 억울함을 토로한다든지, "남정네들이 진정으로 원하는 바가 뭔지 알아요? 둘 중 하나예요. 속여도 될 정도로 멍청한 여자를 만나거나 자신을 속여도 눈감아 줄 만큼 깊이 사랑하는 여자를 만나는 것"이라며 명쾌한 정의를 내리기도 한다. 대부분 여자는 평생 모를 진리 아닌가! 작가의 사랑을 듬뿍 받은 캐릭터 매슈는 소설 대사 80퍼센트 비중을 차지한다고 기억될 정도로 캐릭터 설명부터 무게감 있는 명대사까지도 독차지한다. 이렇게.

우린 다만 욕망에 둘러놓은 거죽일 뿐이요, 기어이 죽고 말 숙명에 맞서 근육을 옥죌 따름이에요.

이 세상에는 살기 위해 허락을 받아야만 하는 사람들이 있지요. 남작 부인이 그런 경우로, 그 허락을 내려 줄 누군가를 찾지 못하면 그이는 몸소 순수를 빚어낼 사람이에요. 두려워해야 마땅할 원시적인 형태의 순수를요. (중략) 삶이란 손수 발명할 때 비로소 제 고유의 삶이 되기 마련이죠.

"사랑, 그 끔찍한 것!"

남작 부인 로빈은 아들 기도를 힘겹게 낳은 지 얼마 되지 않아 "나는 아이를 원치 않았어!"라며 남편 펠릭스의 얼굴을 갈기고 집을 떠난다. 로빈이 서커스 관람장에서 첫눈에 '홀린' 노라 플러드의 집에서 함께 사는 동안 그들은 진정 열렬했다. 그러나 이따금 비치는 일순간의 몸짓이나 표현으로부터 노라는 알았다. "로빈이 기어이 돌아가고 말 세계로부터 온 사람임을". 사랑에 빠진 상대에게서 찰나에 느껴지는 서늘한 예감을 내 영혼은 얼마나 열심히 부정하려고 노력하는가. 하지만 그런 감각은 또한 얼마나 잘 들어맞곤 하던가. "로빈이 이 자리 저 자리, 이 잔 저 잔, 이자 저자 전전하는 것을 보며" 노라의 마음은 피폐해져 간다. 진정 "로빈을 간수할 길, 그 유일한 방법은 죽음뿐임을 노라는 이제 알았다." 그렇다. 세상에는 그 무엇으로도 구속할 수 없는 사람이 존재한다. 잔인하게도, 그런 자들은 대개 치명적으로 매혹적이다. 당신은 그런 사람을 만난 적이 있는가? 심장을 빼앗긴 적은?

로빈이 상대한 다음 여자는 남의 것 빼앗기를 즐기는 '점거자' 제니 페더브리지다. "남편들은 하나같이 기진하여 숨을 거두었다. 제니가 그들을 역사적인 인물로 만들고자 밤낮 다람쥐 쳇바퀴 돌 듯 안간힘을 쏟으니, 누구 하나 끝내 버텨 내질 못했다."는, 네 차례 이혼 경력이 있는 중년 여성이었다.

새벽 세 시 매슈의 진료실에 노라가 찾아와 제니는 어떤 사람이냐고 묻자 매슈는 "사랑, 그 끔찍한 것"으로 엮인 세 여성 로빈-노라-제니의 미래를 이렇게 예언한다.

"그 왜, 뿔이 한데 뒤엉켜 목숨을 다한 채 발견되는 가련한 짐승들처럼요. 그렇게 얽힌 짐승들은 원치도 않았던 서로에 대한 이해와 정보로 머리가 비대해지기 마련이죠. 얼굴 맞대고 눈과 눈을 마주한 채로 죽음이 닥치는 순간까지 서로를 생각하는 수밖에는 없으니까. 그런데 그게 바로 당신과 제니와 로빈이 맞을 운명이라니까."

작가가 애정하는 캐릭터의 대사는 허투루 들을 게 아니다. 마지막 장 〈홀리다〉에 이 예언이 들어맞는지 볼 수 있다.

짜장이냐 짬뽕이냐 혹은 커피냐 홍차냐

크리스토퍼 이셔우드의 소설 『싱글 맨』의 한 문장처럼, "질문을 받기 전까지는 자신이 아는 줄도 모르는 것들이 있다." 매슈와 노라가 주고받는 수많은 질문이 가득한 밤의 숲에서 길을 잃어 가며, 내가 가진 선입견과 사고의 틀은 과연 어디서 비롯되고 온당한지 의문을 품게 만드는, 좋은 소설이었다. "나는 내가 자칭하는 대로인가요?", "전에는 아예 모르고 살았어요. 안다고 생각했는데, 진짜로 안 게 아니었죠."

다름은 틀림이 아니다. 최근 한국에서도 퀴어 문학이 대두된다. 2016년 등단한 김봉곤 작가의 『여름, 스피드』 표지 그림은 바닷가에 수영 바지만 입은 어깨 넓은 남자의 뒤태를 보여 준다. 남성이 꿈꾸는 이상적인 남성 몸매다 싶은 근육질이다. 그나저나 왜 남자는 여자가 근육남을 좋아하리라 생각할까? 빨래판 복근이나 역삼각형 상체가 페니스의 능력을 보장해 주는 것도 아닌데. 하긴, 여자도 볼륨업브라를 하니까. 『여름, 스피드』는 표지부터 작가도 화자도 동성애자라는 것을 다른 작품과의 차별성으로 내세운다. 감성이 풍부한 화자의 독백을 따라 읽으며 함께 느끼는 감정이 매력이다.

"계속 그러지 않을까? 사랑했다가 헤어졌다가." "응 그럴듯해." "또 헤어졌다가." "응, 맞아." "아, 넘 무서워. 싫다." "끔찍하게 피곤해."

사랑을 시작할 때 느끼는 두려움을 표현한 대사다. 과연 이 마음이 성별에 따라 다를까? 사랑은 그저 사랑일 뿐이다. 이성 간이든 동성 간이든, 그저 사랑이다. 우리는 사랑을 하고, 헤어지고, 끔찍하게 피곤하고 싫다고 하면서도 또다시 사랑하며 산다. 끊임없이 존재의 의미를 찾는 것과 사랑하는 것, 어쩌면 이 두 가지가 인간이라는 종의 고질병 혹은 습관병일지도 모르겠다.

내 개인적인 경험으로는, 유럽에서 4년 반 사는 동안 뒤돌아보게 잘생기고 예의도 바른 신사는 알고 보면 게이, 이야기를 계속하고 싶도록 멋진 여자는 레즈비언이었다. 이러니 어찌 내가 동성애자에게 우호적이지 않을 수 있을까? 그들은 유교 문화와 가톨릭 주입식 교육 때문에 막연히 동성애에 죄의식을 결부시키고 있던 내 선입견을 철저히 깨부쉈다.

남성은 말한다. 밭 갈다가 애 낳고, 애 낳고 나서도 마저 밭 갈러 돌아와야 했다던 100년 전도 아닌데, 요즘 세상에 여성으로 사는 게 뭐가 그리 불편하고 힘드냐고, 군대도 안 가고 오히려 더 좋지 않느냐고. 여성으로 살아 보기 전에는 여성으로 사는 불편함을 모른다고 아무리 설명해 봐야 그들은 어깨를 으쓱하며 말한다. "겨우 그거 가지고? 그저 네가 좀 예민한 거 같은데?" 남성 위주로 맞춰진 사회 시스템에서 여성은 존재만으로도 불편을 느낀다는 것을 시스템의 표준인 그들은 알지 못한다. 굳이 알아야 할 필요도 못 느낀다는 게 더 적절한 표현이리라. 다수가 무엇 때문에 자신들에게 맞춰 설계된 시스템을 분석하겠는가. 다수는 소수를 살펴보지 않아도 편하게 산다. 오직 소수만이 다수를 인식하고 시스템을 분석하고 소수를 알아본다. 소수는 하나가 아니기에 더욱 소수가 된다. 소수들은 사는 것 자체가 쉽지 않다.

소수 집단은 다수를 미워합니다. (중략) 소수 집단은 다른 소수 집단까지 미워합니다. (중략) 소수 집단은 모두를 미워할수록, 또 박해만 받을수록, 더 험악해집니다! (중략) 미움의 세계에 있게 됩니다. 그렇기 때문에, 사랑을 만나게 된다 해도 사랑을 알아볼 수 없어요! 사랑을 의심하게 됩니다! 사랑 뒤에 무엇이, 무슨 꿍꿍이나 계략이 있다고 생각하게 됩니다.

- 크리스토퍼 이셔우드 『싱글 맨』

4인 가족이 통계청 표준인 사회에서 1인 가구는 관심의 대상이 아니었다. 시간이 지날수록 1인 가구가 늘어나는 요즘, 발 빠른 자본주의 체제는 벌써 그에 맞춰 설계된 제품을 기획하고 판매한다. 이성애자가 당연시되고 심지어 도덕적으로까지 정당화되는 현 시스템에서 성소수자들은 매 시간, 매 사건을 절실히 느끼고 살고 있으리라. 고향이 아닌 곳에서 태어나는 사람들처럼, 매 순간 불편을 느끼니까. 절대다수인 이성애자들은 성소수자들에게 꼬리표를 붙이고 도덕적 잣대를 들이대며 공격을 일삼는다. 그래서 목소리를 내지 못하고 숨어 살거나, 불이익을 감수하거나, 처벌을 받기까지 했다.

세계적 회사 애플의 베어 물은 사과 모양 로고는 튜링의 마지막 음식을 상징한다. 세기의 천재 앨런 튜링은 동성애자라는 이유로 능력이 무시되고 탄압받다가 끝내는 독약을 주사한 사과를 먹고 세상을 떠났다. 그가 그렇게나 일찍 세상을 떠나지 않았더라면 컴퓨터 산업은 얼마나 더 앞당겨질 수 있었을까? 비극은 한 건으로 그치지 않는다. 오스카 와일드, 주나 반스, 그리고 숨어 지내느라 이름조차 남지 않은 그들과 그녀들. 다수가 소수에게 행했던 근거 없는 명분 살인은 역사가 깊다. 욕망의 대상이 동성이라는 게 대체 왜 처벌받을 이유일까? 다름을 인정하기 싫다는 유아기적 거부증을 도덕이나 종교라는 근사한 명분으로 포장한 폭력에 불과하지 않나. 종교와 도덕이라는 이름뿐인 허망한 위대함에 인류 역사상 얼마나 많은 위대한 정신이 파괴되었는가? 얼마나 많은 권력자가 권력을 유지하고 생각 없이 사는 백성들 위에 군림해 왔는가? 가장 안타까운 일은 피지배 계층이 소수자를 배척하는 현상이다. 도토리 키 재기 식의 눈곱만한 차이를 이유로 연대를 거부한다면 영원히 피지배 계층으로 남을 수밖에 없지 않을까.

성적 취향, 그게 뭐 그리 대단한 거라고. 짜장을 좋아하든 짬뽕을 좋아하든, 중국요리 좋아한다는 데에서 벗어나지 않는다. 커피를 좋아하든 홍차를 좋아하든, 음료를 마시며 여유 시간을 보내고 싶다는 건 같다. 성적 취향이 뭐가 됐든 그래 봤자 모두 지구인이다. 제아무리 뛰어나도 우리 중에 지구 중력을 벗어나 살 수 있는 사람은 없다. 혹시 모르지 않나. 평생을 자신이 이성애자로 알고 살아왔건만, 사실은 단지 기회가 없어서 성적 취향이 개발되지 못 했을 뿐인지도 모른다! 과연 나는 어떨까?

제 3 부.
어쨌든 우리는
행복을 갈망한다

빨간 알약과 파란 알약,
그리고 쾌락의 묘약

올더스 헉슬리 『멋진 신세계』 & 『금지된 섬』

우리는 도도새를 잊어서는 안 된다. 어떤 새라도 구태여 날개를 사용하지 않고도 잘 먹고 살아갈 방법을 알아낸다면 비행의 특권을 아낌없이 당장 버리고 영원히 땅바닥에서 살아갈 것이다. (중략) 만일 빵이 정기적으로 그리고 풍족하게 하루에 세 차례씩 공급된다면, 많은 사람이 완전히 만족해서 빵만으로 - 아니면 빵에다가 적어도 즐거운 구경거리만 가지고도 잘 살아갈 것이다.

- 올더스 헉슬리 『다시 찾아본 멋진 신세계』

어떻게 살아야 할지, 무엇을 해야 할지, 어떤 직업을 가질지, 전혀 고민하지 않아도 된다. 모두 이미 정해져 있다. 마음에 드는 사람과 언제 어느 때나 섹스할 수 있으며 - 물론 그 대상은 수시로 바꿀 수도 있는데 - 임신과 출산, 양육의 의무도 전혀 없다. 개인은 오직 쾌락을 위한 섹스로 그때그때 성욕을 해소하기만 하면 된다. 도덕적 엄숙도 종교적 강압도 없다. 오히려 몇 달 동안 오직 한 명의 상대하고만 섹스하다 보면 관찰 대상이 된다. "만인은 만인의 공유물"이기 때문이다. 게다가 그 어떤 육체적이거나 정신적인 괴로움이라도 단 몇 초 안에 완전히 잊어버릴 수 있는 향정신성 의약품 소마^{soma}도 사회에서 공식 제공한다. 모든 구성원이 "행복하다"고 단언하는, 한 치의 빈틈도 허점도 없는 청결하고 안정된 사회, 행복의 유토피아다. 이곳의 입장료는 단 한 가지이다. 다름 아닌 자유이다. 자유 없는 정제된 행복이냐, 아니면 불행할 가능성까지도 내포한 자유냐, 하는 문제다. 당신의 선택은?

만일 독자가 무한 경쟁의 초입인 성적 걱정 중이거나 예정도 기약도 없는 취업 스트레스에 시달린다면, 언제 잘릴지 모르는 직장에서 전전긍긍하거나 언제 망할지 모르는 가게를 꾸려 가고 있다면, 혹은 경직된 가족 제도에 짓눌려 부양가족을 먹여 살리느라 '다리 달린 현금지급기'가 되어 죽지 못해 살고 있다면, 저런 사회는 그야말로 신세계, 그것도 '멋진 신세계'이리라. 솔직히 나로서도 이런 사회는 꽤 매혹적이다. 딱 한 가지 조건을 빼고서 말이다. 창조 금지. 이 세계에서는 문학 작품이 없다. 하다 못해 셰익스피어조차 금서다. 게다가 기술 응용은 해도 원리 탐구는 금지다. 안타깝게도 이 단 한 가지 조건이 내겐 결정적인 셈이다.

공유, 균일, 안정을 중요하게 생각하는 이 세계에서는 철학, 사고, 감정 따위는 금기다. 그런 '위험한' 것은 쾌락의 묘약 소마로 틀어막아 버린다. 과학 기술 수준이 상당하건만, 과학적 사고는 허용되지 않는다. '나는 누구?' 같은 철학적 걸음마가 시작될 기미라도 보일라치면 주변 사람들이 걱정하는 눈빛으로 "1입방센티미터의 소마가 열 가지 우울증을 치료한다."라는 격언을 들이대며 소마를 권유한다. 그건 누구나 세뇌되어서 알고 있는 상식이니까. 설사 뭔가 불만이 생기더라도 배우의 촉촉한 입술과 혀의 느낌까지 실감 나게 재현되는 에로틱한 촉감 영화를 관람하거나, 상대를 바꿔 가며 제약 없는 섹스를 하다 보면 모두 다 잊고 만다. '인생 별거 있나? 등 따시고 배부르고 하고플 때마다 섹스하면 그게 바로 행복인 게지.' 모든 개인은 철저히 사회의 부속이 되어 정해진 일만 한다. 기꺼이, 행복하게. 그렇게 행동하도록 수정란 때부터 교육인지 세뇌인지가 되었으니까. 알파부터 엡실론까지 5개의 계급으로 서열화된 수정란들은 산소와 영양 공급부터가 다르다. 가장 낮은 엡실론 계급은 좀 더 생산 효율성을 높이느라 보카노프스키 방법으로 96명의 일란성 쌍둥이가 부화되어 동일한 노동에 투입되기도 한다. 최고위 계급인 알파 플러스 계급조차도 해야 할 일에 관해 기술 교육을 받았을 뿐, 독립적인 사고나 철학 같은 위험하고 불순한 일은 꿈도 꾸지 않는다. 혹시라도 그런 게 남아 있는 자는 멀리 섬으로 쫓아내 버린다. 사회는 혁명이나 개혁 없이, 안정적으로 유지된다. 얼마나 행복한가! 비록 그것이 세뇌된 행복, 자유 없는 결과물일지라도.

이 모습이 1932년에 출판된 우화 소설 『멋진 신세계』에 그려진 26세기 - 소설 속 규정에 따르면 포드력 632년 - 미래 사회 모습이다. 마음에 드시는가? 먹고살 걱정도 생각할 필요도 없는 대신, 걱정하거나 생각할 자유가 없는 세상. 좋을 것 같기도, 아닐 것 같기도 하다. 불편한 진실을 마주하느냐, 편안한 거짓 속에 사느냐, 하는 고전적인 문제다. 마치 영화 〈매트릭스〉에서 빨간색과 파란색 두 가지 알약 중에 선택해야 하는 상황과 비슷하다고나 할까. 안정적으로 편하게 즐기며 행복한 인생을 살 것인가, 불행할 권리를 포함한 자유를 얻고자 투쟁하는 위태로운 투사로 살다가 비장하게 죽을 것인가?

결국은 말이지, 결국 그들은 우리 발밑에 그들의 자유를 갖다 바치고는 '우리를 당신의 노예로 삼으시고, 그저 먹여 살려 주시기만 하소서'라고 하겠지. (중략) 인간이나 인간 사회에 있어 자유만큼 아무짝에도 쓸모없는 것은 또 없기 때문이지.

- 도스토옙스키 『카라마조프가의 형제들』·
올더스 헉슬리 『다시 찾아본 멋진 신세계』에서 재인용

내가 이 책을 처음 읽은 건 10대 때였고, 인공 부화와 소마가 가장 깊은 인상으로 남았다. '모든 번뇌와 고통으로부터 해방되는 마법의 약이라니, 멋지다!'가 당시 내 생각이었다. 20년도 더 흐른 지금 다시 펼쳤을 때도 이 책은 여전히 멋졌다. 몇 쪽만 읽고 자야겠다는 생각이었건만 어느새 마지막 장까지 다 읽었을 때 밤은 지나고 태양이 떠올라 있었으니 말이다. 책은 그대로지만 독자인 나는 변했다. 전에는 기억조차 나지 않던 캐릭터 무스타파 몬드의 대사들이 이번에는 절절히 가슴 속에 혹은 머릿속에 들어와 박혔다.

『멋진 신세계』는 어떤 세계인가

소설은 인공 부화장에서 시작된다. 닭이 아니라 인간 부화장이다. 인간 수정란들은 부여된 계급에 맞춰 관리된다. 높은 계급일수록 영양분 공급도 충분해서 큰 키와 골격을 가진 멋진 외모로 부화되기 때문에 이 세계에서는 외모가 곧 계급이다. 맞물린 톱니바퀴마냥 잘 관리되는 사회건만, 약간의 부정합이 있다. 알파 플러스 계급이면서도 - 소문에 따르면 수정란에 엡실론 계급이나 주입받는 알코올이 들어갔다던가 - 작은 키 때문에 알파 계급인이 결코 가질 수 없는 열등감에 시달리는 버나드 막스가 소설 전반부의 주인공이다. 알파 계급의 오메가 수컷이랄까. 인공 부화장 소장의 직장 갑질에 시달리다 못해 외지로 전출될 위기에 놓인 수면 학습 전문가 버나드는 베타 계급 인기녀 레니나 크라운과 보호 구역 여행을 떠난다. 그녀도 썩 평범치는 않은 것이, 4개월 동안이나 오직 한 남자와만 섹스한다거나, 키가 오메가 계급만큼 작은 버나드와도 함께 여행을 떠날 정도로 취향이 유별나다. 사실 이름은 더 유별나다. 레니나는 레닌의 여성형 아닌가! 게다가 버나드의 성은 막스라니, 작가의 이름 짓는 성향이 좀 고약한 것 같다.

알파 계급의 알파 수컷도 행복하지 못했다. 헬름홀츠 왓슨은 외모부터 능력까지 극단적으로 뛰어나다 보니 금기 영역에까지 관심이 생기고 말았다. 감정공학자로서 기술적 글을 생산하며 그는 금지된 의문을 품는다. 정말로 이게 전부인가, 하고 말이다. "고통과 분노가 수반되지 않으면 좋은 글, 그리고 엑스레이처럼 마음을 꿰뚫어 보는 듯한 글을 쓸 수가 없는 법"이라는 생각을 떠올리며 그는 금지된 예술과 미를 추구했다. 버나드와 헬름홀츠는 가끔 만나서 '모두가 행복한 세계'에서 어째서인지 행복하지 못한 서로를 위로하곤 한다.

그리고 또 한 명의 주요 인물 존이 있다. 출생의 비밀을 간직한 사나이로서 '엄마'와 '아빠'가 있는 '야만인'이다. 그는 문명 세계가 아닌 보호 구역 출신이다. 글자도 수면 학습이 아닌 책으로, 그것도 셰익스피어 전집으로 익힌 특이한 캐릭터다. 보호 구역으로 여행 갔던 버나드는 하필이면 부화장 소장이 존의 '아빠'임을 알아채고는, 직장 갑질 피하려고 존과 그의 엄마 린다를 함께 문명 세계로 데려왔다. 소장은 직원들 앞에서 존이 외친 단 한 마디 "아버지!"만으로도 만인의 조롱거리로 전락하고야 만다. 인공 부화가 상식인 세계에서 '엄마'나 '아빠'는 세상 그 어떤 단어보다도 더 외설적인 단어이기 때문이다.

오랜만에 문명 세계로 복귀한 엄마 린다는 소마에 빠지고 '야만인' 존은 혼돈에 빠진다. 그가 한눈에 반해 버린 여인 레니나는 그에게 지극히 문명인다운 방법으로 애정을 표시하며 나체로 섹스하자고 다가왔지만, 존은 낭만성 제로인 그녀를 창녀라며 밀쳐 버리고야 만다. 이게 다 셰익스피어로 알파벳을 익힌 탓이다. 무슨 책을 읽는지 얼마나 중요한가 말이다! 참고로 작품 제목 『멋진 신세계』도 셰익스피어의 마지막 희곡 〈템페스트〉에서 인용한 단어다. 셰익스피어를 암송하는 사람이 소마에 만족할 수 있을까? 강제 행복이 주어지는 대신 자유와 사고가 금지된 사회에 '야만인' 존은 결코 적응하지 못한다.

내가 이 소설에서 가장 좋아한 캐릭터는 무스타파 몬드다. 전 세계에 단 열 명뿐인 세계총통 중 하나인 그는 전직 물리학자로서, 지금은 금서가 된 셰익스피어 책을 열람할 수도, '불온한' 책을 금서로 지정할 수도 있는 막강한 권력자다. 세계총통 무스타파 몬드가 사회 부적응자 셋 - 버나드, 헬름홀츠, 존 - 을 만나 사회 동작 원리를 설명해 주는 부분은 책의 제16장과 제17장인데, 정말이지 압권이며 이 책의 핵심이다. 저자가 독자에게 하고 싶은 이야기는 모두 무스타파의 대사일지도 모른다.

"우리들도 모두가 평생을 병 속에 살아가고 있는 거지. 하지만 만약 우리가 알파 계급으로 태어나기라도 하는 날이면 우리는 다른 것들보다는 비교적 큰 병 속에 머무르게 되는 거지."

'과도하게 많은 여가 시간으로 그들을 괴롭힌다는 게 너무나도 잔인하기 때문에' 근로 시간은 7시간 이상으로 정해졌으며, 인공 식량 합성이 가능한데도 굳이 힘든 농업을 유지하고 있고, 대중이란 단지 그들이 원하는 것만 쥐어 주면 따르게 하기 쉽다는 통치 원리를 그는 설명해 준다.

"쉽고도 피로감을 주지 않는 작업을 일곱 시간 반 동안 하고 그런 후에는 소마를 배급받고 게임을 하며 성행위도 즐기고 촉감 영화도 관람하지. 더 이상 그들이 뭘 원하겠나?"

"포드 님께서는 진리와 미로부터 안락과 행복으로 중요성을 옮기는 데 커다란 공헌을 하셨지. (중략) 대중이 정권을 잡을 때마다 중요시되는 것은 진리와 미보다는 행복이었어."

고급예술이나 진리를 탐구하는 진정한 과학이 없는 이유도 밝혀진다. 대중이 원하는 안정, 그리고 행복을 위해서였다. "세상에는 공짜가 없기 때문에" 진리나 아름다움은 이 세계에서는 추구할 수가 없다. 한마디로 창조는 금물이다. 행복하려면 말이다.

"행복과 대립되는 것은 예술뿐만이 아니야. 과학도 마찬가지라고. 우린 최대한 그것을 매우 조심스럽게 묶어 놓고 재갈을 물려야 해."

"불안정은 문명의 종말을 의미하지. 다량의 사악한 쾌락이 없으면 문명도 끝장이야. (중략) 문명에는 고상한 것이건 영웅적인 것이건 다 필요 없어. (중략) 반 그램짜리 소마 정제를 두세 알만 먹어 보게. 그러면 모든 것이 다 해결되지. 이젠 너나 할 것 없이 누구나가 다 성인군자가 되었어. (중략) 눈물 없는 기독교! 이것이 바로 소마의 본질이야!"

과학 기술이 교활한 독재 권력과 결합해 만든 가짜 행복의 결정체가 바로 소마다. 총통은 결국 세 명의 부적응자를 격리 처분한다. 버나드와 헬름홀츠는 섬으로 추방된다. 진리를 탐구하는 과학자로 살지 혹은 세계를 통치하는 정치가로 살지를 고민해 봤던 전직 물리학자 무스타파 몬드는 섬으로 떠나게 된 그들에게는 섬이 그렇게 나쁜 곳은 아닐 거라고 말해 준다. 섬에는 그들 같은 부적응자들, 아직도 진리니 아름다움이니 하는 것들을 추구하는 '재미있는 사람들'이 모여 있다며.

    한편 불행할 권리를 총통에게 허가받아 은둔지로 간 존은 자아 훈련의 일환으로 음욕을 버리지 못한 자신을 채찍으로 내리치곤 했다. 냉소적 유머를 구현하는 작가는 존의 이 고뇌조차도 블랙 코미디로 만들어 버린다. 그곳에 잠복하던 최고의 촉감 영화 촬영 기사 다윈 보나파르트(이름 보소!)가 초대박을 예감하며 이 장면을 찍었고, 곧 〈서리 주의 야만인〉이라는 역대급 블록버스터 촉감 영화로 개봉한 것이다. 이제 존의 은둔처는 유명 관광지가 되어 버렸다. 대중은 채찍질을 원했다. 문명인이 예전에는 경험해 본 적이 없는 고통, 그것은 "매력적인 공포"이자 새로운 상품이었다. 구경꾼 중에서 번뇌의 근원인 레니나를 발견한 존은 채찍으로 그녀를 내리쳐 버렸고, 이 광경에 흥분한 대중은 서로를 때려 가며 무작정 흉내 내는 광란이 이어졌다. 존은 뒤늦게 자괴감에 빠져 목을 매 자살하고 소설은 끝난다.

"오, 세상은 어찌나 무미건조한지, 도대체 불평할 건더기조차 없구나"

디스토피아의 원형을 보여 주었다고 평해지는 『멋진 신세계』는 영국 작가 올더스 헉슬리의 대표작이다. 대부분의 위대한 작품이 그렇듯, 이 작품도 출간 당시에는 혹평만 이어졌다. 너무 정곡을 찔렸거나 혹은 시대를 앞서갔기 때문이리라. 한편 그가 잠시 프랑스어 교사로 일할 때 제자 중에서는 유명 작가가 된 학생도 있다. 그는 조지 오웰이라는 필명으로 빅브라더와 검열 체제로 대변되는 또 하나의 디스토피아 명작 『1984』를 남겼다. 놀랍지 않은가, 디스토피아 최고 명작 두 권이 알고 보니 서로 연결점이 있더라는 사실이!

올더스 헉슬리는 운 좋은 작가였다. 그는 생전에 『멋진 신세계』가 명작의 반열에 오르는 것을 보았고, 제자 조지 오웰의 작품과 비교 분석한 평론을 포함한 에세이 『다시 찾아본 멋진 신세계』도 출판했다. 1958년, 『멋진 신세계』가 출판된 지 26년 만이었다. 어떻게 보면 사후 관리가 확실하다고도 볼 수 있지만, 저자가 직접 자기 글을 당대 문제작과 비교 분석까지 해 버리면 평론가들은 대체 뭐 해서 먹고살란 말인가! 사람이 무릇 상도라는 게 있어야 말이다. 또한 그는 에세이 준비하면서 얻은 아이디어로 『멋진 신세계』를 뒤집어 놓은 것 같은 소설 『금지된 섬』을 68세에 출판했다. 그는 정말이지 성실한 작가였다.

올더스 헉슬리는 20세기 중반 영국 문인 중에 가장 영향력이

크고 성공한 인물로 꼽힌다. 그는 50여권의 저서를 발표했는데, 그의 저작은 인간 삶과 인식이 지닌 의미와 가능성을 설명하고자 하는 공통점이 있다. 과학자가 되려던 문학가답게, 그는 과학 기술이 주도할 미래 모습이나 약품이 인체에 끼치는 영향에 관심이 많았다. 다양한 주제에 넓고 깊게 관심 있던 그는, 시인, 극작가, 소설가, 수필가, 평론가, 철학자, 심지어 신비주의자, 사회 예언가로까지도 알려져 있다.

헉슬리 집안에는 유명인이 워낙 많아서 헉슬리라는 성만 부르면 누구 이야긴지 헷갈리기 십상이다. 할아버지 토머스 헉슬리는 '다윈의 불독'이라는 별명으로 불릴 정도로 진화론을 강력히 지지했고, 아버지 레오날드는 작가이자 교사, 형 줄리언은 초대 유네스코 사무총장을 지낸 생물학자, 동생 앤드류도 노벨 생리의학상 수상자였으니, 올더스 헉슬리는 "태생과 성향이 영국의 지성적 귀족층"이라 하겠다. 그도 의사가 되고자 했지만 16세 때 심한 눈병을 앓아 거의 실명했다가, 나중에 한쪽 눈만 기적적으로 간신히 시력을 회복했다. 이 병력 덕분에 그가 의학이 아닌 영문학을 전공했고, 제1차 세계 대전 참전을 자원해도 징집을 거부당했기에 글을 쓸 수밖에 없었으니, 우리 독자로서는 다행일 뿐이다.

그의 어릴 적 별명은 오기^{Ogie}, 즉 슈렉 같은 오거^{Ogre}였는데, 어릴 적에는 머리가 특이하게 커서 모자도 성인용을 쓸 정도였기 때문이라 한다. 아무리 그래도 어린이에게 이 무슨 험악한 별명인가 싶지만, 그가 어릴 적 집에서 마시던 우유 잔에는 "오,

세상은 어찌나 무미건조한지, 도대체 불평할 건더기조차 없구나"라는 문구가 적혀 있었다 하니, 그의 냉소적이고 풍자적인 시선은 아마도 가정교육의 산물인가 보다.

올더스 헉슬리의 유토피아 『금지된 섬』

올더스 헉슬리가 일곱 번이나 노벨 문학상 후보로 거론되고도 끝내 수상자로 선정되지 못한 이유는 아마도 그의 작품 전반에 흐르고 있는, 인간에 관한 냉소적 시선 때문이 아니었을까. 노벨 문학상은 따뜻한 휴머니스트 전용이라는 불문율이 있지 않던가. 내게는 코드가 맞는 멋진 작가다. 작가에게 반한 나는 그의 마지막 장편 소설 『금지된 섬』도 찾아 읽었다. 이 소설은 그가 세상을 떠나기 1년 전인 1962년에 출판한 장편 소설이다. 원어 제목은 그냥 '섬'인데 너무 심심해서인지 번역본 제목은 '금지된 섬'이다. 1991년 출판된 번역본이 지금은 절판이라 중고 책으로 어렵사리 구해 읽었다.

30년 전 『멋진 신세계』에서 보여 주었던 디스토피아에 스스로 화답이라도 하듯, 작가는 그가 생각하는 유토피아를 마지막 작품으로 보여 주었다. 그리스어가 어원인 유토피아를 분절해서 뜻을 살펴보자면 '존재하지 않는 장소'라더니, '금지된 섬' 팔라는 '멋진 신세계'보다 적게 잡아도 3백만 배쯤은 더 실현 가능성이 없어 보인다. 헉슬리가 꿈꾼 에덴동산은 과연 어떤 모습이었는지 잠시 들여다보자.

팔라는 폴리네시아의 섬이다. 어쩌면 『멋진 신세계』에서 버나드와 헬름홀츠가 추방된 장소일지도 모른다. 외부인들은 자원 착취나 환경 파괴를 일삼기에 입국이 거부되기 일쑤다. 과학 기술 수준은 높으나 자급자족 농경을 고수하고, 개인의 기질을 파악해서 혁명가적 기질이 풍부한 사람일수록 육체 노동에 더 많은 시간을 보내게 해서 공격 성향을 희석함으로써 평화 체제를 유지하는 사회다. 시민은 누구나 '지금·여기'에 집중하도록 훈련되는데, 불교 명상이나 수련과 비슷하다. 자유로운 성애는 무한히 보장되고, 오랜 정신 수련으로 도달한 깨달음과 마찬가지 효과를 준다며 환각제 모크샤 사용도 권장된다. 헉슬리는 약물 사용을 권장하는 글을 많이 썼기에 당시 히피들의 정신적 지주로 여겨지기도 했다.

내게 가장 돋보인 팔라의 장점은 바로 가족 제도였다. 한 아이에게 부모가 스물두 명인 공동 입양 체제는 아이가 한 부모에게 종속되어 편향적 경험과 사고방식을 가지지 않도록 막아 준다. 어떤 부모에게 야단맞거나 마음의 상처를 받으면 다른 부모에게 가서 위안을 얻어 금세 회복할 수도 있는 제도다. 급속 냉동과 인공 수정을 활용해 일부일처제를 무력화하는 한편 뛰어난 예술가처럼 우생학적으로 우월한 유전자 비율이 점차 높아지도록 조절하기도 한다. 저자가 우생학 신봉자라서 이런 설정이 도입되었나 보다. "팔라를 제외한 모든 지역 동물들에게는 〈호모 사피엔스〉가 곧 사탄"이라고 단언할 정도로 사회의 생태윤리도 확실히 정립되었고, 교육 목적은 다름 아닌 "자아실현과 전인적 인간으로 성장하기"다! 교과서처럼 건전하고 투명한 사회다. 팔라에서 태어나고 자란 시민은 한마디로 착하고 맑다. 과연 이런 사회가 유지될 수 있을까? 이웃 나라에서 부숴 버리고 싶지 않을까? 소설 마지막 장에서는 그 우려는 현실로 벌어지고야 만다. 작가도 알고 있었다. 팔라는 소설 안에서 언급되곤 했던 에러훤^{erehwon} 즉, 존재하지 않는 곳 노웨어^{nowhere}를 거꾸로 표기한, 유토피아임을 말이다.

당신의 유토피아는 '멋진 신세계'인가 '금지된 섬'인가?

서기 20세기의 삼사분기가 된 지금, 그리고 포드 기원 1세기 말보다 더 오래전인 지금에 이르러서 필자는 『멋진 신세계』를 집필할 당시보다 훨씬 덜 낙관적인 기분을 느낀다. 1931년에 제시했던 예언들은 필자가 예상했던 것보다 훨씬 빨리 현실로 나타났다. (중략) 필자가 포드 기원 7세기에 발생하리라고 설정한 전체주의 사회는 안전할 만큼 아득한 미래로부터 찾아와, 곧 우리들 앞에 나타나려고 기다리는 중이다. (중략) 1948년의 시점에서

본다면 『1984』는 끔찍할 정도로 실감이 난다. 그러나 어쨌든 폭군들도 언젠가는 죽고, 사정은 달라지기 마련이다. (중략) 지금으로서는 『1984』보다 『멋진 신세계』가 좀 더 현실성에 접근했다고 하겠다.

- 올더스 헉슬리 『다시 찾아본 멋진 신세계』

헉슬리가 1958년에 쓴 글이다. 아무리 제자라도, 다른 소설가 작품보다 자기 것이 더 월등했다고 대놓고 자랑하다니, 이건 대체 자신감이라 할지 자만심이라 해야 할지 모르겠다. 헉슬리 팬인 내 관점으로는 수긍이 가지만 말이다.

소설 『1984』가 21세기에 남겨 준 것은 판옵티콘과 빅브라더다. 지나치리만큼 투명해서 사생활이 사라져 가는 시대 아니던가. 구글이 나보다도 더 내 취향을 잘 알고 있어서 구매 때마다 무얼 사야 할지 친절하게 알려 주는 일상, 고교생 딸이 임신한 사실을 구글 덕분에 알았다는 어느 미국 소비자의 일화는 유명하다. 한편 자발적으로 사생활을 유튜브에 올려 클릭을 유도하고 수익을 얻는 사람도 있다. "빅브라더, 여기 나를 좀 봐! 그리고 구독 좀 해 줘"인 건가? 스스로를 노출시켜 수익을 얻는 희한한 시대다. CCTV와 휴대전화 카메라가 넘쳐 나는 오늘날, 프라이버시는 대단한 부자만 소유할 수 있는 시대가 되어 버렸다.

작가 올더스 헉슬리는 두 편의 소설로 디스토피아와 유토피아, 두 세계를 보여 주며 독자에게 묻는다. "당신이 바라는 유토피아는 어디입니까?"라고. 지금 이곳은 『멋진 신세계』와 『금지된 섬』 중 어느 쪽에 더 가까울까. 석기 시대 신체로, 중세 시대

종교관과 계몽 시대 인간중심 사고에, 20세기에야 깨달은 무의식의 충동에 지배받으며, 21세기 과학 기술에 둘러싸여 살아가는 현대인. 지금 여기는 어디이며 우리가 원하는 유토피아는 과연 어떤 모습일까?

러셀 선생님,
우린 정말 행복해질 수 있을까요?

버트런드 러셀 『행복의 정복』

이 세상은 피할 수 있는 불행, 피할 수 없는 불행, 정신적 갈등, 투쟁, 가난, 그리고 악의로 가득 차 있다. 이런 세상에서 행복하기 원하는 사람은 개개인을 둘러싸고 있는 엄청나게 많은 불행의 원인들을 다룰 수 있는 방법을 찾아내야 한다.

- 버트런드 러셀 『행복의 정복』

19XX년 3월 오후, 나는 집에서 비상약 상자를 열고 어떤 약을 발라야 할지 망설이고 있었다. 빨간 약인가? 손톱만 한 붓에 약을 찍어 손바닥 전체를 바르려다 보니 손바닥이 어찌나 넓게 느껴지던지. 보라색과 파란색과 빨간색이 섞인 오묘한 무늬가 내 양 손바닥에 새겨져 있었다. 드문드문 검붉은 살갗 아래는 피도 고여 있었다. '사랑의 매' 아홉 대를 맞고 몇 시간 만에 색깔이 이렇게 바뀌다니 신기했다. 반 애들이 떠드는 걸 조용히 못 시켰다는 이유로 내가 대표로 맞았다. 대표라 치면 덩치가 나보다 두 배는 더 큰 반장도 있었는데 담임 선생님은 왜 하필 부반장인 나를 일으켜 세워 매를 들었던 걸까.

답은 저녁에 귀가한 엄마가 약을 바르며 알려 줬다. 눈이 아리도록 냄새가 강렬했던 옥색 약 뚜껑에는 간호사 얼굴이 그려져 있었다. "애가 부반장 됐으니 인사 오라는 얘기야." "인사?" "그러니까, 나더러 돈 봉투 들고 학교로 찾아오라는 얘기라고!" "…." "내가 애한테 무슨 소리를. 못 들은 것으로 해라."

갑자기 손바닥은 견딜 수 없게 아파졌고 가슴은 숨 쉬기 힘들도록 답답해졌다. '어른이 된다는 건 돈을 가져오라고 핑곗거리를 만들어 애를 때리는 사람이 되거나, 맞은 애 손바닥에 약을 바르고는 돈을 갖다 바치는 사람이 되는 것일까?' '고작 그런 게 되려고 나는 태어나고, 배우고, 살아가는 걸까?' 안티푸라민 냄새가 너무 지독해서 눈물이 났다. 그렇게 봄날은 갔다.

행복은 어디에?

그날부터 시작된 답을 모르는 질문, '이미 살고 있지만, 대체 왜 사는 거지?', '언제까지 살게 될지도 모르는데, 어떻게 살아야 하지?'에 밤잠을 설치던 어린이는 어느새 우울한 청소년으로 자랐다. '행복하게 살자!'와 '죽을 때 후회하지 않도록 살자!'라는, 나름의 결론을 가진 채였다. 사는 목적이자 이유를 행복으로 정한 셈이었다. 왠지 머릿속이 시원해진 기분도 잠시, 고민은 이어졌다. '그런데 어떻게 해야 행복해지지?' 온 세계를 떠돌며 찾아 헤매던 파랑새가 알고 보니 다름 아닌 우리 집 새장 안에 있었더라는 안데르센 동화처럼, 행복은 가까운 곳에 있으리라는 생각이 들었다. 하지만 우리 집에는 '새'가 없으니 대체 어느 구석에서 행복의 조각을 찾아내야 할지 알 수 없었다. 불행하지 않으면 행복한 건가? 그럼 불행은 뭐지? 행복하지 않은 상태인가? 그럼 행복은 뭔데? 이렇게 꼬리에 꼬리를 문, 다시 말하면 자기 꼬리를 입에 물고 빙빙 제자리를 맴도는 미련한 짐승 같은 무용한 생각만 간혹 이어지다가 사춘기가 지나갔다.

살다 보니 어쩌다 어른이 되었고, 여지 없이 소위 '사추기'가 찾아왔다. '여긴 어디?', '나는 누구?'라는 사추기의 흔한 질문 후에는 '나는 왜 살고 있나?', '무엇을 위해 살아야 하나?' 하는 의문이 다시 이어졌다. 흔한 패턴이다. 생물학적 나이만 먹었지 지혜는 나아지지 못했으니 나이를 헛먹은 셈이다. '나는 지금 행복한가?' 나는 행복이 무엇인지 또다시 생각하기 시작했다. 주변을 돌아보면 다들 잘 먹고 잘 사는 듯 보이는데, 속내를 들어 보면 누구 하나 "나는 정말 행복하다"라는 사람이 없었다. 안정된 직장과 수입, 다복해 보이는 가정에 객관적으로는 행복해 보이는데도, 주관적으로는 치료가 필요할 정도로 불행한 사람이 있는가 하면, 수입이 불안정해서 힘들어 보이는데도 원하는 일을 하며 충만감에 가득한 하루하루를 산다며 해맑은 표정으로 웃는 사람도 있었다. 대체 행복이 뭐길래.

나는 최근에야 『행복의 정복』을 읽었다. 정복이라니, 강렬하다. '토닥토닥', '이미 잘하고 있어요, 우쭈쭈', '괜찮아요 그대는 소중한 사람' 같은 간지러운 분위기의 힐링 서적이 질색인 나는, '정복'이라는 도발적인 단어에 끌렸다. 행복은 얻어지는 게 아니라 정복해서 획득해야 하는 가치라는 강력한 메시지가 아닐까. 행복아, 넌 대체 누구이고 어디에 있느냐. 1930년에 나온 이 책은 시대를 뛰어넘어 내 질문에 어느 정도 답을 주었다.

버트런드 러셀은 누구인가?

『행복의 정복』은 20세기의 손꼽히는 지성인 버트런드 러셀이 쓴 70여 권의 책 중 대중으로부터 인기를 많이 끌었던 책이다. 저자 러셀의 공식 이름은 버트런드 아서 윌리엄 러셀Bertrand Arthur William Russell, 3rd Earl Russell, OM, FRS이다. 이름 네 개인 영국인이 흔히들 그렇듯, 귀족이다. 그것도 영국 정당 휘그당을 세운 실세 가문 출신에, 빅토리아 여왕 시절 총리를 두 번이나 연임했던 존 러셀 백작이 친할아버지인 귀족이다. 이 정도면 금수저를 넘어선 다이아몬드수저라 불러야 하지 않을까. 그게 전부가 아니다. 러셀 이름 뒤에 붙어 다니는 수식어들은 그가 제3대 러셀 백작에, 영국 왕으로부터 철학과 수학에 관한 공로 훈장Order of Merit: OM을 받은 데다가, 영국 왕립학회원Fellow of the Royal Society: FRS이기도 함을 나타낸다. 한마디로 절대지존 급이다. 신분, 문화, 학문, 모든 면에서 말이다. 게다가 그는 1950년에 노벨 문학상까지 받았고, 제자 비트겐슈타인과 함께 분석 철학 창시자로 기억된다.

  대체 이 사람, 못하는 게 뭔가. 부잣집에 귀족 가문에서 태어났지, 머리 좋지, 학문적으로 성취를 이루고 제자도 잘 키워 냈지, 철학책으로 노벨 문학상 받고, 철학자이자 수학자로서 훈장을 받았다니. "이거 실화냐?"라는 대사가 절로 튀어나온다. 이런 사람이 행복하지 않다면 이상한 거 아닌가? 미모 빼고는 다 가졌잖아! 여기서 뭘 더 바라? 설마 영생?

  하지만 러셀은 자신은 어린 시절에 행복하지 않았다고 고백한다. 그는 차남이었고, 어쩌면 작위를 물려받을 장남에게 모든 게 집중되는 귀족 집안 특유의 분위기도 그의 우울감을 한몫 거들었을지 모른다. 무종교적이고 개방적인 부모님이셨지만 러셀이 2살 때 어머니가 병으로, 2년 후에 아버지는 우울증으로, 다시 2년 뒤에는 할아버지조차 세상을 떠나고 말았다. 형 프랭크와 러셀은 종교적으로 엄격한 할머니에게 맡겨졌고, 가정교사를 통해서만 교육받았다. 친구도 없고 우울감이 심해 여러 번 자살 충동을 느끼던 아이 러셀은 오직 수학을 더 알고 싶다는 이유만으로 어린 시절을 버텨 냈다. 이렇게 '금테 두른 다이아몬드수저' 급인 러셀조차도, 행복은 정복해야 할 대상이라고 말한다. 못하는 게 없고, 가진 게 많은 사람도, 정작 하고 싶지만 할 수 없는 게 있다면 행복하지 않다는 것이다.

왜 우리는 행복하지 않을까?

 『행복의 정복』은 얼핏 보기에는 자기계발서나 행복 획득 실용서로 보이지만, 어쩌면 저자는 세태 진단과 비평을 하고 싶었는지도 모른다. 1부에서 러셀은 당시 미국 중산층이 행복하지 않은 이유를 꼽았는데, 지금의 한국과도 겹치는 부분이 많다. 아마도 선진국으로 진입하는 사회는 비슷한 과정을 겪나 보다. 그는 사람들이 불행한 이유를 권태나 종교에서 비롯한 죄의식이나 질투와 피해 의식에 사로잡혀 있거나, 지레 낭만적 냉소주의에 빠져 있거나, 지나친 경쟁으로 자기밖에 모르는 사람이 되어 버렸기 때문으로 진단했다. 책 마지막에서 러셀은 이렇게 설명했다.

모든 불행은 의식이 분열되거나 통합을 이루지 못한 데서 생긴다. 의식과 무의식이 조화를 이루지 못하면 자아 내부에 분열이 생기고, 객관적인 관심과 사랑의 힘에 의해 자아와 사회가 결합되어 있지 않으면 자아와 사회는 통합될 수 없다. 행복한 사람은 자아의 내적인 통합이나 자아와 사회가 이루는 통합의 실패로 고통받지 않는 사람이다. 행복한 사람의 인격은 분열되어 있지 않으며, 세상에 대항하여 맞서고 있지도 않다.

 그렇다. 먹고살 만한데도 사람들이 행복하지 않은 이유는 바로 사회가 요구하는 자아와 내가 욕망하는 자아가 같지 않기 때문이다. 그뿐이랴. 삶은 계획대로 풀리지 않고 결과는 자주 의도를 배반하며 결국 타이밍과 운에 크게 좌우되는 허탈한 경우를 우리는 살면서 얼마나 자주 겪어 왔던가. 영화 〈기생충〉에서 주연 배우 송강호의 명대사가 떠오른다. "가장 완벽한 계획이 뭔지 알아? 무계획이야. 인생이란 게 계획을 하면 계획대로 안 되거든!" 그 말이 맞다. 치밀한 계획도 깊은 고민도, 실제 삶에서는 허망함만 남기기 일쑤다.

게다가 하고픈 일을 좀 할라치면 왜 이리도 걸림돌이 많은지. 러셀은 인생의 목표가 확실한데도 늘 현실에 부딪혀 자잘하게 고민이 많은 사람에게는 이렇게 조언한다. "예를 들어 중대한 일에 종사하는 사람이 불행한 결혼 생활로 인해 정신적인 혼란을 겪는다면 결코 긍정적인 체념을 하기는 어렵다. 그러나 자신의 일이 참으로 열중할 만한 일이라면, 그는 그런 부차적인 고통은 궂은 날씨를 만난 것 같은 사소한 불편으로 여겨야 한다." 내게는 이 조언이 큰 위로가 됐다. 러셀이 말하는 긍정적인 체념은 아무리 해도 안 될 일에 대한 포기다. 이를테면 '세상 모든 것을 깔끔하게 모두 설명하는 철학을 정립하고 싶다'라든지 아인슈타인도 못다 이뤘다는 '통일장 이론 완성'처럼, 이번 생에 이룰 수 없는 욕망은 일찌감치 포기하고 잊어버리는 게 행복해지는 방법이란 얘기다. 그렇다면 러셀이 그리는 행복한 사람은 과연 어떤 모습일까?

행복한 사람은 자신이 우주를 구성하고 있는 한 성원임을 자각하고, 우주가 베푸는 아름다운 광경과 기쁨을 누린다. 행복한 사람은 자신의 뒤를 이어 태어나는 사람들과 동떨어진 존재가 아니라고 생각하기 때문에 죽음을 생각할 때도 괴로워하지 않는다. 마음속 깊은 곳은 본능을 좇아서 강물처럼 흘러가는 삶에 충분히 몸을 맡길 때, 우리는 가장 큰 행복을 발견할 수 있다.

순간의 쾌락도 아니고 종교적 억압도 벗어난, 신중한 태도가 필요하지 않으면서도 "두 사람의 인격이 융합하여 새로운 공동의 인격을 형성하는 성적 관계"로 "서로 생명력을 주고받는 사랑"을 품고 "폭넓은 관심에 따뜻한 반응을 보이는" 사람이 바로 러셀이 생각하는 행복한 사람이다. "세계를 반영하는 정신을 가진 인간은 어떤 의미에서는 세계만큼 위대한 존재"임을 깨달은 사람, 열정을 가지고 예술이든 과학이든 "건설적인 일을 하며 자부심을 가진 사람"이다.

러셀은 욕망에 충실하게도 평생 여러 애인을 두고서 결혼만도 네 번을 했었으니, 무엇보다도 그가 사랑과 성적 관계에 관해 남긴 말은 영국 경험론의 전통에 따라 많은 경험을 통해 얻은 지혜이리라. 러셀은 과연 행복했는가? 그는 이 책의 비결대로 행동하면서 더욱 행복해졌다고 고백한다.

코코아 한 잔만이 내 몫의 행복?

 『행복의 정복』을 읽는다 해서 갑자기 행복해지지는 않는다. 아무리 생각해 봐도, 인간은 행복하기가 참 어렵다. 가장 쉽게 느낄 수 있는 행복은 아마도 즉각적 쾌락일 거다. 맛있는 요리 찾아 먹고, 마음에 드는 물건 쇼핑하고, 멀리 놀러 가고, 진창 술 마시고, 격렬히 섹스하고. 나이 서른 즈음이 되면 굳이 현자들의 말씀을 뒤적이지 않아도, 자극적 쾌락은 소독용 에탄올처럼 잽싸게 휘발되어 버린다는 것, 게다가 점점 더 센 자극을 원하게 된다는 것을 경험으로 알게 된다. 하지만 마약 중독자가 우리가 되고픈 행복한 사람의 모습은 아니지 않나.

 '소확행'은 한때 내가 팬이었던 일본 작가 무라카미 하루키가 만든 단어로서 '작지만 확실한 행복'을 뜻한다. 모든 현대인이 원하는 '건강하고, 예쁘거나 잘생기고, 지위도 있는, 수십억대 부자'가 돼서 느낄 행복을 추구하며 죽어라 애쓰다가는 정말로 그냥 죽어 버리고야 마니, 그런 원대한 행복 대신 작고 확실한 행복을 그때그때 챙기라는 말은 많은 사람으로부터 공감을 받았다. 그러나 과연 우리는 소확행만으로 충분할까? '티끌 모아 태산 된다'라는 옛말처럼, 소확행을 모으면 행복한 인생이 될까? 나도 맛있는 커피 한 잔, 막 끓인 라면, 다크 초콜릿 한 조각을 먹는 순간을 좋아하지만, 오직 그것들 덕분에 '나는 행복한 사람이다'라고 할 수 있을 것 같지는 않다. 커피는 식어 버리고, 라면은 불어 버리며, 초콜릿은 녹아 없어진다. 혹시 '소확행'이란 건, '이번 생에서 너는 딱 그 정도로만 만족하고 살아'라는, 행복의 선 긋기는 아닐까? 20세기 사회가 스스로를 착취하는 자발적 노동자를 원했듯, 21세기 사회는 기존 질서에 순응하는 소시민을 원하는 건 아닐까? 이런 삐딱한 시선 때문에라도 나라는 인간은 소확행으로 행복하기는 틀려먹었다. 게다가 소확행만 모으면서 산다면 나는 '죽을 때 후회하지 않는 삶'이라는, 내 또 다른 인생 목표는 결코 달성할 수 없을 것 같다.

인간은 건강, 경제, 사랑, 가치, 인정, 이 모든 게 만족되어야 비로소 잠깐 행복한 듯하다. 사람은 건강한 신체에, 다음 끼니 걱정은 하지 않을 정도의 경제력과, 사랑하고 사랑받는 사람도 있고, 인생을 걸 만큼 충분히 가치 있는 일을 하며, 어느 정도 인정받는 존재일 때에야 잠시 만족감과 행복을 느낀다. 이들 조건 중 어느 하나라도 부족하면 불행해지니 행복하기란 얼마나 어려운가. 셋 이상의 요인이 관련된 문제는 결코 정확한 해답이 없다는 게 과학계 정설인데, 하물며 다섯 가지, 그것도 대충 추렸을 때 다섯 가지라니, 한마디로 답이 없다는 얘기다. 그러니 대부분 시간 동안 우리가 행복하지 못하다고 느끼는 게 당연한 거다. 행복은 하늘에서 뚝 떨어져 얻어지는 게 아니라, 스스로 노력해서 쟁취하고 획득해야만 한다는 러셀의 견해는 진리인 셈이다. 다이아몬드수저로 태어난 러셀에게조차도 행복은 정복할 대상이었다. 심지어 위 다섯 가지 조건이 모두 만족된다 해도 영원히 지속되기는 어려우니, 행복한 시간은 순간에 불과하다. 일찍이 보에티우스는 『철학의 위안』에서 "운명의 모든 불행 가운데 최악은 자신이 한때는 행복했었다는 것"이라 하지 않았던가. 그렇기에 안데르센도 날개 달린 파랑새로 행복을 비유했을지 모르겠다.

대체 어떻게 해야 행복할까?

나는 10살 때 세웠던 인생 목표를 구체화했다. 행복이 목표여서는 행복하게 살기 어렵다는 걸 깨달았기 때문이다. 행복에 집착하면 행복은 달아난다. 마치 마음에 든 상대의 일거수일투족을 열심히 따라다니면 상대는 나를 스토커 취급하며 피하는 것과 닮았다. 그렇다고 다른 사람들을 좇아 평생 돈, 명예, 사랑을 갈구하다가 마지막 숨을 내쉬면서야 '어라, 이거 아닌데' 하는 생각이 든다면 그 또한 얼마나 난감하겠는가.

나는 결론적으로 이렇게 생각한다: 열정 있는 삶이 행복의 비결이 아닐까? 열정을 쏟아 점점 더 완성하고픈 대상이 있다면, 살아가는 이유가 되는 그 무엇, 평생을 바쳐 창조하고픈 그 무엇이 있다면, 인생은 살 만한 가치가 있다. 운이 좋다면 기꺼이 노력하는 동안에 성취감과 행복도 덤으로 따라올 수 있으리라. 덤이란 건 없다 한들 불평할 수 없는 잉여의 몫이다. 그러니 설사 행복이 가득하진 않더라도 세상을 떠나는 순간에 후회는 없지 않을까. 인간은 심장과 맞닿아 있는 그 무엇을 찾아내기 전까지는 진정한 의미로의 '인생'은 시작되었다고 할 수 없다. 어쩌면 사람은 일생을 바칠 그 하나를 찾지 못해 방황하고, 우울해하고, 점집에 가고, 종교를 찾고, 독서를 하는지도 모른다. 행복을 정복했다는 러셀도 자서전에서 이렇게 고백했다. "단순하지만 누를 길 없이 강렬한 세 가지 열정이 내 인생을 지배해 왔으니, 사랑에 대한 갈망, 지식에 대한 탐구욕, 인류의 고통에 대한 참기 힘든 연민이 바로 그것이다." 그는 행복한 사람이었다.

내 올해 목표는 '건강한 동물 되기'다. 핏속 철분 농도, 몸속 근육 비율, 뼛속 칼슘 농도, 이 세 가지가 모두 함량 미달이라는데 어쩌겠는가. 행복 역시 미달일 수밖에. 형이상학적 의미를 따지기 전에 생존부터 해야겠다. '행복이란 무엇인가?', '어떻게 해야 행복할 수 있나?' 하는 생각은 건강과 생존이 담보되기 전에는 배부른 고민에 불과하다. 인간은 의미와 목적이 있어야만 살아갈 수 있지만, 존재는 몸에 깃든다. 나는 함께 있고픈 사람들과, 내가 하고픈 일을 하고, 알고픈 것을 깨달아 가며, 건강한 신체로 살아가고 싶다. 그럴 수 있다는 희망이 있고, 그렇게 해 나가는 동안이라면, 가끔은 선물처럼 행복을 맛볼 수도 있을 것이다. 저 멀리 언젠가가 아닌, 지금 이 순간, 지금 여기에서도.

더 나은 세상을
꿈꿀 권리

마지 피어시 『시간의 경계에 선 여자』 &
슐라미스 파이어스톤 『성의 변증법』

"프로이트 박사는 모든 어린 사내애들은 자기 아버지를 없애고 어머니와 결혼하고 싶어 하는 심리를 가지고 있다고 했지. 여자애들은 자기 아버지와 결혼하고 싶어 하고 말이다."
"우린 부모가 여러 명인데, 그럼 누굴 죽이고 누구와 결혼하고 싶어 해야 하죠?"

- 올더스 헉슬리 『금지된 섬』

생물 분류상 나는 포유류, 좀 더 정확하게는 호모 사피엔스 암컷 개체다. 이 사실을 잊고 살기 일쑤다. 직장인의 일상은 대개 이렇다: 영혼 따윈 서랍 안에 고이 접어 넣어 둔 채 밀리는 버스에 몸을 싣고 출근해서, 아침부터 저녁까지 건물 안에 틀어박혀 좀비처럼 약속된 노동을 제공하다가, 퇴근하면서야 비로소 다시 눈빛에 생기를 되찾는다. 매일 반복되는 이 무한 사이클에는 암수 구별이 없다. 그런 건 화장실 들어갈 때나 잠시 떠올릴 뿐이다. 나도 마찬가지다. 출근하고 야근하며 조직체 부속품으로 꾸역꾸역 살다가도 매달 나는 잠시 잊었던 진실을 어김없이 깨닫곤 한다. 내가 포유류 암컷 개체라는 현실을 말이다. 매달, 일주일 동안은 나는 몸에 꼼짝없이 구속된다. 여행이나 휴가, 목욕,

심지어 배설조차 내 의지대로 할 수가 없다. 평소에는 잊고 있던 난소와 자궁이라는 신체 기관에 속절없이 모든 결정권을 내어 주어야 한다.

  2시간에 한 번씩은 화장실에 들러 생리대를 바꿔야만 비교적 정상적인 삶을 살 수 있는 기간이 생리 기간이다. 평생 생리를 하지 않는 세상의 반을 차지한 부러운 인간들 - 남자 - 이 흔히 짐작하는 것과는 다르게, 생리통은 하루 지난 치킨에 김빠진 맥주를 야식으로 먹은 다음 날 배탈처럼 뱃속이 조금 불편한 정도에 그치는 게 아니다. 혹시 또 모르겠다. 그런 정도로만 지나가는 운 좋은 여자가 있을지도. 최소한 내 주변 여성 중엔 없다. 내 친구는 학과 신입생 환영회에서 억지로 선배들이 권하는 술을 마시다가 쇼크로 쓰러져 응급실에 실려 간 적도 있다. 그녀는 의사한테 생리 중에는 절대 금주령을 받았다고 말했는데도 고작 생리 따위를 핑계로 감히 신입생이 선배가 하사하는 음주를 거부하다니 당치도 않다며 선배들이 억지로 먹여 댔다. 응급실에서 잰 그녀의 혈압은 고작 38. 의료진은 혈압계가 고장이 아닌 한 목숨이 붙어 있는 게 신기하다며 고개를 가로저었다고 한다.

  나도 만만찮다. 전생에 내가 무슨 일을 저질렀는지 모르겠지만, 28일 중 꼬박 6일은 머리끝부터 발끝까지 안 아픈 곳이 없다. 척추에 에어컨 냉매라도 흐르는 듯 차가운 기운이 뻗쳐 나가고 한여름에도 뼈를 에는 듯 춥다. 생리대는 생간이 믹서에 갈린 듯이 끈적거리는 핏덩어리와 적색 피로 흠뻑 젖는다. 가끔 무언가 집중하느라 2시간을 넘겨 버리기라도 하면 하의까지 피에 물들기도 한다. 허리춤에 카디건을 질끈 묶어 엉덩이를 가리고 서둘러 퇴근하든지, 매일 여벌 바지를 가방 속에 넣고 다니든지 둘 중 하나를 선택해야 한다. 짜증 나는 저주의 기간은 내 몸에서 사람 간 크기 정도의 배출물을 쏟아 낸 후에야 끝이 난다. 가끔 의아하다. 나는 몸속에 얼마나 많은 간(?)을 가지고 태어난 걸까, 하고.

그뿐 아니다. 머릿속엔 먼지가 뒤엉켜 떠다니며 모든 생각의 고리를 끊어 놓는다. 원한 적도 요청한 적도 없건만 꼬박꼬박 반복되는 생리 기간마다 나는 내가 여자라는 사실이 저주스럽다. 임신과 출산을 원하지 않는 지금의 내게 대체 생리 따위가 왜 필요하단 말인가. 이런 마음은 오직 나만 가지는 게 아니다. 사회에서 은근히 떠넘긴 숙제인 임신과 출산을 이미 마쳤거나, 하지 않겠다 결심한 여성 직장인들은 나와 생각이 같다. '귀찮은데 왜 자꾸 생리는 하고 난리야. 쓸데없이.' 그렇다. 정말이지 무용한, 낭비이자 허비다.

만약 내게 임신과 출산, 생리라는 현상이 없었다면 내 인생은 얼마나 달라질까. 산술적으로만 따져 봐도 28일 중의 6일이라는 시간 동안 나는 좀 더 창조적인 일을 하고 인간다운 생활을 할 수 있었을 것이다. 잠시 계산기를 두들겨 보았다. 내가 여태까지 살아오면서 생리 기간으로 허비한 시간은 무려 2,659일, 그러니까 7년도 넘는다. 여기에 임신, 출산, 수유 기간을 더하고, 대신 생리 기간을 빼 보자. 대충만 따져도 12년이다. 내가 포유류 암컷 노릇을 하느라 낭비된 시간 말이다. 12년이면 고등학생이 박사 학위까지도 딸 수 있는 긴 시간이다. 인류의 반 - 여성 - 은 원하지도 않는데도 이렇게 인생을 낭비당한다. 만약 여성이 임신과 출산을 하지 않아도 인간 종족 유지에 문제가 없다면, 여성의 삶은 어떻게 달라지고 세상은 어떻게 바뀔 것인가? 이런 가정을 풀어 쓴 소설이 있다.

마지 피어시의 장편 소설 『시간의 경계에 선 여자』

마지 피어시의 장편 소설 『시간의 경계에 선 여자』는 SF 소설이자 페미니즘의 고전으로 알려져 있다. 소설 주인공은 1976년 미국에 사는 멕시코인 유색 인종인데, 마약과 매춘에 인체 실험 대상까지 되는 등, 극도로 신산한 삶을 살아가는 여성 코니다. 조카사위의 주먹질에 기절해 버린 코니는 의도치 않게 매터포이세트라는 장소에서 미래인 2137년에 사는 여성 루시엔테와 접속하여 시간 여행을 하게 된다. 그곳은 지리적으로는 같은 나라 미국이었지만, 시간대도 다르고 무엇보다도 문화가 완전히 다른 사회였다. 성과 계급의 완벽한 평등이 구현된 유토피아였으니까. 코니처럼 자존감이 낮은 '수신자'만이 접속이 가능한 미래 사회다. 코니는 처음에는 루시엔테의 의지로, 나중에는 자신의 의지로 미래와 현재를 오가는 시간 여행을 하게 된다. 그녀는 차츰 자존감과 자기 결정권을 되찾는 쪽으로 변화한다. "여자로 살아가기에 완벽히 어울리는 방식이라고는 할 수 없을 만큼 너무나 자신만만하고, 남의 눈을 신경 쓰지 않고, 너무도 적극적이고, 확신에 차 있고, 우아했지만 그래도 여자인 것이 확실한" 미래 여성 루시엔테처럼 말이다. 이런 관점에서라면 어쩌면 이 소설은 성인 여성의 젠더 발견과 성장 소설이다.

소설은 첫 장부터 흡입력이 뛰어나다. 주인공 코니는 침실에서 환상인지 현실인지 남성인지 여성인지도 구분이 어려운 누군가와 처음으로 진지하게 대화 중인데, 임신한 조카가 현관문을 절실히 두드리며 이모에게 도움을 요청한다. 조카는 포주 남편에게 배를 걷어차이고 사정없는 주먹질에 이까지 부러져 온통 피투성이다. 남편이라 불리는 이 수컷이 아내에게 매춘을 시켰고, 그녀가 매춘으로 번 돈으로 자기 옷이나 구두를 사서 휘감았으면서도 정작 그녀 뱃속 태아가 자기 아이가 아니라며 낙태를 요구한 것이다. 아내가 낙태를 거부하자 포주이자 남편은 주먹으로 아내 배와 얼굴을 때렸고, 임신부는 태아를 살리고 싶어 이모에게 도망쳐 온 상황이다. 이 정도 막장은 아침 드라마에서도 방영 금지일 거다. 대체 어쩌다가 이 지경이 된 걸까. 충격적인 첫 장면에 독자는 계속 페이지를 넘기게 된다. 저자 마지 피어시는 탁월한 이야기꾼이다. 책을 책장에 꽂아만 둔 지 어느덧 1년. 어느 날 아침에 문득 '몇 페이지 구경이라도 해 볼까' 하며 펼치기 시작한 소설을 나는 결국 하루 만에 다 읽고야 말았으니 말이다. 그해 벚꽃 구경을 할 수 있는 마지막 날을 깔끔히 포기하고, 위장에 커피를 쏟아부어 가며 단숨에 두 권을 끝낼 만큼, 이 소설은 재미있었다. 저자가 자란 녹록지 않은 환경과 당시 미국에 만연했던 유색 인종 차별, 저자의 계급 투쟁 의식이 소설 전반에 맛깔나게 녹아 있어 페이지가 술술 넘어갔다.

코니가 기절까지 해 가며 지켜 내려던 임신부 조카는 결국 어떻게 되었을까? 소설은 모든 캐릭터를 구원하지는 않는다. 남편이자 포주에게 착취당하면서도 그걸 굳이 '사랑'이라 믿고 싶은 나약한 조카는, 마약에 절어 이모를 배신하고 그녀를 정신 병원에 감금해 버린다. 그리고는 계속 그가 시키는 대로 매춘하고, 돈을 벌어 갖다 바치고, 가끔 정신 병원으로 이모를 보러 온다. 약물에 절은 조카는 희망도 용기도 없다. 그녀에게 유일하게 남은 의지라면 돈을 더 벌겠다는 - 결국 남편이 쓸 돈 - 강렬한 욕구가 전부다. 이런 상태에서는 다른 세계의 누군가가 접속이라도 해 주지 않는 한, 누구라도 손을 내밀어 주지 않는 한, 변화라는 게 애초에 불가능한지도 모른다. 그저 더 늙어지고 낡아지다가 결국에는 버려지게 될 뿐이다. 만약 사람이 자신의 결정대로 인생을 살지 않는다면 그녀처럼 착취당하며 살게 되지 않을까. 부모든 사회든, 혹은 소설에서처럼 포주나 남편이든, 다른 이가 짜 놓은 인생 설계도를 따라 산다면 과연 그것이 자신의 인생이라는 의미가 있을까. 소설 속 조카와 다른 점은 단지 얼마나 더 비참한가 하는 정도의 차이가 있을 뿐이다.

코니는 달랐다. 그녀는 조카와 조카손자를 보호하려고 몸으로 주먹을 막을 수 있는 용기가 있는 사람이었다. 그녀는 시간 여행을 하며 미래를 보았다. 지금 그녀의 선택에 따라 현실이 될 수 있는 미래, 인종도 성별도 차등이 없는 유토피아와 지금 사회보다도 더 격심하게 차별이 고착화한 디스토피아를 보았다. 코니는 자신의 미래를, 자신의 손으로 선택해야 했다.

슐라미스 파이어스톤의 『성의 변증법』

소설 『시간의 경계에 선 여자』는 2세대 페미니스트인 슐라미스 파이어스톤과 연관이 깊다. 그녀는 1970년에 출판한 기념비적 저서 『성의 변증법』에서 "유토피아적 페미니스트 문학조차 아직 존재하지 않는다."라고 일갈했다. 『시간의 경계에 선 여자』는 파이어스톤의 지적에 관한 문학적 응답이다. 또한 그녀는 과학 기술을 활용한 인공 자궁으로 여성을 임신과 출산으로부터 해방시키고, 가족 제도를 해체하며, 아동의 독립성을 위해 사이버 코뮤니즘을 형성하자고 제안했다. 여성과 아동이 서로에게 족쇄가 되지 말고, 아동을 독립적인 개체로 인정해 주며, 공동체에서 양육하자는 것이 주요 주장이었다. '내 아이'를 위해 다른 아이들에게 조금쯤은 피해를 줘도 괜찮다는 이기적 발상과 폐해는 '모든 아이들'이 '내 아이'가 되는 순간 사라져 버릴 것이기 때문이다. '누구누구의 엄마'와 '누구누구의 아이'라는 한 쌍으로만 존재하는 게 아니라 공동체 양육이라면 여성과 아이는 독립적 사회 구성원이 될 수 있다. 모성애라는 게 학습되고 강요된 게 아니라는 증거는 어디에 있나? 아이다움을 강요하는 사회 문화의 속내가 무엇인지 들여다본 적은 있는가? 여성과 아이를 서로에게 구속시켜 사회 진입과 성장을 가로막으려는 계략이 아닐까?

슐라미스 파이어스톤의 파격적인 발언은 당시 사회에서, 심지어 페미니스트들에게조차 환영받지 못했다. 내가 볼 때는 너무 솔직해서인데, 아마 지금도 썩 환영받기 힘들 것이다. 인용문을 보자.

임신은 야만적이다. (중략) 임신은 종을 위해 개인의 육체가 임시로 기형이 되는 것이다. (중략) 출산은 잘해 봐야 참을 만한 일이다. 즐거운 일이 아니다. (중략) 여성은 나머지 절반(남성)을 세상에서 일을 하도록 자유롭게 해 주기 위하여 종족을 유지시켜 주는 노예 계급이었다.

- 슐라미스 파이어스톤 『성의 변증법』

속이 뻥 뚫리는 이 명료한 표현을 나는 몇 번이고 읽었고, 시원하게 웃었다. "이런 이야기는 내가 먼저 하고 싶었는데!" 출산은 남자들이 상상하듯이 그저 숭고하고 아름답기만 한 것이 결코 아니다. '무한하고 숭고한 어머니의 사랑'이라는 고상한 이름의 베일 뒤에 감춰진 임신과 출산의 실체는, 지겹도록 괴롭고 억지로 잊을 정도로 아프며, 피와 오물이 뒤섞여 있으며, 아무리 잘 봐 줘야 간신히 참아 줄 만한 것이다.

상상해 보라. 9개월 내내, 자기 주량에서 딱 소주 두 잔을 더 마신 다음 날의 아침과도 같은 몸 상태와 흐릿한 정신으로 매일매일을 그저 버텨야만 하는 게 임신 기간이다. 배는 차츰 무겁고 커져서 나중에는 20킬로그램에 가까운 무게까지도 늘 배 안에 넣고 살아야 한다. 잠시도 벗어 놓을 수가 없다! 임신부의 기형적인 신체 변형은 허리에 엄청난 무리다. 이건 오로지 여자의 몫이다. 평생 허리 질병으로 앓을 수도 있다. 그뿐이랴. 산부인과 의자에서 가랑이를 넓게 벌린 자세로 진료받는 굴욕은 다른 그 어떤 것과도 비교불가다.

출산 때 산과 침대를 차지하면 차원이 다른 굴욕이 시작된다. 병동의 모든 의료진이 복도를 오갈 때마다 내게 들러 일회용 장갑을 낀 손을 내 질 안에 쑥 집어넣어 무심하게 휘저어 대는 '내진'을 한다. 손을 빼낼 때 장갑에서 뚝뚝 떨어지는 피의 냄새만 맡아도 힘이 빠진다. 이렇게 함부로 다뤄질 음부였다면 왜 나는 여태껏 그리 감추고 꽁꽁 싸매고 다녔던 걸까? 그렇게 몇 시간이 지나면 간호사가 말끔히 음부를 제모해 주고, 의사는 아기 머리가 나오기 쉽게 질 입구를 메스로 쨴다. 아니면 질 입구가 갈기갈기 찢어지니 이렇게 칼로 쨌다가 출산 후에 다시 꿰매는 편이 낫다는 게 의사 설명인데, 이건 국가마다 견해가 다르다.

이제야 비로소 출산이라는 이름의 대전투가 시작된다. 말 그대로 피범벅이 되는 혈투다. 길게는 하루를 넘기기도 한다. 이만큼 출혈을 하고도 살아남는다니 인간은 참으로 독하구나, 하고 깨달을 정도의 외로운 투쟁. 성 아우구스티누스였던가, "우리는 똥과 오줌 사이에서 태어난다"라는 명언을 남긴 사람이? 요즘은 관장 후 출산을 하는지라 문자 그대로는 아니지만, 관련은 깊다. "똥 쌀 때처럼 아랫배에 힘주고 밀어요. 소리 지르지 말고. 하나, 둘, 셋"이 간호사가 말하는 출산 구령이니까. 피와 땀과 오줌과 똥과 아기의 범벅이 현실 출산이다. 아름다운가? 축복인가? 대체 어느 구석이?

파이어스톤은 맞는 말을 했다. "임신은 야만적이다." 임신과 출산 경험자로서 나는 이렇게 문장을 확장하겠다. "임신과 출산은 야만이다"라고. 그녀의 주장을 아무리 뜯어봐도 무엇 하나 틀린 데가 없건만, 25세 저자 파이어스톤의 생각은 출간 후에 페미니스트에게조차 받아들여지지 않았다. 당시 페미니스트가 신성시하는 모성의 위대함을 건드렸기 때문일까? 그때나 지금이나, 팩트 폭력은 다들 싫어한다. 현실을 직시할 용기도 없으면서 어떻게 그것을 고치고 개선하겠다는 걸까?

유토피아에서의 출산과 양육

파이어스톤의 책이 나온 지 6년 뒤 출판된 『시간의 경계에 선 여자』에 표현된 유토피아는 많은 부분을 그녀의 아이디어에 의존한다. 인공 자궁에서 탄생하는 아기, 성 구분 없는 육아, 정밀하게 조절되는 인구, 12세부터 자신의 인생을 결정하는 독립적 인간, 인종과 문화에 차등 없이 완벽에 가까운 평등이 구현된 사회, 자유롭게 자기계발에 몰두하는 사회 구성원은 『성의 변증법』에서 제시되었던 모습이다. 무엇보다도 생물학적으로 무관한 세 명의 어머니 - 남성도 어머니가 된다 - 와 교류하며 성장하는 인간상이 가장 마음에 들었다.

피어시의 유토피아에서는 어머니가 된 남성은 호르몬을 조절하여 모유 수유도 한다. 미래 시간 여행 중에 남자가 가슴을 열어젖히고 우는 아기에게 젖을 먹이는 광경을 바라보며 주인공 코니는 처음에는 역겨움을 느낀다. "이곳 여자들은 모든 것을 포기한 채 예로부터 전해 내려오는 권력의 마지막 유산, 피와 젖으로 봉인된 소중한 권리를 남자들이 훔쳐 가도록 내버려 두었다."라며 불만에 싸인 코니에게 미래 여성 루시엔테가 이유를 말해 준다.

그건 여성들이 오랫동안 추진해 온 개혁의 결과였어요. 오랜 계급 제도를 전부 무너뜨릴 때였죠. 우리가 누렸던 유일한 권력이었지만 마침내 역시나 포기해야 할 게 남아 있었어요. 그 대신 누구에게도 더 큰 권력을 주지 않기 위해서였죠. 그건 바로 생산의 원천인 출산의 권력이었어요. 생물학적으로 속박되어 있는 한 우리는 절대로 동등해질 수 없어요. 남성들도 결코 다정하게 사랑을 베푸는 인간으로 교화될 리 없고요. 그래서 우린 누구나 어머니가 될 수 있게 하기로 했어요. 아이들은 전부 어머니가 셋이에요. 지나치게 긴밀한 유대감을 깨뜨리기 위해서죠.

여성이 유일하게 누려온 권력인 - 권력인지 의무인지 모르겠지만 - 세대 생산 권력을 포기함으로써 비로소 세상은 평등해졌다는 것이다. 어머니가 평생을 바쳐 아이를 키우는 게 생물학적으로도 사회적으로도 당연하다는 모성 본능 신화는 여성과 아이 모두에게 얼마나 무거운 족쇄가 되어 왔는지! 지금처럼 엄마-아이의 짝이 아닌, 공동체 구성원 모두의 아이들로 받아들여진다면, 그런 세상에서는 남에게는 불편과 피해가 되더라도 내 아이만 잘되면 그만이라는 저열한 사고를 가진 사람도, 자신밖에 모르는 되바라진 아이도 없을 것이다. 쓸데없는 감정에 소모되는 시간도 줄어들 테니 당연히 인류 역사도 달라지리라.

유토피아와 디스토피아에서 섹스의 의미

누구에게나 더 나은 세상을 꿈꿀 권리가 있다. 1970년대 미국 페미니스트들이 꿈꾼 유토피아는 생식의 압제에서 해방된 여성이 독신 직업인으로 남성과 함께 협동 노동을 하는 공동체였다. 혈연관계로 이루어진 가정이 아닌, 약 10년 동안만 지속되는 제한된 계약 관계로 맺어지는 공동 양육으로, 12세에는 스스로 인생을 결정하는 다음 세대 구성원을 길러 내는 사회다. 학교와 가정이라는 굴레를 없애서 아이와 여성을 사회에 통합시킨 공동체 사회. 유토피아라고까지 부를 수 있는지는 모르겠지만, 최소한 지금보다는 훨씬 나아 보인다. 이 책이 나온 지 50년이 다 되어 가는데도 세상은 그다지 변한 게 없다는 사실에, 여전히 가정이라는 공동체는 일부일처제와 혈연을 전제로 여성과 아이를 억압하고 있음에 한숨이 먼저 나온다. 대체 인간 여성은 언제까지 세대 생산을 전담해야 하나? 만일 다음 생이란 게 있다면, 나는 포유류 암컷으로 태어나느니 공해 심한 도시 한복판에서 가로수로 살겠다. 단, 은행나무로라도 수컷으로.

　그렇다면 이런 유토피아에서 섹스란 과연 무엇일까? "고통이나 강압이 동반되지 않는 한 짝짓기를 나쁘다고 생각하지 않아요."가 유토피아의 섹스관인지라, 동성 간이든 이성 간이든, 나이가 몇 살이든, 상관하지 않는다. 사랑하는 감정도 마찬가지다. 그들도 질투심은 있지만 다자간 연애가 보편적이다. 그런 사회에서 나고 자랐다면 나도 좀 더 행복할 수 있지 않을까. "인간이 불행하거나 뭔가 결핍을 느낄 때 섹스를 원한다고 여기는 건 그렇게 교육받았기 때문이라고 생각해. 하지만 따져 보면 흔히 우리가 원하는 건 좀 더 고상한 행위란 말이야."가 저자의 섹스관인가 보다. 그래서인지 유토피아에서 섹스는 별로 대단한 것이 못 된다. 대신 유토피아인은 공부에 많은 시간을 투자하고 예술 작품을 만드는 데 공을 들인다. 위대한 예술품에는 찬사를 보내는데, 너무 젊을 때 사망한 예술인은 같은 유전자로 다시 '태어날' 기회를 줄 정도로 예술의 가치가 높다.

　유토피아에서 벌이는 유토피아적 섹스 묘사를 기대했던 나라는 독자에게는 너무나 가혹하게도, 700쪽에 달하는 책 두 권에 걸쳐 섹스 비슷이라도 한 장면은 단 한 장면뿐이다. 유토피아가 되면 인간은 섹스를 멀리하고 이성적 탐구 행위에 탐닉하게 될까? 글쎄, 나는 잘 모르겠다. 혹시 저자가 만족스러운 섹스를 못 해 본 건 아닐까, 하는 불순한 생각이 먼저 드니 말이다. 프로이트는 거꾸로 이야기했었다. 충족되지 못한 성욕이 승화된 결과물들이 예술품이라고. 그리고 우리는, 나는, 그렇게 교육받았다. 여기는 유토피아가 아니기 때문인가.

저자 마지 피어시는 디스토피아의 세계도 보여 준다. 극소수의 가진 자들이 모든 자원을 차지한 채, 대다수는 하늘도 보이지 않는 더러운 환경에서 인공 합성 물질을 사료 삼아 사육된다. 그들의 존재 가치는 자기실현 따위의 고상한 이유가 아니다. 가진 자가 200년 이상 누릴 수명을 위해 필요할 때마다 새 것으로 보충할 장기 기증자로, 그리고 가진 자의 무한한 성욕을 채워 줄 섹스 상대자 '계약녀'로 사는 게 바로 그들의 존재 이유다. 디스토피아에서는 섹스가 대단한 것이다. 하층 계급의 생존 수단이자 상층 계급의 유희 수단이라서다. 그들 문화의 최고 소비재는 섹스가 모티브인 홀로그램 동영상이다. 코니가 잘못 찾아간 미래 사회인 디스토피아의 계약녀 - 마치 이번 세계의 조카와 판박이처럼 닮은 삶을 사는 - 가 보여 준 상품 목록에는 '대형 투견과 재미를 보는 풍만한 계약녀 이야기' 등이 소개되어 있었다. 왠지 지금 내가 사는 이곳은 작가 피어시가 그린 유토피아보다는 디스토피아 쪽에 더 가깝다고 느끼는 건 과연 나만의 착각일까.

  21세기 여성인 나는 어떤 유토피아를 원하는지, 시간의 경계에 선 코니가 내게 묻는다. 당신이 꿈꾸는 유토피아는 과연 어떤 모습인지, 나도 독자께 묻고 싶다.

좆브라냐 젖브라냐, 그것이 문제로다?

게르드 브란튼베르그 『이갈리아의 딸들』

자연의 불공평함을 치유하는 것은 문명의 임무다.

- 게르드 브란튼베르그 『이갈리아의 딸들』

늘씬한 키에 부드럽게 구불거리는 긴 머리, 발레복을 연상시키는 화려한 흰 미니 원피스, 다리에 딱 달라붙는 길고 흰 부츠, 붉은 입술과 뽀얀 피부로 덮은 화장에 흰 치아가 고르게 드러나는 미소. 팝송 〈Can't take my eyes off you〉를 배경 음악으로 홀로 요염한 자태를 뽐내며 무대에 선 배우는 연극이 시작되기도 전에 이미 객석을 점령했다. 노래 제목처럼 도저히 눈을 뗄 수가 없게 매력적이다. 약간 어색한 점이라고는 가지런히 정돈된 콧수염과 턱수염 정도랄까.

박수와 함께 연극 〈이갈리아의 딸들〉이 시작되었다. 슬쩍 관객석을 둘러보니 여성 비율이 압도적으로 높다. 배우들의 열연과 효과적인 무대 시설 교체법, 특히 섹시한 나레이터가 공연의 재미를 더한다. 막간극 립스틱 광고에 나온, 수염 위 새빨간 입술과 그것을 핥던 혀까지도 뇌리에 남을 정도다.

무엇보다도 마무리가 압권이다. 소설에서는 엄마가 아들을 재교육시키는 길고도 긴 대사로 끝이 나지만, 연극에서는 많은 배우가 무대에 올라온 복잡한 상황에서 아들의 외침을 마지막으로 막이 내린다. 박수조차 하기 어려운 침묵과 배우들의 날카로운 응시까지 질문에 보태져 관객들 어깨 위에 무겁게 내려앉았다. 극장을 나간 후에도 달라붙어 있을 만큼 묵직하게.

꼭 다시 보고 싶은 멋진 공연이었다.

거울 속 세상, 『이갈리아의 딸들』

연극의 원작인 장편 소설 『이갈리아의 딸들』은 과연 어떤 작품인지, 일단 한 단락만 살펴보자. 책 마지막 장에서 엄마가 주인공에게 남기는 대사다.

"맨움은 생명과 실제로 연결되어 있지 않단다. (중략) 맨움이 지배하는 사회에서는 모든 땅의 생명이 죽어 없어질 거야. 만일 맨움을 억압하지 않는다면, 만일 맨움이 제지되지 않는다면, 만일 그들이 교화되지 않는다면, 만일 그들이 '그들의 자리를 지키지 않는다면' 생명은 소멸할 거다."

이게 무슨 소린가. 분명 한글이고 우리는 문맹이 아닌데도 도통 이해가 안 되는 말이다. 특히 윗 문단에서 마지막 한 문장은 소설의 첫 구절에 인용된 제문이기도 하니, 매우 중요한 문장이고 심오한 의미가 있을 것 같은데, 도대체 뜻을 알 수가 없다. 일단 '맨움'이란 게 뭔지는 모르겠지만 왠지 태생적으로 열등하고 위험한, 뭔가 문제 있는 존재라는 느낌은 든다. 대체 '맨움'이 뭘까?

모르는 게 당연하다. 사전에도 나오지 않는, 오직 이 소설 속에서만 통용되는 단어니까. 노르웨이 작가 게르드 브란튼베르그의 소설 『이갈리아의 딸들』은 용과 마법사가 나오는 환상 소설이 세계 지도로 시작하듯 단어 사전부터 시작한다. 일상과 너무나도 동떨어진 세계 속 이야기를 펼쳐야만 할 때 흔히 도입하는 기법이다. 게임에서도 마찬가지다.

전략 게임을 해 보신 분이라면 게임 배경 설명과 세계관 해설이 얼마나 중요한지 알고 계시리라. 혈맹과 함께 공성전을 반드시 이겨 왕국을 되찾아야 하는 절실함, 테란과 저그와 프로토스 종족들이 서로 증오하는 이유, 룬테라 챔피언을 소환해서 정의로운 전쟁에 참전하는 마음가짐 등 말이다. 게임 속 세상에서 무박 3일만 짧게 보낼지 아니면 몇 달이고 몇 년이고 푹 빠져 지내게 될지는 제작자가 의도한 세계관이 얼마나 깊게 내 심장에 박혔느냐에 따라 다르다.

순전히 내 개인적인 통계를 근거로 한 말씀 보태자면, 소설이나 영화 등 이야기를 좋아하는 분들일수록 더 전략 게임에 중

독되기 쉬운 것 같다. 아무것도 없는 세계에서 문명을 창조하고 전 지구를 통치한다는 정도로 상세 해설이 불친절한 게임일수록 그 정도가 더 심한 듯도 싶다. 아마도 유저가 채울 수 있는 여지가 많기 때문이리라. 그러니 이야기를 좋아하는 성향의 독자분은 아예 그런 종류의 게임은 시작을 안 하시는 게 답일지도 모른다. 소설 이야기하다 말고 내가 지금 무슨 소린가. 이 소설은 '페미니즘 대표 소설'로 심각하게 받아들이지 않고, 그저 게임 배경 설명처럼 가볍게 읽더라도 충분히 재미있다고 말하고 싶었나 보다. 이 소설은 위트가 가득하다.

『이갈리아의 딸들』은 '이갈리아'라는 나라에서 주인공 페트로니우스가 좌충우돌 주변 환경이나 사람들과 부딪혀 가며 겪는 일을 그려 낸 성장 소설이다. 한편으로는 일종의 환상 소설이기도 한데, 소설 배경이 되는 이갈리아는 전에도 없었고 지금도 없는 나라인데다가 문화도 독특하기 때문이다. 이갈리아는 가모장제 고도문명국이다. 생물학적으로 아이를 낳을 수 없는 남성이란 존재는 태생적으로 열등하게 인식되고, 미모나 잘 가꿔서 힘세고 멋진 여성에게 간택된 후 아이 양육에 매진하는 게 도리라고 여겨지는 나라다. 하지만 이 설명은 적절치 않다. '남성'이니 '여성'이니 하는 단어 속에는 이미 지금 내가 사는 사회 문화의 개념이 스며들어 있기 때문이다. 그렇기에 작가는 새로운 단어를 창조해야만 했다. 새 술은 새 부대에, 새 세계는 새 단어에.

소설 첫 쪽에 나온 사전에 따르면, '움'은 여성 혹은 인간의 통칭, '맨움'은 남성이다. 나는 이 단어 하나만으로도 작가의 의도를 깨닫고 무릎을 쳐 가며 웃었다. 이곳은 어떤가? 세계 공용어라 해도 큰 무리가 없을 영어를 살펴보자. 단어 맨^{man}은 문맥에 따라 인간이기도, 남자라고 번역되기도 한다. 달리 말하자면, 사람이라 할 때 기본적 전제는 남자라는 뜻이다. 남자 아닌 것은 예외로서, 때에 따라 사람으로 쳐 줄 수도 있고 안 쳐 줄 수도 있는, 일종의 옵션이랄까. 여자라는 영어 단어 우먼^{woman}도 어원을 따지자면 자궁^{womb} 있는 사람^{man}이지 않던가. 이갈리아에서는 정반대 상황이 벌어진다. 사람을 뜻하는 단어 움^{wom}은 일단 기본적으로 여성이고, 남성은 설명이 더 붙은 단어인 맨움^{manwom}이다. 이갈리아에서도 가끔 중립적인 단어 휴움^{huwom}을 쓰는데, 주로 맨움의 불평이 공식 접수되었을 때다.

이갈리아어 사전이 이어진다. '부성 보호'는 움이 아이 아버지로 지목했을 때 맨움이 얻을 수 있는 생계 혜택이자 아이를 길러야 하는 의무, 이갈리아 모든 남성이 기본적으로 꿈꾸고 바라는, 혹은 그렇게 믿도록 교육되는 제도를 일컫는다. 그럼 '맨움해방주의'는? 그건 감히 맨움도 움과 같은 권리, 권력, 기회를 가져야 한다는 신념과 이를 추구하는 발칙한 사회 활동을 말한다.

이렇게 단어만 훑어봐도 이갈리아는 지금 우리가 사는 곳과는 비슷한 듯 매우 다른 세상이다. 마치 거울 속 세상처럼, 얼핏 보면 똑같은데 어찌 보면 완전 반대인 느낌이다. 색깔도 모양도 같은데 왼쪽과 오른쪽만 바뀐 묘한 느낌 말이다. 소설 기법은 단순하다. 거울 앞에서 내가 오른손을 들면 거울 속에서는 왼손을 올리듯 현실 세계의 남녀를 거울 대칭으로 서로 바꿨다. 이 단순한 변화만으로 이갈리아는 익숙하면서도 완전히 다른, 환상 속의 세계가 되어 버렸다.

주인공 페트로니우스는 권력자 루스 브램 장관의 자식인데도 맨움이라는 이유 하나만으로 온갖 고초를 겪는다. 아무리 불편해도 페호^{peho}라는 남성 성기 가리개를 꼭 차고 다녀야 한다. 페호는 영어 사전에도 안 나오며 작가가 이 책을 기술하느라고 만든 새로운 단어인데, 연극 〈이갈리아의 딸들〉에서는 페호를 '좆브라'라고, 아주 명확하게 번역했다! 물론 이갈리아 움들은 '젖브라'를 하지 않는다. 페트로니우스는 어느 날 밤 산책길에서 낯선 움들에게 둘러싸여 겁탈을 당한다. 더 원통한 일은 만신창이가 된 몸으로 부모에게 하소연하자 '그 시간에 돌아다닌 네 잘못이고 자랑할 일도 아니니 그냥 마음에 묻고 잊어라'라는 소리를 들은 것이다. 이거 어디서 흔히 듣고 보던 패턴이다. 성폭행이나 성추행을 당한 우리나라 여성들이 가족한테 흔히 듣는다는 대사 아니던가?

얌전하던 모범생 페트로니우스도 이쯤 되면 가만히만 있지 않는다. 몸으로 겪은 아픔과 슬픔이 '내가 뭘 잘못했기에!' 하는 억울함으로, 그리고는 '지금 세상은 왜 이따위로 생겨 먹었을까?' 하는 질문으로 진화하기 마련이다. 그는 같은 의문을 품은 동료 맨움과 노총각 올모스 선생과 연대해서 잊히고 묻혀 있던 역사적 사실을 파헤치게 된다. 양파마냥 까면 깔수록 은폐된 진실에 경악하게 되는 페트로니우스에게 오랫동안 맨움해방을 연구해 온 올모스 선생이 말한다.

"노동자 계급이 억압받고 있다고 지적하는 것보다 맨움이 억압받고 있다고 지적하는 것이 훨씬 더 지독하고 극단적인 것이라고 한다면, 아마도 그것은 성적 억압이 계급 억압보다 훨씬 더 지독하고 극심하기 때문일 거야."

페트로니우스는 이제 동지들과 페호 공개 화형식을 하며 행동파 맨움해방주의자로 거듭나고, 심지어 '민주주의의 아들'이라는 소설까지 펴내는 맨움해방주의 대표 전사가 된다. 그런 이름을 가지고 있는데 어쩌겠나. 결국 작가가 되는 수밖에. 브램 장관으로서는 승승장구하던 정치 생활에 사사건건 걸림돌이 되는 골칫덩이 아들인 것이다.

자연의 계략인가 인간의 술수인가?

이 책은 판타지 소설처럼 술술 읽히면서도 지금 내가 사는 세상을 새롭게 바라보게 했다. 특히 남녀의 생물학적 다름조차도 문화적 해석 나름이라는 관점에 내 두 눈이 번쩍 뜨였다. "자연의 불공평함을 치유하는 것은 문명의 임무다."라는 이갈리아의 기초 신념조차도 "움을 강한 성으로 만든 것은 생물학적 이유가 아니라 문명일 뿐"이라는 노총각 올모스 선생의 해석과 "자연의 불공평함은 맨움이 아이를 갖는 특권을 갖지 못한다는 데 있기에 (중략) 맨움은 인생 과정에서 완전히 종속적인 기능만 해야 한다는 의미"라는 이갈리아 공식 교육지침, 이렇게 두 가지로 상반되게 해석될 수 있다.

나는 여태까지 여자와 남자의 생물학적 차이만큼은 자연적이고 근본적인지라 완벽히 기능하는 인공 자궁이라도 만들어지기 전에는 개선 불가로 여겼다. 하지만 이 소설은 완전히 다른 가능성을 보여 준다. 이갈리아도 움이 임신과 출산을 전담할 수밖에 없는 생물학적 구조임은 대한민국과 동일하지만, 두 세계에서는 완전히 상반된 해석과 행동 양식이 규정된다. "여성이 육아도 전담하는 것이 당연하다. 아이는 자연스레 엄마를 찾으니까"(대한민국)와 "출산을 못하는 무능한 존재 맨움이 육아를 전담하는 것은 당연하다. 아이는 자연스레 아빠를 찾으니까"(이갈리아)라고. 역시 니체가 옳았다. 현상의 문제가 아니라 가치평가와 해석의 문제였다. "아무것도 소위 '자연 질서'와 조화되는 것은 없다. 모든 것이 인류의 간계였다. 어떤 종류의 인류는 억누르고 다른 종류의 인류는 그들을 착취하고 기생해서 번성할 수 있도록 하는, 목표를 가진 체계적인 간계였다." 『비행공포』의 작가 에리카 종의 말대로 "여태까지 인류의 역사와 책은 모두 생리혈이 아니라 정액으로 쓰여졌기 때문"에, 내가 살고 있는 이 사회는 "아이는 엄마가 보는 것이 상식"인 것이다.

마찬가지로, "역사가도, 인류학자도 모두 움이니까" 이갈리아의 상식은 정반대가 된다. 자연이 정해 준 상식이란 애초부터 없다. 사회 유지를 위해 만들어지고 가공된, 의도적으로 조작된 믿음 체계가 교육이라는 수단으로 전수되고 있을 뿐!

성차별적 사회 체제에 대항하던 페트로니우스는 소설 마지막 장면에서 그의 엄마인 브램 장관에게 철저히 재교육된다. "맨움은 월경을 하지 않으므로 자연과의 친밀함이 부족"하고, 심지어 "아이와의 관계조차 열등하게도 고작 정신적인 단계를 벗어나지 못하며", "뭐든 될 수 있음에도 불구하고 노력과 의지력이 부족해서 성취하지 못하는데", 이 모든 것은 "피할 수 없는 생물학적 조건에 갇혀 있음"을 엄마가 아들에게 조목조목 친절히 상기시킨 것이다. 이갈리아에서 태어나고 교육받아 온 페트로니우스는 곧 자신감을 잃고 혼란에 빠진다. 이상하고 불편해서 『이갈리아의 딸들』을 도저히 못 읽겠다며 덮어 버리는 우리 사회 여성처럼! 루스 브램의 지적에서 '맨움'을 '여자'로 바꿔서 한번 읽어 보자. 태어나서 여태까지 여성들이 듣던 말과 무엇이 다른지, 나로서는 도통 찾아낼 수가 없다. 그러니 책을 덮어 버리기 전에 한 번만 더 생각해 보자. 차가운 진실에 눈 뜨고 싶지 않은, 불편하지만 익숙한 현실에 그저 안주하고픈 마음이 독자인 그대를 불편하게 만들고 결국 책을 덮도록 만드는 건 아닌가?

첨단 과학 시대, 페미니즘의 최종 목적은 무엇이 되어야 할까?

"불쾌한 어떤 것을 드러내는 일은 강한 편견에 부딪힐 수 있지만, 그것은 종종 혐오스럽기보다는 오히려 매력적인 일이기도 해. (중략) 그러니 정신 똑바로 차리고 있어야 하네." 노먼 맬컴의 『비트겐슈타인의 추억』에서 철학자 비트겐슈타인이 애제자 멜컴에게 1945년 12월 6일에 보낸 편지에 들려주는 충고다. 정신 똑바로 차리고 있지 않으면 사회로부터 세뇌받은 대로 재교육되어 버리기 십상이다.

그렇다면 이갈리아는 궁극적으로 추구되어야 할 페미니즘의 유토피아일까? 하나의 성이 다른 성을 억압하고 착취한다는 점은 동일한데, 단지 강자와 약자의 역할만 바뀌는 것이? 설마 작가가 그런 비문명인다운 주장을 펼치고 있다고 생각하지는 않는다. 작가는 거울을 들이대서 현대 사회의 모습을 보여 주고 싶었을 뿐이다. 이갈리아어 사전의 첫 단어 설명을 보면 이갈리아^{Egalia}라는 이름부터가 평등주의^{egalitarian}와 유토피아^{utopia}의 합성어라지 않는가. 생각해 보자. 우리에게는 진정 단 두 가지 선택, 즉 페미니스트가 『이갈리아의 딸들』을 쓰느냐, 아니면 맨움해방주의자가 '민주주의의 아들'을 출판하느냐 정도의 선택지밖에 없을까? "젖브라냐 좆브라냐, 그것이 문제로다"라고?

슐라미스 파이어스톤의 명저 『성의 변증법』에 밑줄 그었던 문장이 선명히 떠오른다. "페미니스트 혁명의 최종 목적은 남성

특권의 철폐뿐 아니라 성 구분 그 자체를 철폐하는 것이어야 한다." 첨단 과학 시대에 고작 성 구분에 따른 차별이라니, 수준이 안 맞아도 너무 안 맞는 거 아닌가? 심지어 요즘은 타고난 성조차도 원하는 대로 바꿀 수 있을 만큼 의학이 발전했다. 그런데도 어째서 사회 문화적 낡은 관습과 제도는 이다지도 개선과 진보가 더디단 말인가? 21세기 페미니즘의 최종 목적은 성에 따른 차별이나 역할 구분이 없는 사회, 꾸밈이나 미적 지향은 온전히 개인 선택인 사회, 궁극적으로는 페미니즘이라는 이름조차 역사 속 기록물로만 남는 사회를 만드는 것이어야 한다. 말살당해서가 아니라 필요가 없어짐으로써!

하지만 현실은 참담하다. 유명인의 노브라는 아직도 신문 기삿감이고, 개인 취향의 영역임이 분명한 이슈까지도 악플 대상으로 전락해 대상자 삶의 의지조차 꺾어 버렸다. 갈 길이 멀다. 과연 도달 가능할까 싶게, 정신이 아득하도록 멀다.

젖브라든 좆브라든 노브라든, 우리 이제 남의 브라 따위엔 신경 뚝!

제 4 부.
깨달음은
늘 한 박자 늦지만

인간은
태어나서, 고생하다, 죽는다

에리카 종 『죽음의 공포』 & 필립 로스 『에브리맨』

삶과 죽음의 섬뜩한 진실, 삶은 덧없이 지나가고 죽음은 종말이라는 사실 (중략) 우리는 살고, 죽는다. 그것을 이해할 필요는 없다. (중략) 존재하는 것은 재와 기억뿐이다.

- **짐 크레이스 『그리고 죽음』**

"내 나이 올해 예순다섯이야. 지금 제일 후회되는 게 뭘 것 같아?"

반년마다 들르는 동네 미용실에서 세팅 파마를 말며 원장님이 물었다. 나는 14년 차 단골이지만 여태껏 그녀 나이가 궁금한 적은 없었다. 전면에 보이는 커다란 거울로 그녀 얼굴을 다시 한번 살펴봤지만, 지하철 무임승차 제도는 그녀와는 거리가 멀어 보였다.

"전혀 그렇게 안 보이세요! 정말로 환갑 넘으셨어요?"

"그렇게 말해 줘서 고마워. 머리 더 예쁘게 말아 줘야겠네. 내가 이 자리에서 머리 만진 것만도 30년이야. 가끔 오랜만에 예전 손님들이 들러. 지나가다가 아직도 내가 있나 궁금해서 한번

와 봤다면서. 10년 만에도 오고 20년 만에도 오지."

"그분들 얼굴을 다 알아보세요?"

"그 사람들이 나를 알아보지. 얼굴을 아는 건지 장소를 아는 건지는 모르겠지만, 하여간 오랜만이라며 머리하고 가면 나야 고맙지. 커피만 마시고 가는 사람도 있어."

"에이, 여기가 커피집도 아닌데 그러면 안 되죠."

"한편으론 난 그 사람들 이해가 돼. 나이 들면 파마한다고 가만히 앉아 있기도 힘들어. 게다가 돈도 없지. 기껏 돈 들여서 파마해 봐야 예전만큼 예쁘지도 않다고."

"아니, 미용실 원장님께서 그렇게 말씀하시면 안 되는 거 아니에요?"

"사실인 걸 어쩌겠어. 폐경 오면 아무리 돈을 들여도 안 예뻐. 덜 예쁘다고 해야겠지. 하여간 돈 들인 티가 안 나."

"옷이나 화장을 고급으로 하면 커버되지 않나요?"

"비싼 게 싸구려보다야 낫겠지만, 젊을 때처럼 돈 들인 보람은 안 난다니까."

"정말요?"

"그렇다니까. 아무리 꾸며 봐야 어색해. 뭐랄까, 여자 냄새가 안 난다고 해야 하나. 하여간 좀 그래."

"완경이 그런 거예요? 슬프다."

"그치. 슬프지. 시집가서 애 낳고, 애들 다 키워 놓고, 돈도 좀 생겨서 이제야 좀 꾸며 볼까, 하면 딱 폐경이 와서 더는 예뻐지지 않는 거지."

"으아, 너무 적나라하세요."

"왜 20살 여자는 화장이고 옷이고 다 필요 없잖아. 아무것도 안 해도 그냥 빛이 나고 예쁘잖아."

"그렇죠! 그때는 그걸 모르지만."

"그치. 그땐 그걸 모르지. 예쁘다고 아무리 말해 봐야 믿지도 않지. 그래서 얼굴에 자꾸 뭘 발라 대고 미용실도 자주 오지. 염색을 하네, 파마를 하네, 난리치다가 머릿결은 머릿결대로 다 상하고."

"후후, 또 미용실 원장님으로서는 하셔서는 안 되는 말씀을 하시네요."

"더 들어 봐. 한국말은 끝까지 들으랬다고…. 잠깐 고개 좀 살짝 저 쪽으로 기울여 봐. 그렇지."

그녀가 롤을 말며 말을 이었다. 내가 꾸준히 이곳에 다니는 이유는 인생 선배의 솔직한 목소리를 듣고 싶어서가 가장 크다. 그녀는 '여자의 보람은 오직 애 잘 낳고 잘 키우는 데 있다'라는 식의, 숨이 턱턱 막히는 소리만 늘어놓는 다른 할머니들과는 다르다. 많은 사람을 접하는 직종에서 다양한 사람과 대화하며 오랫동안 일한 덕분인지도 모른다.

"미용실은 자주 와도 돼. 파마도 자주 해도 돼. 좋은 약만 쓰면. 그러니까 내 얘기는, 좋은 약으로 비싼 파마를 하라는 얘기지."

"아하, 그런 깊은 뜻이! 이제야 미용실 원장님 같으시네요."

"사실이라니까. 머릿결은 한번 상하면 회복시키는 게 돈이 많이 들어. 회복도 잘 안 돼. 미용실 와서 머리카락에 약 발라 대느니 차라리 그 돈으로 좋은 음식 잘 먹는 게 정답이지."

"어떤 음식이 좋은 음식인데요?"

"우선은 단백질이지. 머리카락 주성분이 단백질이잖아. 분위기 낸다고 커피랑 케이크만 먹지 말고, 두부나 고기 먹어야지. 종합비타민이나 영양제도 먹으면 좋고. 그런데 자기는 지금 난생 두 번째로 파마하러 온 거지? 반년 전이 생전 처음 파마였고."

"그렇죠."

"그러니 그동안 얼마나 돈을 많이 아낀 거냐고. 다른 여자는 20살 때부터 적어도 반년에 한 번은 이만큼씩은 투자하고 살아. 그러니까, 그동안 아껴 뒀던 거 이제야 쓴다고 생각하고 맘 편히 앉아 있어."

"오늘도 3시간 걸리나요?"

"그렇지. 아 쫌! 시간이고 돈이고 미용에 투자를 좀 하라니까! 아직 예쁠 때 해야지, 천 년 만 년 젊고 예쁠 줄 알아? 자기도 폐경이 와요. 시간은 거꾸로는 안 가. 젊어 보이는 거랑 진짜 젊은 거는 다르다고. 자, 이제 약 뿌렸으니까 20분 기다려야 해."

30년 이상의 임상 결과를 바탕으로 알게 된 여성의 노화에 관한 온갖 사실이 폭포수처럼 쏟아져 내렸다. 팩트 폭력 연타를 맞은 나는 가닥가닥 세운 머리카락들을 전선이 붙은 집게로 집어 세운 채로, 안쪽에 전깃줄이 주렁주렁 달린 커다란 모자 모양 기계 장치 안에 머리를 넣고 앉아 있었다. 머리를 꼼짝할 수가 없다. 안경을 벗었기에 보이는 것도 없다. 시야가 흐릿하니 머릿속도 흐릿한 것만 같다. 지루하다. 그러다가 문득 기억이 났다.

"그런데 아까 말씀하셨던, 가장 후회되시는 일은 무엇이에요? 가게를 시내 한복판에 차리지 않으신 건가요?"

"그것도 있겠네. 지금 내가 제일 후회되는 건, 할까 말까 망설이기만 하다가 못 해 본 거야. 그게 뭐든지 말이지. 기회가 있을 때는 망설이면 안 돼. 기회란 건 자주 있지 않거든. 다시 오지도 않지. 성공하든 실패하든 일단은 해 봐야 나중에 후회가 없어. 그러니 자기도 아직 젊을 때 하고 싶은 거 다 해 봐. 나처럼 나중에 늙은 다음에야 후회하지 말고."

여기까지는 인생 선배로서의 한마디였다. 그리고 미용실 원장님으로서 한 마디도 덧붙인다.

"그러니까 다음에는 염색도 하자고. 밝은 색으로. 나중에 흰머리 되고 나면 염색도 짙은 색 계열밖에 잘 안 입혀지거든. 6개월, 아니 3개월 뒤에는 와도 돼."

역시 프로다!

여성의 나이 듦과 죽음, 에리카 종

폐경, 아니 완경 이후 여성의 삶은 과연 어떤 걸까? 갱년기가 지나 생리가 멈추면 성욕은 사라질까 아니면 임신 걱정이 사라져서 더 커질까? 노년기 여성은 어떻게 섹스할까? 어떤 자세가 노년기 여성에게 권장되는 섹스 체위인지 세계보건기구나 식약처에서 연구 중일까? 21세기 여성에게 늙음이란, 죽음이란, 과연 무엇일까?

왜 여성의 나이 듦을 다룬 문학이나 나이 든 여성의 실존을 이야기한 소설은 이리도 드물단 말인가! 세상 인구의 반은 여성인데, 게다가 통계 자료를 보면 여성 평균 수명이 남성보다 길어서, 여성이야말로 노년기로 더 오래 사는데. 나는 차라리 우리 동네 미용실에서 더 많이 배웠다. 문학 작품 속 여성은 젊고 아름답지만 어리숙하거나, 아니면 등장부터 사악한 노파 엑스트라이기 일쑤다. 그도 그럴 것이, 여성 작가 대부분이 늙기도 전에 이미 죽어 버렸기 때문에 늙은 여성의 삶에 관해 제대로 된 목소리를 들려주고 싶더라도 들려줄 수가 없었다. 브론테 자매, 버지니아 울프, 플래너리 오코너, 실비아 플라스, 나혜석, 전혜린. 신기할 정도로 여성 작가는 명이 짧고 자살률도 높다. 이 정도면 보험 회사에서 여성 작가라는 직업군은 생명 보험 가입을 거부해야 하지 않을까 싶을 정도다. 기록을 남기거나 책으로 이야기해 주는 사람이 없는데 대체 어떻게 알 수 있단 말인가? 대체 우리는 누구에게서 여성의 노년이 어떤 것인지, '여자 냄새가 안 나는' 상태가 된다는 게 뭔지, 무엇을 대비해야 하는지를 들을 수가 있단 말인가?

내가 좋아하는 작가 중 지금 살아 있는 여성 작가는 『비행공포』를 쓴 에리카 종이 유일하다. 그녀는 1942년생으로 현재 79세, 여전히 활발히 활동 중인 소설가이자 시인, 여성 운동가다. 위트 넘치는 문장과 에로틱한 솔직함은 물론이려니와, 자살하지 않고 생생히 살아간다는 것만으로도 나라는 독자의 사랑을 받는 여성 작가다. 여자의 늙음은 어떤 걸까? 그녀의 '공포' 시리즈 중 두 번째는 『내가 두렵다』, 원제를 직역하면 "오십이 두렵다"이다. 중년의 기록을 남긴 수필집이다. 실제 출간은 그녀가 52세이던 1994년에 이뤄졌고, 바로 다음 해에 한국어 번역본도 정식 출판되었지만 이제는 절판이다. 나는 운 좋게도 우연히 중고 서점에서 구했는데, 이런 멋진 책은 다시 한번 재출간되었으면 좋겠다. 그녀는 이 솔직한 에세이에 이렇게 썼다. "여자는 예뻐야 된다는 건 오랫동안 내가 소중하게 여겨 온 가치였다. 그러나 이제는 그런 것을 추구할 여유가 없다." 예쁨을 추구할 여유조차 없어져 가는 것이 중년이고 갱년기인걸까. 세 번째 공포 시리즈 소설『죽음의 공포』를 보면 더 절절한 표현이 나온다.

"지금 내 나이가 60세이고, 내 난자와 연기 경력은 모두 씻겨 나가 버렸다."라 말하는 주인공 바넷사 원더맨은 전직 여배우다. 그녀는 "성형 수술 그것은 여성에게는 출산과 같은 의식이었다. 할례, 전족, 고래 뼈 코르셋, 보정 속옷 같은 모든 여성 의식 중 하나였다. (중략) 나는 성형 수술이 왁스로 다리털을 제모하는 것과 마찬가지로 의무적인 것이라고 생각한다."라며 아름다움과 섹스에 여전히 관심을 둔다. 원나잇을 위해 지프리스닷컴$_{\text{zipless.com}}$에 온라인 회원 가입하고, 그러다가 고무 옷 입고 채찍질을 해 달라는 변태를 만나기도 한다. 여기서 잠깐, 지프리스닷컴에서 지프리스^{zipless}는『비행공포』가 남긴 유명 단어 아닌가? 바넷사처럼 생명력과 활동력이 넘치는 여성도 20살 연상인 80대 남편과 90대 노부모 병간호에는 어쩔 수 없이 지쳐 간다. 그녀가 말하는 나이 듦이란 이런 것이다.

나는 나이를 먹는 것이 싫다. 좋은 것이 하나도 없다. 인생의 내리막길에는 바위가 가득 차 있다. 스키 날은 무디고 모든 곳에 검은 얼음 조각이 깔려 있어 자칫하면 실수할 수 있다. 이런 것이 전에도 있었는지 모르지만 아무튼 우리는 모르고 있었다. 지금 이 장애물들은 슬로프마다 엎드려 우리를 기다리고 있다.

잘 타고 있던 인생이라는 스키에서 전에는 알지 못했던 슬로프의 검은 얼음 조각들이 보이기 시작한다. 늙음이라는 가차 없는 난관들은 성별을 가리지 않는다. 여자고 남자고, 모두 늙는다. 게다가 순식간에. 거울 속에서 흰머리와 주름이 도드라지며 눈에 박히는 날은 예고도 없이 느닷없이 들이닥친다.

나이는 서서히 들지 않는다. 순식간에 몰려온다. 어제 오늘 아무 변화 없다가 일주일 후에 모든 게 달라진다. 일주일보다 더 빨리, 하룻밤 새 그럴 수도 있다. 여전하고, 또 여전하다 어느 날 아침 갑자기, 입가에 뿌리 깊은 주름 두 줄이 선명하게 나타난다.

- 제임스 설터 『올 댓 이즈』

누군가의 나이 듦을 알 수 있는 표지는 그 사람이 늘 나이를

인지하고 사는지이리라. 젊음은 나이를 의식하지 않는다. 바넷사도 말한다. "나는 젊은이들을 부러워하지만, 그들은 자기들이 부러움의 대상이라는 것을 모른다. 나도 젊었을 때는 그랬다."라고.

젊었을 때는 특별한 미래의 전망이 없었다. 생명은 영원히 지속될 것이라 생각했다. 하루와 한 달 그리고 1년이 끊임없이 펼쳐져 있고 선택할 필요도 없다고 생각했다. 마약을 하고 술을 마시면서 시간을 낭비해도 된다고, 시간은 항상 내 편이라고 생각했다. 그러나 내 편인 줄 알았던 시간은 어느 순간 적이 된다. 시간은 뛰어서 내 곁을 스쳐가고 우리는 나이를 먹는다. 휴일은 점점 더 자주 다가오고 1년은 옛날 영화처럼 날아가 버린다.

깊이 공감되는 문장들이었다. 영원할 줄 알았던 젊음은 의식하지 못하는 새 지나가 버렸고, 시간은 거꾸로 흐르지 않는데다가 갈수록 가속이 되는 것만 같으니 말이다. 어느덧 희망으로 가슴이 뛰기보다는 초조함에 가슴이 더 자주 뛰게 되고 말았다. 여배우 바넷사는 이렇게 말한다. "늙어 간다는 것은 사물을 포기한다는 말이다. 특히 섹스와 멋진 외모를 포기해야 한다." 역으로 생각하면 "섹스를 포기하기 전에는 자기가 늙었다는 생각을 하지 못한다"는 말이다. 60세 여성의 목소리로 작가는 외친다. "우리는 포기를 모르는 세대다. 오르가슴은 우리의 권리 장전에 들어 있다"라고.

통쾌했다! 책 초반에서는 "60세 여자에게는 열정이 허락되지 않는다. 할머니가 되면 섹스 없이 조용히 살아가야 하는 것으로 되어 있다."라지만, 사실은 전혀 그렇지 않다는 걸 그녀가 보여주었다. "내가 에로스를 선전하는 것은 조금도 이상하지 않다. 내가 살아 있음을 광고하는 것이다."라는 바넷사의 독백으로도, 그리고 작가 에리카 종 자신의 인생으로도 증명한다. 70대 후반인 그녀는 현재 네 번째 결혼 중이며, 여전히 작가와 사회 운동가로서 활발히 활동하니, 얼마나 멋진가!

"생식력은 성욕과 무관하다"

여성 작가 중에 에리카 종보다 솔직한 작가를 나는 알지 못한다. 실제 삶에서 여러 번 결혼과 이혼을 반복하며 자유로운 삶을 사는 여성 작가조차도 에로스에 관해서는 말하지 않는다. 특히 한국 여성 작가는 섹스라고는 관심도 없고 해 본 적도 없는 사람들처럼, 이념에만 치중해서 사회 운동가인 양, 성차별에 관한 리포트를 엮어 책으로 쓴다. 혹은 감상에 흠뻑 젖은 낭만적인 문장들을 아름다워 보이게 모아서 치장하여 책을 만들거나. 때때로 나는 궁금하다. 과연 그녀들은 젖어 드는 보지가 있을까, 만약 있다면 그녀들의 보지는 어떻게 이렇게나 철저히 침묵을 유지할 수 있을까, 하고. 한국 여성들이 지긋지긋해 하며 타파해야만 한다고 주장하는 유교 문화는 여성이 쓴 책에도 모두 스며들어 있는 셈이다. 따지고 보면 한국 여성은 다소곳한 유교 문화권에서 교육받은 '아씨들'이라서, 여자의 성욕이라는 불결하고 천박한 주제에 관해서는 침묵을 지켜 온 건 아닌가? 우리가 물리쳐야 할 것은 여성의 성욕이 아니다. 가부장적 문화풍토에 새겨진 여성에 관한 성적 억압이지.

여자는 성욕이 별로 없다거나, 그나마 있던 성욕도 나이 들면 흔적도 없이 사라진다는 사회 통념은 사실이 아니다. 대학교수이자 산부인과 전문의 크리스티안 노스럽이 수십 년 임상 경험을 바탕으로 저술한 두꺼운 책 『여성의 몸 여성의 지혜』에는 "생식력은 성욕과 무관하다."라고 쓰여 있다. 완경 때 여성은 늙음을 절실히 인식하고 슬퍼들 하지만, 의학적으로 따지고 보면 육체적인 영향보다는 심리적 영향이 훨씬 크더라는 임상 결과도 여러 번 강조해서 보여 주었다. 이 책에는 어느 비문명 부족의 임상 연구 결과도 소개되어 있는데, 60대가 가장 건강하다고 생각하는 부족에서는 실제로도 60대 선수가 가장 달리기를 잘한다는 사실을 전한다. 놀랍지 않은가! 정말로 나이는 숫자에 불과할지도 모른다. 저자는 현대 사회에서 노년 기준 나이는 끊임없이 변화해 왔으며, 어쩌면 상업적인 이유로도 늙음이 과장되고 있는 면이 있다고 지적했다. 한마디로, 불변의 척도는 없다는 거다. 30년 이상 경력의 산부인과 의사가 데이터를 바탕으로 책에 쓴, 근거가 확실한 주장이다.

건조한 문체로 전달되는 의학적 지식과 관찰 결과가 아닌, 캐릭터에 이입되어 나이 든 여성의 실존을 생생히 경험하게 하는 소설은 왜 이리 적을까? 갱년기 여성의 건강과 성욕의 유통 기한은 유전자에 새겨져 있는 게 아니다. 성욕은 모성애로, 또다시 손주를 향한 할머니의 사랑으로 전환되도록 생물학적으로 프로그래밍되어 있지도 않다. 그런 프로그램은 오직 문화 코드다. 여성 역할도 마찬가지다. 여자의 인생은 말 잘 듣는 착한 딸에서 시작하는데, 심지어 맏딸은 '살림 밑천'이기까지 하다! 우리는 딸에서 귀여운 소녀를 거쳐, 아주 잠시 섹시한 여성이 되었다가, 곧바로 착한 아내와 자애로운 어머니, 그리고는 자상한 할머니가 되도록, 그 순환에서 벗어나면 스스로가 불편을 느끼도록 배워 왔다. 발주처 대한민국, 실행지 대한민국.

인간은 생각한 대로 행동하는 존재다. 생각과 믿음이 힘이 센 이유다. 여성이라면 이 땅에 태어나면서부터 기본 장착된 이 문화 코드에 의문을 가지는 게 우선이리라. 과연 여성해방은 여성 금욕을 제물로 원하며 본능에 반하는 고행이 과연 얼마나 참여율이 높고 지속력이 있을지 의문이다. 유사 이래, 본능에 굴복하기를 거부하며 살아간 사람들은 성인의 반열에 오른, 극소수가 아니던가? 방법은 차치하고서라도, 해방된 여성은 과연 무엇을 원할까? 차라리 우리는 가부장적 문화를 해체하면서도 페니스를 원래 목적인 섹스에 충실히 활용하는 방법을 고민해야지 않을까? 금욕보다는 이 편이 더 즐겁기도 할 것이고 말이다.

남성의 노년과 죽음, 필립 로스

그렇다면 페니스 달린 인간들의 나이 듦은 어떤 것일까. 탈모와 발기부전을 겪으며 비로소 절실히 느끼게 되는 것? 중년 이상의 남자라면 누구나 공감한다는 소설 『에브리맨』은 『울분』, 『전락』, 『네메시스』로 이어지는, 필립 로스가 절필 시까지 꾸준히 탐구한 주제인 운명에 관한 시리즈 중 첫 작품이다. 이 책 다른 꼭지에서 이야기한 『죽어가는 짐승』의 저자, 내가 좋아하는 작가 필립 로스.

그는 많이, 오래, 끈질기게, 썼다. 그것이 내가 그를 좋아하는 이유 중 하나다. 성실성, 그리고 더 중요한 솔직함. 내게 제일 좋은 작가는 살아 있는 작가, 그다음은 작품을 많이 남긴 작가다. 물론 내 취향일 경우 한정이다. 1933년 유대인 이민자 가정에서 태어난 그는 26세에 발표한 『굿바이, 콜럼버스』가 다음 해에 전미도서상을 수상하면서 주목받는 작가로 등단했다. 그는 진정한 프로였다. 『에브리맨』의 "영감을 찾는 사람은 아마추어이고, 우리는 그냥 일어나서 일을 하러 간다."라는 표현 그대로, 평생 꾸준히 책을 썼기 때문이다. 로스는 2010년 10월에 발표와 동시에 절필을 선언한 『네메시스』까지, 41년간 대략 삼십 권의 중장편 소설과 에세이를 출판했다! 작가적 분신인 네이션 주커만을 내세운 아홉 권, 실명인 로스를 화자로 여섯 권, 관능 탐구자로서의 분신 데이빗 캐피시 소설 세 권, 네메시스를 다룬 소설 네 권, 그리고 딱히 분류가 어려운 책이 여덟 권이다. 비영

리출판사 '라이브러리 오브 아메리카'는 2005년부터 2013년에 걸쳐 로스 작품 전집을 출판하기도 했다. 당시 살아 있던 작가의 전집을 발간하기는 처음이었다. 이토록 필립 로스는 이견 없는 미국의 대표 소설가다. 이름 자체가 브랜드인, 성공한 소설가인 셈이다.

『에브리맨』에는 육체적으로나 도덕적으로 건강하고 게다가 부자이기까지 한 형과 그 두 가지 모두 썩 변변치 않은 동생이 등장한다. 소설 첫 장면부터가 동생의 장례식이다. 주인공인 동생은 작품 끝까지 이름이 나오지 않는다. 로스는 이런 방법으로 그를 보통 남자 '에브리맨'으로 만들기에, 독자를 그에게 감정이입시키기에 성공한다. 하여튼 영악한 소설가라니까. 주인공은 광고업이라는 직업상 접하게 되는 많은 모델의 육체를 끊임없이 탐했었다. 모델뿐이랴. 사무실 바닥에 엎드린 여비서 머리를 붙들고 바지 지퍼만 내려 뒤에서 밀어 넣곤 하다가 상사에게 걸리기도 했다. 그나저나, 왜 허리나 엉덩이가 아니고 머리일까? 로스 소설은 늘 내게 자세를 연구하게 한다. 『죽어가는 짐승』에서 침대 장면이 그랬듯이 말이다.

에브리맨도 한창때가 어느덧 지나고, 늙고 병들어 걸어 다니는 종합 병동이 된 그는 이제 홀로 남겨진다. 착한 딸이 근처에 산다는 게 위로라면 위로였다.

에브리맨은 더는 남성 육체가 반응하지 않는 나이에 이르러서도 끓어오르는 욕망, 즉 "모든 것과 바꾸어도 좋을 만한 구멍"의 끌림에서 벗어나지를 못한다. 그래서 여러 '구멍'을 찾아

헤맨다. 이혼만 따져도 세 번에 혼외 연애는 셀 수조차 없다. 제임스 설터의 마지막 소설 『올 댓 이즈』에 등장하는 남자들과 비슷하다. 소설마다 그려 내는 모습이 비슷한 걸 보면, 어쩌면 남자가 권력과 돈에 집착하는 궁극적인 이유는 좀 더 많은 혹은 좀 더 아름다운 여자와 섹스하기 위해서는 아닐까 싶다. 이성으로 억제 불가능한 페니스의 목마름. 어느 남성 독자는 이것이 바로 소위 '수컷으로 사는 괴로움'이라 하던데, 암컷인 내가 그걸 어찌 알까? 아마 수컷들끼리는 깊이 공감하는 모양이다. 작가도 에브리맨의 두 번째 부인 피비의 대사로, 원문에 강조까지 해 가며 이렇게 말했으니.

남자는 없으면 살 수가 없거든.

무엇이? "남자는 숟가락 들 힘만 있어도 그것을 생각한다."라는 문장에서의 '그것'이리라. 『에브리맨』 135쪽에서 시작되는 장면을 여기 잠시 소개한다. 70대 환자 에브리맨은 조깅하는 20대 후반 여성에게 매일 손을 흔들어 주곤 했다. 어느 날은 그가 손인사 대신 그녀를 세워 말을 건다. "조깅하는 걸 몇 번 봤어요." 숨 쉴 때마다 오르내리는 그녀의 부푼 가슴을 보지 않으려 그가 얼마나 노력했던가! "미치지 않으려면 그 굶주림 자체를 없애야 했다." 그녀는 의외로 친절히 대답한다. 그는 일말의 희망을 느꼈다. "저를 보는 걸 봤어요." 그러자 에브리맨이 느닷없이 묻는다. "할 마음 있어요?" 여자가 묻는다. "뭘 생각하시는 건데요?" 두근거리는 심장으로 에브리맨은 최선을 다한다. 종이를 꺼내 전화번호를 적어 건네준 것이다. 뜻밖에도 그녀가 미소를 지으며 메모를 받자 그의 몸이 곧바로 격렬히 반응했다. "마치 열다섯 살짜리처럼 바지 안이 믿을 수 없을 정도로, 마법에 걸린 듯 빠르게 단단해지는 걸 느꼈다." 그녀는 땀에 젖은 탱크 탑 안에 메모를 쑤셔 넣고 손을 흔들고는 조깅을 계속한다. 그녀가 "어디에서 날 찾으면 되는지는 아실 테니."라며 여운을 남겼지만, 이후로 연락하지도 않았고, 조깅 코스도 바꿔 버렸다. 당연한 거 아닌가. 낯선 남자가, 그것도 할아버지뻘 되는 남자가 주소랑 전화번호 주면서 끈적한 미소를 보내면 나라도 그러겠다. 아니, 나라면 애초에 아는 척도 안 했다. 무용한 기대감을 주는 건 잔인하다. 위험하기도 하다.

  모든 남성 독자들이 100퍼센트 아니 백만 퍼센트 공감한다는 위 장면과 달리, 나는 조깅하는 남자의 흔들리는 엉덩이나 탄탄한 허벅지를 봐도 욕망이 일지 않는다. 솔직히 내가 언제 성욕이 일고 짐승이 되는지 딱히 분석해 본 적도 없었다. 내가 둔감해서일까, 아니면 여성은 모름지기 육체성에 골몰해선 안 된다는 사회 문화 때문일까? 다른 여성분들은 어떨까? 다른 여성의 성욕이 어떤지 나는 들어 본 적이 없다. 읽어 본 적도 거의 없다. 이상한 일이다. 왜 여자의 단골 대화 주제는 섹스가 아닌 걸까? 왜 여자는 남자만큼이나 섹스에 열광하지 않는 걸까? 섹스는 대개 여성과 남성이 같이하는 행위인데, 어째서 관심도는 이토록 편파적일까? 진화심리학자들의 말처럼 수컷이 '씨를 뿌리는' 쪽이라서 다다익선이 정당화되나? 수컷은 좋겠다. 욕망에 솔직해도 남성중심 사회 안에서는 모두 다 허용되니까! 그러니 늙은 남자의 성욕에 관해 쓴 소설이 그렇게나 많은 거다. 필립 로스, 제임스 설터, 다니자키 준이치로 등등, 이루 셀 수조차 없다. 하긴, 남성의 성욕이 배제된 소설이란 게 과연 존재하기나 하던가?

퇴직 후에 그림 교실을 연 에브리맨은 그와 나이가 비슷하거나 연상인 제자들을 많이 만난다. 그림 자체보다는 그저 다른 사람들과 만족스럽게 접촉할 방법을 찾는, "의학적 정보 교환이 다른 모든 일을 밀쳐 내는" 노년들이다. 수술을 세 번 했어도 치료되지 않은 질병과 통증에 괴로워하는 제자 밀리선트 크레이머를 보며 에브리맨은 이렇게 생각한다. '젊을 때는 중요한 게 몸의 외부지. 겉으로 어떻게 보이느냐 하는 거야. 하지만 나이가 들면 중요한 건 내부야. 어떻게 보이느냐 하는 데는 관심을 갖지 않아.' 밀리선트는 창피하다며 흐느낀다. "자신을 돌볼 수 없다는 거, 궁상맞게 위로를 받아야 한다는 거. (중략) 의존, 무력감, 고립, 두려움…. 그게 다 무섭고 창피해요. 통증이 있으면 자신을 겁내게 돼요. 그 완전한 이질감이 정말 끔찍해요." 그녀는 결국 수면제를 잔뜩 먹고 자살하고 만다.

보통 남자 에브리맨이 그녀가 말한 이질감을 절실히 느낀 건 그가 걸어 다니는 종합 병동 수준이 되고 나서였다. 그는 죽음을 눈앞에 두고서야 비로소 철학자가 된다. 이렇게.

모든 사람에게 그렇듯이 자신에게도 삶이 우연히, 예기치 않게 주어졌으며, 그것도 한 번만 주어졌으며, 거기에는 알려진 혹은 알 수 있는 이유가 없다는 사실을 떠올리지 않을 수 없었다.

그에게 노년은 "가장 약하고 예전처럼 투지를 불태우는 게 가장 어려울 때 전장에 내던져진 가차 없는 전투", 심지어 "노년은 전투가 아니다. 노년은 대학살"이다. 그는 한탄한다. 늙음이란 이런 것이라고. "목적 없는 낮과 불확실한 밤과 신체적 쇠약을 무력하게 견디는 일과 말기에 이른 슬픔과 아무것도 아닌 것을 기다리고 또 기다리는 일. 결국 이렇게 되는 거야. (중략) 이거야 미리 알 도리가 없는 거지."

여기서 가장 무서운 대목은 바로 '미리 알 도리가 없다'는 것! 우리 모두는, 인생을 처음 산다. 첫 돌, 첫 성년, 첫 '계란 한 판', 마흔도, 쉰도, 환갑도, 모두 처음이다. 우리 중 몇몇은 100살 이상도 살 터이다. 그러나 한 세기를 산다 한들 100세 되는 건 난생 처음이 아닌가! 만일 다음 생이란 게 있어서 이번 생의 잘못을 모두 수정할 수만 있다면 얼마나 좋을까. 하지만 누구나 마음 깊은 곳에서 알고 있듯, 다음 생이란 건 없다. 사체가 썩어서 원소로 분해되었다가 다른 생명체로 재조립되는 형태의 물질 순환은 일어날지언정, 그걸 다음 생이라 부르기는 어렵지 않나.

한 권 두 권 읽다 보니 작가 로스의 팬이 된 나는 소재 출처를 찾아 뒤적거리기도 했다. 자서전 『사실들』을 보면 로스의 형이 광고업자이자 화가였다고 적혀 있다. 『에브리맨』화자와 얼추 겹치는 면이 없지 않다. 형의 개인적인 인생사는 자서전에 없지만, 로스 본인이 이런저런 병으로 입원하고 생사를 오간 이야기들은 있다. 그렇다면 수많은 '구멍'에 끌린 남자는 어느 쪽일까? 확신할 수는 없다. 단지 내가 아는 것은 작가 필립 로스의 첫 결혼은 더 나쁘기가 어려울 정도로, 정말이지 소설처럼 시작해서 소설보다 더 소설같이 끌려다니다 한순간에 끝장난 안 좋은 인연이고, 두 번째 결혼도 썩 동화 같지는 않더라는 것뿐이다. 하긴, 소설은 사실을 재료로 온갖 양념을 버무린 결과물인지라 소시지로부터 돼지의 특정 부위를 유추하긴 어려운 법이다. 잘 쓴 소설일수록 더더욱 그렇다.

   로스는 2018년 5월, 85세에 심장 마비로 사망했다. "내세를 믿지 않고, 신은 허구이며 지금 이것이 자신의 유일한 삶이라는 사실을 의심의 여지없이 믿고 있는 사람"이었을 그는 산보하듯 가볍게 떠났으리라. "죽음은 죽음일 뿐이다. 그 이상이 아니다."이니까. 그는 과연 독자들에게 노년과 죽음에 관해 무슨 말을 남기고 싶었을까. 에브리맨이 딸 낸시에게 남긴 말, 그리고 낸시가 그의 장례식에서 되풀이했던 이 말이 아닐까.

"현실을 다시 만드는 건 불가능해. (중략) 그냥 오는 대로 받아들여. 버티고 서서 오는 대로 받아들여라. 다른 방법이 없어."

완전한 평등, 죽음

나이 듦은 성별을 가리지 않는다. 죽음도 마찬가지다. "턱과 눈은 개조할 수 있지만, 운명과 죽음은 고칠 수 없다."라고 에리카 종이 『내가 두렵다』에 썼듯, 서머싯 몸도 『인간의 굴레』에 이렇게 썼다. "인간은 태어나서, 고생하다, 죽는다."

아픈, 하지만 절대 부정할 수 없는 문장이다. 사실 나는 처음 저 문장을 읽었을 때 푸헉, 하고 웃고 말았다. 인생이란 무엇이냐며 내심 심각한 표정으로 온갖 책을 뒤적거리던 내가 우습게 느껴졌다. 인생이란 게 언뜻 거창해 보여도 한 줄 요약하면 그저 저 문장이 아니던가. 누구의 인생이든 말이다.

단지 죽음까지 가는 과정 동안 무엇을 어떻게 하고 지냈느냐가 소소하게 다를 뿐, 한 발짝 떨어져 바라보면 인생은 웃프기만 한, 블랙 코미디다. 때로는 애잔하고, 때로는 가슴 뛰고, 때로는 행복하지만, 결국에는 무로 돌아가며 끝나게 되어 있는, 결말이 정해진 드라마다.

그렇다. 태어난 모든 것은 죽는다. 신생아가 죽음을 향해 달려가는 경기가 바로 인생이다. 글을 쓰는 나도, 이 글을 읽는 독자도, 우리는 지금 탄생과 죽음 사이 어딘가에 있다. 죽음, 모두가 생명 없는 고기와 뼈로 돌아갈 뿐인 그 순간 말이다. 슬퍼할 일도 아니다. 원래 그러기로 되어 있으니 말이다. 게다가 덤이 있다. 죽음만큼은 비로소 모든 인간에게 동등해지는 때, 민주주의 사회에서 모두가 그토록 갈구하던 평등이라는 게 비로소 실현되는 순간이라는 것.

　며칠 전 나는 수십 년 만에 다시 펼쳐 든 책 사이에서 메모지를 한 장 발견했다. 빨간 색종이를 사 분의 일 크기로 자른 종이 위에 익숙한 글씨체로 두 문장이 적혀 있었다. 어렴풋이 기억이 났다. 20살의 내가 남긴, 수신인이 정해지지 않은 쪽지에 적힌 문장을 이곳에 옮겨 본다.

불현듯 시작된 인생이 별안간 끝나는 건 당연하다. 대체 어느 대목에서 슬프거나 놀라야 한다는 건가?

예술가로
산다는 것은

서머싯 몸 『달과 6펜스』

예술가는 물거울에서 세계의 고뇌를 보는 자, 거울에 비친 환영을 꿈으로 꾸는 자, 혹은 자신이 세계의 거울임을 깨닫는 자이다. 그것이 바로 예술가의 운명이다.

- 김운하 『나는 나의 밤을 떠나지 않는다』

중학교 1학년 여름 방학 오후, 광화문의 한 서점. 소설 몇 쪽을 읽다가 말고 주황색 공중전화로 달려가 20원을 넣고 집에 전화했던 기억이 아직도 생생하다.

"엄마, 집에 이 책 있어요? 『달과 6펜스』?"

"거기 어딘데? 언제 나갔어? 얼른 안 돌아오고 왜 전화야?"

"책방인데요, 금방 갈게요. 집에 『달과 6펜스』 있냐고요."

"집에 뭐가 있냐고? '달과 6켄스'?"

"아뇨, 숫자 6이랑 펜. 스. 영국 돈 펜스."

"책 제목이 뭐 그래? 누가 쓴 건데?"

"제목이요? 그러게요. 읽어 봐야 알겠죠. 작가는… 잠깐만요. 모옴이래요. 서머싯 모옴."

"소설이냐? 집에 그 책 없다."

"그럼 사 갈게요."

"빨리 와서 저녁 먹어라."

  소설에는 도통 관심이 없는 엄마 때문에 집에는 온통 종교 서적과 에세이뿐이니, 전화 문의는 사실 필요가 없었다. 몰래 빠져나왔다가 늦게 귀가하는 걸 정당화하느라 질문을 던졌을 뿐이지. 당시 내 일주일 치 용돈을 모두 털어 책을 모셔 온 날, 나는 밤을 새우고 말았다. '도저히 몇 페이지만 읽다가 덮을 수가 없어 당장 사 버린' 첫 소설인 셈이다. 하지만 『달과 6펜스』는 당시 내가 알지 못했던 무언가를 잔뜩 쏟아 놓았고, 내 머릿속에는 정리되지 못한 모호함으로만 남았기에 독서 노트에 기록을 남기지 못했다. 당시 내가 화가 고갱의 그림을 별로 좋아하지 않았던 탓도 크리라. 그해 겨울인지 혹은 다음 해 여름인지, 도서관 책장을 뒤지던 나는 같은 작가를 다시 만났다. 『인간의 굴레』. 이번에는 어린 마음에 뭐가 그리 좋았는지 두 번 읽고 읽을 때마다 다른 독후감을 써 두기까지 했다. 인생을 양탄자에 비유한 표현은 지금까지도 내 뇌리에서 사라지지 않으니 어지간히도 내 마음에 들었던 소설인 게다. 서머싯 몸과 내 인연은 그때부터였다.

30년 만의 재회, 서머싯 몸

세월이 흘렀다. 직업을 찾고 직장에 다니느라 소설과는 거리가 먼 삶을 살던 나. 먼지가 풀풀 쌓인 기억 창고 속 이름 서머싯 몸이 내게 다시 다가온 것은 2018년 봄, 『불멸의 작가, 위대한 상상력』이라는 책이 눈에 띄면서부터였다. '모옴'으로 기억된 이름이 '몸'이 되어 다소 낯설었지만 같은 작가가 맞았다. 즐겁게 읽고 나니 이번에는 『달과 6펜스』를 다시 읽고 싶어졌다. 내 인생 최초로 구매했던 소설이니 일부러 그때와 같은 서점에서 기념 사진까지 찍으며 재구매했다. 값은 9천 원이었다. 30년 만이니 백 원짜리 아이스크림이 천이백 원이 되는 동안 책값은 고작 다섯 배 오른 셈이다. 이러니 작가들이 먹고살기가 힘든 거다. "인간의 영혼은 위장에 뿌리를 내리고 있다. 어찌 됐든 인간은 동전 한 푼짜리 막대사탕보다는 고급 비프스테이크를 먹고 0.5리터 위스키를 마신 다음에야 훨씬 더 글을 잘 쓸 수 있다. 궁핍한 예술가라는 신화는 새빨간 거짓말이다."라던 찰스 부코스키의 외침이 들리는 듯하다.

추억에 젖어 책을 펼친 지 30분쯤 지났을까.

충격이었다. 난 이런 책을 읽은 기억이 없다. 내 어렴풋한 기억으로는 화가 고갱 이야기가 지루하게 이어지고, 무슨 소린지 잘 모르겠는 말들이 이리저리 뒤섞인 소설이었다. 30년 만에 다시 읽은 『달과 6펜스』는 내 기억과는 달라도 너무 다른 작품이었다. 내가 지금 읽고 있는 이 책을 내가 전에도 읽은 적이 있단 말인가? 예술지상주의라는 낡은 주제를 이렇게나 극적으로 풀어내다니.

서머싯 몸은 1874년 출생한 영국 작가다. 대사관에서 일하던 아버지 덕분에 프랑스에서 태어났고, 그가 91세에 사망한 장소도 프랑스 니스지만, 모든 소설과 극본은 영어로 썼다. 이력도 독특하다. 의과 대학 졸업생에 제1차 세계 대전 때는 군의관이나 스파이로도 활동했는데, 어쩌면 소설 소재를 모으느라 일부러 다양한 경험을 쌓았을지도 모르겠다.

그가 23세 때 발표한 자연주의적 첫 소설 『램버스의 라이자』는 의대생으로 경험한 런던 남부 슬럼가 램버스에 사는 노동자들 이야기가 소재였고, 대표작 『인간의 굴레』는 자신의 청소년기가 녹아 있는 자전적 소설이다. 아마 그랬기에 청소년기의 내 마음에 깊이 와닿았나 보다. 몸은 40세인 1914년에는 이미 10편의 극본과 10편의 소설을 펴낸 유명 작가로 대중의 인기를 누리고 있었다. 화가 고갱의 삶에서 아이디어를 얻은 『달과 6펜스』, 『면도날』을 비롯해 많은 단편과 극작품을 남겼다.

너무 쉽게 풀어 썼기 때문인지, 그의 소설은 노벨 문학상 수상 목록에는 없다. 주석이 주렁주렁 달려야만 간신히 이해될 정도로 난해하거나 번역이 불가할 만큼 창조적인 언어로 써지지도 않았기 때문인지, 학계의 관심이 없었던가 보다. 그는 극작가답게 적절히 극적인 장면을 배치해 가며 쉬운 언어로 재미있게 이야기를 풀어낸다. 대중의 사랑을 받기에 좋은 조건이다. 그렇다고 잠깐 잘 팔리고 잊히는 통속 소설이라고 치부하기에는 몸의 책은 독특하다. 술술 읽히는 '쉬운' 책인데도 다시 읽으면 새롭게 읽힌다. 한 번 읽으면 다시 읽고 싶지 않게 질려 버리는 흔한 소설들과는 차원이 다르다. 남들이 고전으로 쳐주지 않으면 어떠랴, 내게 겹겹의 이야기를 수없이 들려주는 책이면 됐지. 30년 만에 다시 읽어도 여전히 재미있게 읽히는 소설을 쓸 수 있는 작가는 결코 흔하지 않다. 이렇게나 소설 형식에 충실한 소설을 쓰는 작가도 드물다.

절대 닿을 수 없는 달과 손바닥 위의 6펜스

나는 이번에야 비로소 『달과 6펜스』를 읽었다는 기분이 든다. 이 책은 10대 때 내가 생각했던 고갱 위인전이 전혀 아니었다. 고갱은 없었다. 대신 고갱을 모델로 한 화가 캐릭터 스트릭랜드를 등장시켜 예술과 예술가에 대한 몸의 생각을 이 소설에 녹여 내었다.

스트릭랜드는 '달'로 상징되는 예술을 위해 '6펜스'인 현실 물질 세계를 완전히 포기했다. 심지어 가족까지도. 왜냐고 묻는 자들에게 그는 이렇게 대답한다. "그림이 그리고 싶어서." 그는 예술의 광기에 완전히 사로잡혀 아무 생각을 할 수 없는 상태다. 먹는 것, 입는 것, 사회 규범, 도덕, 의리 등 모든 것이 무용하다.

자기 목숨까지도. 그리고 결국에는 누구에게나 단번에 "천재다"라는 탄성이 나오는 작품을 남긴다. 인생 경로에서 고갱과 비슷한 면이 있지만, 스트릭랜드는 실존 화가 고갱이 아니라 몸이 이상화한 예술가다.

"사회라는 유기체의 일부로서 그 안에서 그것에 의지해서만 살아가는", "흐릿한 그림자 같은" 사람들은 결코 보지 못하는 것들. 그 아름다움을, 흉함을, 다름을 포착하여 문자든 그림이든 조각이든 형상화하는 마법사인 예술가들. 그들은 왜 예술을 하며 대체 어떤 확신을 가지고 시작하게 되는 걸까? 화자의 대사다. "전 이런 생각을 합니다. 무인도에서도 글을 쓸 수 있을까 하고요. 제가 쓴 글을 저밖에는 읽을 사람이 없는 게 확실하다면 말입니다." 이 책에는 이런 화두들로 가득하다. 예술가라면 평생 끌고 다니게 된다는, 자신의 재능에 대한 회의. 당장 재물로 환원되지 않는 헌신이 과연 가치가 있기는 한지마저도 되물어야 하는 한계 상황의 되풀이. 화자는 촌철살인의 질문을 스트릭랜드에게 던진다.

"잘해야 삼류 이상은 되지 못한다고 해 봐요. 그걸 위해서 모든 것을 포기할 가치가 있겠습니까?"

내게는 이 질문이 이 소설을 통틀어 가장 가슴 깊이 박히고 또 기억되는 문장이다. 아프다. 많이 아프다. 예술 지망자에게 이보다 더 잔혹한 질문이 또 있을까? 모든 것을 버리고 선택한 예술가의 길에서 수십 년을 애쓴 끝에 도달한 결론이 "고작 이런 수준이라니. 나는 재능이 없었어"일 수도 있다는, 지극히 합리적인 추론. 그렇지 않으리라는 보장은 전혀 없다. 과연 '정상적인 삶'을, 즉 남들이 다들 좋다던 안정된 직장과 화목한 가정과 원만한 인간관계 같은, 왠지 따뜻하고 편안해 보이는 그것들을 모두 포기할 가치가 있을까? 죽는 순간에 이 선택을 후회하지 않을 자신이 있나? 책 속에는 화가 스트릭랜드의 대답이 있다.

"나는 그림을 그려야 한다지 않소. 그리지 않고서는 못 배기겠단 말이오. 물에 빠진 사람한테 헤엄을 잘 치고 못 치고가 문제겠소? 우선 헤어 나오는 게 중요하지. 그렇지 않으면 빠져 죽어요."

이렇다면 이건 또 다른 한계 상황이다. 표현하지 않으면 존재의 의미가 없을 것 같은 기분을 계속 느끼며 산다는 것, 예술가로 산다는 건 과연 어떤 느낌일까. 그런 예술가에게 먹고사는 문제가 과연 문제이기는 할까? 몸은 자신이 이상화한 예술가 스트릭랜드의 입을 빌어 예술가에게 목숨은 중요하지 않다고, 세속적인 도덕 가치도, 심지어 사랑조차 중요하지 않다고 말한다.

"연애도 하고 예술도 할 만큼 인생이 길진 않소."

이건 너무 숭고하다. 혹시 예술 작품을 위해서라면 모든 것이 희생되어야 한다는 극단적 유미주의는 어쩌면 세기말의 낭만이

강하게 작용한 것은 아닐까. 예술가가 되려면 예술에 인생을 바친 수도승이라도 되어야 한단 말인가. 마치 "나는 문학에 관심이 있는 것이 아니라 문학으로 만들어져 있으며, 다른 그 무엇도 아니고 다른 그 무엇도 될 수 없다"던, 그리고 실제로 그렇게 살아간 프란츠 카프카처럼?

여기서 잠깐! 서머싯 몸은 그렇게 안 살았다! 수도승은 무슨! 그는 평생에 걸쳐 열심히, 정말 열심히, 어쩌면 창작 활동보다도 더 열심히, 연애했다. 싱글일 때도, 기혼일 때도, 여자하고도, 남자하고도. 그가 단 한 번 했던 결혼마저도 대단히 소설적인데, 여기서 잠시 살펴보자.

1915년, 몸은 제약 회사 사장 헨리 웰컴 경(귀족이자 이름 뒤에 영국 왕립학회원^{FRS}까지 붙는 영국 고위 저명인사)의 부인 시리와 혼외 연애 끝에 딸을 낳았다! 그동안 아내의 외도를 짐짓 못 본 척해 온 웰컴 경도 이번만큼은 도저히 참아 줄 수가 없었는지 법원에 이혼 소송을 내 버렸다. 아마도 귀족이다 보니 상속 문제 때문이었을지도 모른다. 소송에서 서머싯 몸이 공동 응답자로 설정되는 바람에, 웰컴 경 부인이자 유명 인테리어 예술가인 시리 씨가 이번에 낳은 딸의 생부가 누구인지를 누구라도 알게 되었다. 당연하게도 당시 언론은 이 재미있는 가십거리 - 귀족, 작가, 예술가가 얽힌 삼각관계 - 를 대대적으로 홍보했고, 몸은 또 다른 의미로 명성을 얻고 말았다.

2년 뒤, 결국 몸은 외동딸 엘리자베스(애칭은 리자. 몸의 첫 소설 주인공 이름을 따서)의 엄마 시리와 결혼했다. 몸으로서는 처음이자 마지막 결혼이었다. 모두의 예상대로 이 결혼은 행복하지 않았고, 13년 후에 이혼이라는 흔한 결론으로 끝이 났다. 심지어 몸은 1962년에 딸 리자를 상대로 친자 불인정 소송까지 냈지만, 장장 21개월에 걸친 영국-프랑스 법원의 소송에 패소해서 딸에게 현금을 포함해 프랑스의 대저택과 일부 작품들의 저작권을 물려줘야 했다.

몸은 결혼 후에도 배우자 아닌 다른 남녀들과 연애를 즐겼다. 양성애자였던 몸은 말년으로 갈수록 동성애자로 굳어졌다고 알려져 있다. 몸이 조카에게 들려줬다는, "나는 내가 4분의 3은 정상, 나머지 4분의 1만 퀴어라고 스스로를 설득하려 노력했다"라는 말은 유명하다. 아마 그런 이유로 몸이 프랑스에 살았으리라. 프랑스는 사랑에 관해 비교적 관대하니까.

이런 인생을 살아 놓고선 어딜 봐서 "연애도 하고 예술도 할 만큼 인생이 길진 않소."란 말인가. 자기는 할 것 안 할 것 다 하고 살았으면서. 하여튼 있는 사람들이 더하다더니. 책을 통해 작가를 그려 내고 기대하면 안 된다. 거의 반드시 실망한다. 특히 소설가만큼이나 책과 인생 간의 괴리가 넓고도 깊은 직업군도 드무니 말이다.

작가, 예술가

한편 몸은 『달과 6펜스』에서 창작 과정에 무엇을 느끼는지, 어떤 직업인지를 작가로 설정한 화자를 통해 이야기했다. "작가들은 인생을 게임하듯 살았고", "인생을 소설 쓰는 기회 이상으로 보지 않았고 대중을 소설의 소재로 보았"으며, "작가는 판단하기보다 알고자 하는 데 관심이 더 많은 사람"이라고. 작가가 어때야 하는지는 더 직접적으로 썼다. "작가란 글 쓰는 즐거움과 생각의 짐을 벗어 버리는 데서 보람을 찾아야 할 뿐, 다른 것에는 무관심하여야 하며, 칭찬이나 비난, 성공이나 실패에는 아랑곳하지 말아야 한다는 것이다." 정작 서머싯 몸이 생전에 부와 명예와 이성애인들 및 동성애인들까지 다 가진 성공한 작가였음을 기억하면 위 문장이 힘이 좀 빠지지만, 그가 틀린 말을 했다는 생각은 들지 않는다. 어쩌면 다음 문장이야말로 그가 의학을 버리고 문학을 선택한 솔직한 이유일지 모른다. "내가 나 자신의 즐거움 아닌 다른 어떤 것을 위해 글을 쓴다면 정말 세상에 둘도 없는 바보가 아니겠는가."

글쓰기의 즐거움에 빠져드는 게 아마도 작가가 되는 유일한 방법일 거다. 둘째가라면 서러울 정도로 배고픈 젊은 시절을 보냈기로 유명한, '100달러 작가' 찰스 부코스키. 가끔 주어지는 일용직으로만 근근이 생계를 유지하면서도 글쓰기를 멈추지 않던 어느 날, 한 출판사로부터 매달 100달러씩 월급을 받으며 책을 쓰라는 제안을 받았다. 결코 많다고 할 수 없는 액수지만 그는 망설임도 없이 곧바로 전업 작가로 전향했다. 그렇게 글쓰기에 몰두해서 바로 다음 해부터 장편 소설『우체국』을 출간했던 부코스키는 훗날 유명 대중 작가가 된 후에 쓴 소설에서 이런 말을 남겼다.

나는 미쳤었지만, 미치는 것에도 여러 종류가 있었고, 어떤 건 무척 즐거웠다. 나는 쫄쫄 굶었기에 글 쓸 시간이 있었다. 그러노라면 달리 할 일이 없다. (중략) 나는 미쳤었고, 그 사실을 알았지만, 신경 쓰지 않았다.

- 찰스 부코스키『할리우드』

그가 '미친' 이유, 살아가는 이유와 의미는 말년에 남긴 마지막 에세이에 적혀 있다. "과거는 아무 의미가 없었다. 명성도 아무 의미가 없었다. 중요한 건 오직 다음 줄이었다. 다음 줄이 풀려나오지 않는다면, 기술적으론 비록 살아 있다 할지라도, 난 죽은 사람이었다."

예술가는 단순히 '미치기'만으로 될 수 있는 건 아니다. 급속도로 사랑에 빠졌다가도 어느새 시들해지는 게 인간이니, 강렬한 시작보다도 꾸준한 지속이 더 중요하리라. 남은 생에서 추구할 결의와 행동, 김운하 작가는 이것을 '내적 운명'이라 이름 붙였다. 사주팔자에 써진 운명이 아니라 "세계에 대한 깊은 인식과 자기성찰에서 우러나온 내적 확신과 결단의 운명"이자 "자기가 가야만 하고, 가지 않을 수 없는 길에 대한 확인이며, 그것에 대한 절대적 복종"으로서의 운명이다.

이 세계와 시대, 그리고 나 자신의 삶에 관한 숙고 속에서 내가 한 권의 책을 발견했을 때, 나는 나 자신의 운명을 내적으로 발견한 것이었다. (중략) 운명이 운명인 것은, 행불행을 초월하는 데 그 본질적인 특징이 있기 때문이다. 운명에는 오직 운명 그 자체를 사랑할 의무만 따를 뿐이다. 비록 그 운명이 덫과 함정에 불과할지라도.

- 김운하 『나는 나의 밤을 떠나지 않는다』

이것이 바로 『달과 6펜스』에서 던진 "잘해야 삼류 이상은 되지 못한다고 해 봐요. 그걸 위해서 모든 것을 포기할 가치가 있겠습니까?"에 관한 대답이다. 이 얼마나 잔혹한가. 비록 덫과 함정에 불과할지라도 오직 사랑하고 따라야 할 의무만 있다니. 그러니까 운명이라 부른다니.

예술가의 첫 번째 조건은 용기일지도 모른다.

21세기 예술?

오늘날 예술이란 과연 무엇일까. 어느 냉소적인 작가 말대로, "기존과 다른 그 무엇을 만들려 몸부림쳐 보지만 결국 고만고만하게 무의미한, 예술가라 불리는 직업인들이 만들어 놓은 배설물"에 불과한 걸까?

『달과 6펜스』에는 주인공 외에 다른 예술가도 나온다. 천재를 알아보는 심미안을 가진 대중화가 스트로브와 현실에 단단히 발을 딛고 있는 작가인 화자다. 상업적으로 성공한 대중 화가 스트로브는 이렇게 말한다. "아름다움이란 예술가가 온갖 영혼의 고통을 겪어 가면서 이 세상의 혼돈에서 만들어 내는, 경이롭고 신비한 것이야. (중략) 예술가가 들려주는 건 하나의 멜로디인데, 그것을 우리 가슴 속에서 다시 들을 수 있으려면 지식과 감수성과 상상력을 가지고 있어야 해."

소설이 출판된 102년 전 유럽, 예술지상주의가 살아 있던 시절에 예술 중심지에서의 외침이다. 1919년은 상해에 대한민국 임시정부가 수립된 해다. 그 후로도 우리는 독립운동, 해방, 전쟁, 독재, 민주 투쟁을 거치며 과정마다 많은 피를 흘려야 했다. 이 땅에서는 민주주의라는 신생아를 먹이느라 예술은, 특히 예술지상주의는 자랄 틈이 없었던 것 같다. 적어도 여태까지는 말이다. 내 미천한 독서력으로는 김동인의 〈광염 소나타〉가 내가 유일하게 기억하는 유미주의 한국 소설이다.

그렇다면 예술과 사회의 적당한 거리는 어느 정도일까. 예술이 사회 문제에 밀착해 버리면 자칫 사회를 변혁시키려는 도구, 그것도 썩 쓸모 있지는 못한 도구로 전락하기 십상이다. 반대로 사회로부터 시선을 완전히 돌려 버린다면 소위 '예술만을 위한 예술'이 되어 의미 없기는 매한가지이리라. 『자살금지법』에서 김운하 작가는 이렇게 썼다. "만약 이 세계의 고통으로부터 완전히 눈을 돌릴 수 있는 예술이란 것이 가능하다면, 그것은 예술이라기보다는 차라리 환한 대낮에 지쳐 빠져드는 공허한 낮꿈에 불과할 것이다. 예술이란 현실로부터 가장 멀리 떨어져 있을 때조차 그 시선을 현실로 향하고 있는 자의 깊은 고뇌일 터이니."

"500유로 이상짜리 화폐는 화가들이 그리고 있다"라는 말이 풍자 아닌 진실인 이 시대에 예술에 인생을 바치겠다는 작가들의 외침은 공허하게 울릴지도 모른다. 『달과 6펜스』에서도 스트릭랜드는 끼니도 못 때울 지경으로 가난한 반면, 대중화가 스트로브는 예술가 여럿을 먹여 살릴 정도로 재력이 있다. 현실은 그보다 더하면 더했지 덜하진 않다. 하긴, 그렇지 않았던 시대가 언제 있기는 했던가? 시대를 앞선 예술가들은 당대에 인정받지 못하고 아사 직전일 지경으로 가난하곤 했다. 그러나 오랜 시간이 지난 후, 기억되고 다시 찾아지고 예술가로 남는 자는 '스트로브'가 아니라 '스트릭랜드'였다. 적어도 지금까지는 그랬다. 젊은 시절 배고팠던 작가 부코스키도 마지막 저서에서 요즘 작가들 작품에 관해 이렇게 한탄했다.

완급 조절이 없다. 눈이 번쩍 뜨이거나 참신한 것도 없다. 도박끼도 불꽃도 활력도 없다. 그들은 뭘 하고 있는 걸까? 고역을 치른 것 같아 보인다. 작가들이 대개 글쓰기가 고통스럽다고 하는 건 놀랄 일이 아니다. 왜 그러는지 이해할 수 있다. (중략) (권투와 마찬가지로) 작가에게도 기회는 단 한 번 오고, 그걸로 끝이다. 기회를 살려 제대로 쓰지 못하면 남는 건 종잇장들뿐이니, 차라리 그걸로 연기나 피우는 게 낫다.

- 찰스 부코스키『죽음을 주머니에 넣고』

숭고미는 사라진 지 오래고 상업적 가격과 예술적 가치가 동의어라도 되는 양 혼용되는 오늘날, 예술은 어디에서 의미를 찾아야 할까. 가격은 가치와 다르다. 생존 미술가 경매 사상 최고가에 팔린 제프 쿤스의 〈풍선개〉가 후세에 과연 예술품으로 기록될지, 혹은 돈세탁 매개체로 해석될지는 두고 볼 일이다.

개인적으로 나는 과연 인류가 수백 년 뒤에도 존속할 수 있을지가 의심스럽다. 요즘처럼 기후 변화가 심각했던 때는 없었고, 시간이 지날수록 생태 악화는 가속되고 있다. 예술은 인간의 마음은 위로해 줄 수 있어도 지구 환경은 치료해 주지 못한다. 21세기 예술품의 생명은 언제까지일까. 그럼에도 불구하고 예술가는 창작을 지속해야 하리라. "비록 그 운명이 덫과 함정에 불과할지라도."

단 한 번,
그리고 웃픈 블랙 코미디

밀란 쿤데라 『참을 수 없는 존재의 가벼움』

"인간이란 제 다리 사이에 달린 것을 통해서만 배움을 얻을 수 있다니! 아, 그 짧디짧은 몽당추여! 그 몽당추의 근면성실함으로 우리는 피할 길 없는 죽음을 타락시키죠."

- 주나 반스 『나이트우드』

밀란 쿤데라. 언제 어느 때 노벨 문학상 수상자로 선정된들 아무도 놀라지 않고, 오히려 "아직 안 받았던가?" 하며 독자들 머리를 갸우뚱하게 할 작가. 그의 대표작으로 꼽히는 장편 소설에 『참을 수 없는 존재의 가벼움』이 있다.

이 책은 첫 장부터 니체의 영겁회귀나 파르메니데스의 가벼움과 무거움이 거론되면서 만만치 않은 분위기를 물씬 풍긴다. 오히려 책장을 넘길수록 책은 쉬워지는데, 로맨스 소설이라도 되는 듯 두 쌍의 남녀가 축을 이룬다. 개도 한 마리 등장한다. 극도의 가벼움을 추구하는 토마시와 사비나, 그리고 무거움을 추구하는 테레자는 작품 내내 대조되며, 남녀 동수로 짝을 맞추느라 투입된 듯한 프란츠도 주요 캐릭터다.

섹스 없는 사랑이냐 사랑 없는 섹스냐, 그것이 문제로다

 잠시 소설 내용을 살펴보자. 상반신과 하반신이 분리된 난잡한 수컷 생활이 몸에 밴 의사 토마시. 그는 어느 날 문득 "강보에 싸인 아기"라는 얼토당토않은 은유에 사로잡힌 나머지, 소설 『안나 카레니나』를 안고 찾아온 테레자에게 구속되어 버린다. 카레니나가 누구던가. 일편단심 낭만적 사랑과 극단적 행동파의 아이콘이 아니던가. '나도 안나가 되고 싶어'라는 테레자의 무언의 메시지를 받아들인 순간부터 토마시는 결코 예전처럼 살 수 없었다. 그녀 덕분에 무거워져서인지 몰라도, 그때부터 토마시 인생은 끊임없는 추락이다. 의사도 포기하고, 도시도 떠난다. 마치 발목에 추를 달고 깊은 강물 속으로 익사해 가듯이.

 그렇대서 그와 끝까지 함께했던 테레자는 행복했는가를 보면 그것도 아니다. 테레자 한 명만으로는 결코 만족하지 못하고 여전히 수많은 여자들과 섹스해 대는 토마시. 이 정도면 이건 버릇이다, 버릇. 속담도 있잖은가. '세 살 버릇 여든까지 간다'라든지 '오랜 버릇은 못 고친다'라든지. 어떤 문화에서든 결국엔 비슷한 속담이 있는 걸 보면 인간들 사는 모습은 다 비슷한 구석이 있는 모양이다.

 나의 워너비 소설가 에리카 종 가라사대, "페니스가 다 거기서 거기"라 했건만, 토마시는 여전히 그 깨달음의 경지에 다다르지 못했는지, 혹은 각자 조금씩은 다른 미세하고도 미묘한 차이를 수집하는 중인지, 그것조차 아니라면 그저 술자리에서 자랑거리 삼으려고 섹스한 여자 숫자를 늘리고 싶어서인지는 모르겠지만, 여하튼 토마시는 밤마다 다른 여자의 사타구니를 깊숙이도 탐색하곤 한다. 다양하게, 꾸준히.

한편 테레자는 매일 같은 침대에서 토마시와 잠들고 법적으로 결혼까지 했는데도, 아니 오히려 그랬기 때문에 더더욱, 끊임없이 불안하고 불만이며, 소용도 없는 감시를 하느라 안달이다. 토마시가 밤마다 풍기는 다른 여자의 성기 냄새에 질색하면서도 매일 같은 침대를 공유한다. 토마시가 뭐라고, 혹은 그깟 섹스가 뭐라고. 둘 다 가질 수 없다면 한 가지는 깔끔히 포기하는 게 낫잖은가? 섹스 없는 사랑 혹은 사랑 없는 섹스의 선택 말이다.

하긴, 포기라는 게 어디 쉬운 일이던가. 독자분들은 어떠실까? 왠지 초등학생 때 들은 화장실 귀신의 대사 "빨간 휴지 줄까, 파란 휴지 줄까?" 같긴 하지만, 섹스 없는 사랑과 사랑 없는 섹스 중에 당신의 선택은?

지금의 나라면 사랑 없는 섹스를 택하겠다. 단, 기술 레벨이 환상적으로 높은 경우에만. 그게 대체 어떤 건지 알고 싶으니까! 섹스 없는 사랑이라면 나는 물리도록 많이 해 봤다. 글자라는 걸 읽을 수 있게 된 5살 이후, 책 한두 권에 홀랑 홀려 버릴 때마다 나는 책의 저자와 섹스 없는 사랑에 빠지곤 했다. 그런 건 이제 됐다. 영화 〈친구〉의 유명 대사처럼, "고마해라. 마이 묵었다 아이가!"다. 뭐, 이렇게 투덜대 봐야 어차피 조만간 또다시 다른 책과 사랑에 빠지겠지만, 이것도 일종의 생활 습관병이라서 조절하기 어렵다.

사람을 대상으로 섹스 없는 사랑과 사랑 없는 섹스의 경중을 따지다 보니 은근히 성질이 난다. 못 가진 자의 분노다. 둘 중에 하나라도 좀 가져 봤으면, 하는 게 내 솔직한 심정이다. 유효 기간 500년짜리 사랑이라거나, 당장 죽어도 좋을 정도로 강렬한 쾌감을 동반한 섹스라니, 두 가지 모두 용이나 여의주보다도 존귀하고 희귀한 존재 아닌가? 있다고 들어는 봤어도 확인은 못 해 봤다는 상상 동물과 동급이란 얘기다. 이런 와중에 어떻게 감히 그 두 가지가 공존할 수 있겠는가 말이다. 양심이란 게 있다면, 사람이 그렇게 욕심을 부리면 안 되는 거다. 요즘 세상이 어떤 세상인가. 미혼자 중에는 비자발적 금욕주의자들이, 기혼자 중에는 정으로만 사는 우정 부부들이 넘쳐나는 게 21세기 아닌가. 우정 부부의 정에서 미운 정과 고운 정의 비율까지야 내가 알 수 없지만, 예외는 극히 드물다.

섹스와 사랑, 최악의 조합은?

내 주변 여성에게 "당신에게 섹스는 어떤 의미입니까?"를 물으면, 짐짓 못 들은 척 외면당하기 일쑤다. 또는 아무 말 없이 내

손을 꼭 붙잡고 병원으로 데려다 줄 좋은 친구들도 있지만. 반면 남자들에게 같은 질문을 하면 대답은 놀라울 정도로 한결같다. "기회만 되면 하는 것. 없으면 기회를 만드는 것"이라고. 어느 엘리트 중년 남성에게서는 "남자란 마약에라도 취한 듯 늘상 성욕에 취해 있는 존재"이며, 심지어 "남자란 섹스를 막 마친 후 잠깐 동안만, 길게 봐야 기껏 30분 정도만, 성욕의 취기에서 잠깐 벗어나는 존재"라는 고백을 들은 적도 있다. 노년에 이른 남성이라 해서 별반 다를 것 같지도 않다. 사노 요코의 에세이 『죽는 게 뭐라고』에 등장하는 노년 남성 싱글벙글 씨의 대사 "성욕은 있지만 정력은 없다."를 기억해 보면 말이다. 두 성이 이렇게나 다른데도 똑같이 호모 사피엔스라는 단일 종으로 분류한다는 게 참으로 신기할 뿐이다.

남녀에게 무게감이 얼마나 다를지는 차치하더라도, 섹스는 대단한 것이다. 결혼은 이런저런 미사여구를 지우고 보면 결국 독점적 섹스 상대자를 국가에 등록하는 제도가 아니던가. 그렇지만 결혼이야말로 '사랑과 섹스 최악의 조합'이리라. 사랑하는 상대와 환상적인 섹스를 지속하고 싶은 소망이 결혼으로 표출되지만, 그건 19세기 소설 속에나 있는 허구일 뿐이고, 현실에서 막상 결혼이란 걸 하고 나면 둘 다 없음을 뼈저리게 깨닫게 되지 않나. 영원한 사랑도, 환상적 섹스도 없다. 두근대는 가슴으로 도착한 택배 상자를 열어 보니 벽돌 한 장만 덜렁 들어 있더라는 휴대폰 거래처럼, 소문만 요란했지 정작 내용을 들여다 보면 아무것도 없는 것이다. 더 억울한 건 딱히 탓할 곳도 없다는 사실이다. 분노를 표출할 대상이라고는 잘 알아보지도 않고 바보 같은 선택을 했던 과거의 자신뿐이니 말이다.

토마시는 지키지 못할 약속인 결혼 따위 하지 말았어야 했고, 테레자는 그깟 서류 조각 한 장으로 토마시를 제어할 수 있을 거란 기대를 접었어야 했다. 호색은 치료 가능한 질병이 아니고 습관은 고치기 어려운 법이다. 침대에 들어오기 전에 다른 여자 냄새는 깨끗이 없애라는 예의범절을 토마시에게 가르칠 일이지, 오히려 스스로 피험자가 되어 다른 남자와 시험 섹스까지 해 보는 가엾은 테레자. 그녀는 자동차 사고로 토마시와 함께 세상을 떠날 때쯤에야 비로소 무게를 강요했던 삶을 약간 후회한다. "하느님 맙소사, 그가 자신을 사랑한다는 확신을 갖기 위해 정말 여기까지 와야만 했을까!" 섹스가 뭐라고, 혹은 결혼이 뭐라고, 그녀는 평생을 불행하게 살았다. 함께하는 시간 그 자체를 충분히 즐길 수 있었는데도 다 지나고 나서야 깨달은 것이다. "그들은 서로 사랑했는데도 상대방에게 하나의 지옥을 선사했다."

반면 "배반의 나팔소리"가 들리기가 무섭게 발바닥 먼지까지 깔끔히 털어 버리고 떠나던 사비나도 있다. 헬륨 든 풍선마냥 절대로 안주라는 걸 하지 못하던 그녀도 충분히 나이 든 이후에는 철저하게 혼자이며 결국 자신이 추구한 궁극은 공허일 뿐임에 허무해 한다. 인간이란 각자의 사전에 적힌 단어의 의미 공유나 소통이라는 게 애초에 불가하다는 예제를 보여 주느라 등장한 프란츠는 어느샌가 작품에서 조용히 사라진다. 소설의 모든 등장인물은 행복하지 못하고, 독자가 짓는 웃음은 쓴웃음이다. 소설을 통틀어 행복한 캐릭터는 오직 테레자의 개, 카레닌뿐이다.

하긴 무한한 우주에 비하면 한낱 부스러기에 불과한 지구, 그 지구 위에 발붙인 하찮은 생명체 인간이, 우주의 나이에 비하면 찰나에 불과한 인생 동안 겪는 사소하디 사소한 일들, 그게 다 뭐라고. 삶이란 가까이서 보면 비극이지만 멀리서 바라보면 모두 희극이라는 명언을 남긴 희극인도 있지 않던가. 직업 희극인은 있어도 직업 비극인은 없다. 평범한 인생이라면 희극보다는 기본적으로 비극에 가깝기 때문일까? 섹스는 어쩌면 비극적 에피소드로 점철된 인생이라는 블랙 코미디의 막간극인 걸까?

망명 작가 밀란 쿤데라

작가 밀란 쿤데라는 1929년 그가 태어난 이후로 내내 민주주의 체제이지 않았던 조국 체코를 46세인 1975년에 떠났다. 조국과 모국어를 함께 떠나 버리며 새 거주지 프랑스에서 모국어가 아닌 프랑스어로 작품 활동을 시작해야 했던, 작가의 피와 살, 세포와 유전자나 다름없는 언어를 바꿔야 했던 작가다.

쿤데라가 1982년에 모국어로 쓴 대표작 『참을 수 없는 존재의 가벼움』조차도 2년 후에 프랑스어본으로 먼저 출간되고, 체코어로는 오히려 다음 해에 출판되었다. 한글본 책 제목은 "존재의 참을 수 없는 가벼움"이 더 정확한 번역이라는 이야기도 있고, 지금 제목이 더 시적이고 중의적이라 좋다는 의견도 있다. 여하튼 그의 책은 고국에서는 1989년 공산 정권이 무너질 때까지 금서로 지정되었다. 그의 삶의 궤적을 들여다보자면 그로서는 남겨짐과 무거움보다는 떠남과 가벼움을 칭송할 수밖에 없지 않았을까, 싶다.

그는 자신의 체험이 소재인 첫 소설 『농담』을 시작으로, 『웃음과 망각의 책』, 『참을 수 없는 존재의 가벼움』, 『불멸』, 『느림』, 『향수』, 『무의미의 축제』 등 수많은 세계적 명작을 남긴 현존 작가다. 그는 예루살렘 상(1985년), 유러피안 문학상(1987년), 독일 헤르더 문학상(2000년) 등 세계 문학의 중심에 선 작가이며, 오랫동안 노벨 문학상 후보로 거론된다. 요즘처럼 각국이 자국의 이익만을 드러내며 추구하는 각자도생의 시대에 망명 작가라는 지위로 노벨 문학상을 받기는 쉽지 않으리라. 하긴, 수상 여부가 대수겠나. 이미 그의 작품들은 불멸의 지위에 올랐고, 오히려 노벨 문학상을 아직 못 받았다는 게 이상하게 느껴질 정도인데. 『농담』에서 시작되어 『참을 수 없는 존재의 가벼움』을 지나 『불멸』에서 정점을 찍은 나라는 독자는, 오랜 팬심으로 쿤데라의 다음 소설을 기다리고 있다. 그는 올해 92세다. 장수하시라, 훌륭한 작가님!

한편 체코에서 모국어로 비밀 출판을 지속한 작가도 있다. 쿤데라보다 15세 연상인 보후밀 흐라발은 조국을 떠나기에는 너무도 무거운 삶을 살았다. 그는 죽을 때까지 체코에 남아 온갖 직업을 전전하며 모국어로 밀도 높은 소설을 남겼다. 그의 대표 소설 『너무 시끄러운 고독』은 내게 흐라발의 살과 피를 갈아 넣은 진액을 잉크 삼아 써진 듯 읽혔다. 장마다 반복하던 첫 문장 "삼십오 년째 나는 폐지를 압축하고 있다."의 운율이 아직도 내 귀에 생생하다. "우리는 올리브 열매와 흡사해서, 짓눌리고 쥐어짜인 뒤에야 최상의 자신을 내놓는다."라던 『너무 시끄러운 고독』 속 문장의 묵직한 무게감과 함께.

'단 한 번'은 가벼움인가 아니면 무거움인가?

일회용 종이컵을 보시면서 무슨 생각이 떠오르시는가? 나는 동병상련의 감정을 느낀다. '너도 일회용이구나. 나처럼.' 나는 종이컵을 빙글 돌려 가며 온몸에 그려진 그림이나 글씨를 꼼꼼히 눈에 담는다. 그것을 마지막으로 만지고 보는 사람이 나라는 걸 알기 때문에. 종이컵으로 태어나 단 한 번 쓰이는 용도는 실로 다양하다. 달보드레한 믹스커피를 담았다가 곧 구겨져 버려지기도 하고, 병원 검사실로 직행해서 소변받이가 되거나, 때로는 인간의 손이 뜨거울까 봐 두 장 겹쳐 쓰는 겹치기 종이컵이 되어 제대로 한 번 물건을 담아 보지 못하고 쓰레기통행이 되기도 한다. 단 한 번의 삶, 나라고 뭐가 다르겠나. 프랜시스 스 콧 피츠제럴드의 〈무너져 내리다〉 첫 문장처럼, "당연히, 사람의 인생은 천천히 무너져 내리는 과정"이고, 태어난 순간부터 죽음을 향해 달려가는 게 인생인지라, 종이컵을 쥔 지금의 나는 결국 탄생과 죽음 사이에서 잠시 존재하고 있을 뿐이니까.

삶은 살아 내는 실존의 의지와 무관하게 시작되었고, 삶의 실제 주인은 목적도 방향도 없는 우연이며, 그런 삶조차도 단 한 번, 오직 한 번이 전부라는 가혹한 진실. 리허설도 미리 보기도 생략된 채 느닷없이 내던져진 삶에서 언뜻 선택처럼 보이는 행동도 곰곰이 따지고 보면 우연의 겹침과 접힘일 뿐이고, 소설 『농담』처럼 사소한 에피소드가 어느 날 갑자기 인생 최대의 무게 있는 선택으로 자라나 호되게 뒤통수를 치는 날도 있으니, 이러한 삶의 외줄 타기에서 우리가 할 수 있는 것이라고는 고작 헛웃음을 짓는 정도가 아닐까?

쿤데라가 소설 속 토마시의 입을 빌어 말하는 "한 번은 아무것도 아니다."라는 주장은 어쩌면 '한 번이 전부다'라는, 삶의 가혹한 진실을 애써 부정하려는 시도인지도 모른다. 한없이 가벼워지고 싶대도 중력에 속박된 지구인으로 살아가는 한 우리는 무게를 벗어날 수 없다. 그럴 수밖에 없고, "그래야만 한다.$^{\text{Es muss sein.}}$"

떨쳐 낼 수 없는 무거움을 덜어 주는 것은 아마도 웃음이리라. 인생이라는 이름의, 탄생과 죽음 사이의 연극은 이왕이면 비극보다는 희극인 편이 낫지 않을까. 그것이 비록 억지웃음이나 허탈한 미소로 채워진 블랙 코미디에 불과하다 할지라도.

**내 속엔
나도 모르는 내가 아직도 많아**

루크 라인하트 『다이스맨』

길을 아는 것과 길을 걷는 것은 다르다.

- 영화 〈매트릭스〉

2019년 가을, 나는 영화 〈매트릭스〉를 보았다. 깜짝 놀랐다. 20년이나 묵은 영화로는 느껴지지 않는 세련된 연출, 대사와 철학과 액션의 완벽한 조합, 무엇보다도 내가 이 영화를 보는 게 처음이라는 사실에 놀랐다. 워낙 유명 영화라 수많은 책과 예능 프로그램에서 인용하고 패러디하다 보니 이미 본 영화라 생각했던 것이다. 하지만 내가 아는 건 영화가 아니라 몇몇 유명 장면뿐임을 깨달았다. 빨간 알약과 파란 알약 중 하나를 선택하라던 장면이라거나 허리를 뒤로 꺾어 날아오는 총알을 피하는 광경을 카메라가 빙 돌아가며 보여 주는 장면이 대표적이다.

 한 번도 본 적 없는 영화를 여러 번 관람해서 구석구석까지 잘 아는 영화라고까지 착각하다니 인간의 기억이란 얼마나 믿을 수 없는지. 최근 뇌과학 연구에 따르면, 기억은 끊임없이 왜곡되고 재편집된다고 한다. 더 그럴싸한 이야기, 나에게 유리한 이야기를 만들어 가면서 말이다. 그리 보면 누구나 기억이라는 영화의 감독이며, 인생이란 다름 아닌 기억의 집합, 끊임없이 고쳐 쓴 시나리오 혹은 소설인 셈이다.

캐릭터에게 성격과 역할을 부여하는 것은 각본을 쓰는 작가 몫이니 작가 마음대로 이야기 방향을 바꿀 수도 있으리라. 영화 관람객이나 소설 독자들이야 작품 중간에 캐릭터가 너무 많이 변했다고 불평할 권리가 있겠지만, 인생은 그런 불만을 접수할 의무조차 없다. 연출, 감독, 시나리오 작가, 주연 배우, 심지어 관객까지도 단 한 사람, 자기 자신인 것이 바로 인생이니까. 그러니 인생 중간에 주인공인 내 성격을 내키는 대로 좀 바꿔 본들 어떠리? 이런 주제를 경쾌하게 풀어낸 소설이 있다.

전설이 된 컬트 소설『다이스맨』

장편 소설『다이스맨』은 미국 작가 루크 라인하트의 첫 소설이자 대표작이다. 작가가 39세 때 펴낸 이 작품은 1995년 영국 BBC에서 "20세기 후반에 가장 큰 영향을 끼친 50편의 작품"으로, 1999년 잡지《로디드[Loaded]》는 "세기의 소설"로 선정한 바 있다. 21세기에 들어서자 책의 인기는 오히려 더 늘었는데, 2013년 텔레그래프가 뽑은 "20세기 최고의 컬트 작품 50선"에 선정되는 등 이제는 27개 언어로 60개국에 번역 소개된, 세기의 문제작이다.

방송과 연극으로도 널리 알려졌다. 기자 벤 마샬은 1998년부터 2년간 〈다이스맨으로 살아보기〉를 체험하며 잡지에 인기 연재 기사를 실었다. Discovery 채널이 1998년에 만든 여행 시리즈 〈다이스맨〉은 참가자 목적지와 활동을 주사위로 결정하는 방식이었다. 1999년 영국 방송국 C4에서는 소설 『다이스맨』에 영향받은 독자들과 작가에 관한 50분짜리 다큐멘터리 〈주사위 세계〉를, 2004년에 추가로 〈주사위 생활〉을 제작 방영했다. 연극 〈주사위 집〉은 2001년 초연이, 3년 후에는 런던 웨스트앤드의 극장에서 공연되기도 했다.

소설 『다이스맨』 한글 번역본은 2018년, 출간된 지 무려 47년 만에야 비로소 출판되었다. 출판사여, 복 받으시라! 이왕이면 후편 격인 『다이스맨 추적』과 다이스맨 길라잡이 『주사위 책』까지 번역 출판해 주시면 더 멋지겠다. 물론 라인하트의 다른 작품들, 이를테면 소설 『세계 이전의 나체』나 『침략』도 번역 출판해 주신다면 3대손까지 복 받으시리라!

소설 『다이스맨』을 한 줄 요약하자면 주사위에 모든 결정을 맡기면 어떤 일이 벌어지는지 실험하는 한 남자의 이야기다. 치어리더 출신 아내와 두 아이를 둔 뉴욕의 정신과 의사 루크 라인하트 박사. 정신분석의답게 아침에 부인 릴과 섹스하면서도 그는 프로이트를 떠올린다. "프로이트는 아주 위대한 사람이지만, 누구든 그의 음경을 효과적으로 애무해 준 적이 있었을 것 같지는 않다."라고. 그는 돈 걱정 없이 유복한데도 "어떻게 하면 좋을지 모르겠어요."라는 대사를 앵무새처럼 반복하는 환자들을 진료하는 데 진력이 나서 권태에 빠져 있었다.

어느 날 문득 라인하트 박사는 주사위에 모든 선택을 맡겨 보자는 아이디어를 떠올리고는 주저 없이 실천에 옮긴다. 어떤 선택이든 간에 결정은 주사위를 던져 나오는 결과에 따르기로 한 것이다. 식사 메뉴든, 약속 참석 여부든, 사고팔 주식 종목이든 간에, 여하튼 뭐든지 말이다. 단, 선택에는 자신이 하고 싶지 않은 것, 하기 어려운 것도 반드시 들어 있어야 한다. 인생이 그러하듯이.

주사위를 굴렸을 때 피하고 싶었거나 원하지 않은 결과가 나오더라도 그는 승복하고 순순히 따랐다. '주사위 님'이 선택하는 범주는 점차로 넓어진다. 평소 관심 있던 친구 아내와 섹스를 할지 말지, 동성연애를 해 볼지 말지, 심지어 자신의 환자였던 악인을 없애 버릴지 말지까지도. 괜히 컬트 소설로 분류되는 게 아니다. 라인하트 박사, 그는 혹시 미쳐 버린 게 아닐까?

여기서 잠깐. 뭔가 좀 이상하지 않은가? 소설 속 주인공 이름과 작가 이름이 같다. 라인하트라는 작가 이름을 버젓이 주인공으로 내세우다니, 이런 소설은 처음 본다. 게다가 장마다 시점이 달라지는데 대체 이 작품은 1인칭 소설이라 불러야 하나, 아니면 3인칭 소설로 분류해야 하나? 작가는 대체 왜 주인공 이름을 자기 이름으로 했을까? 설마 딱히 멋진 이름이 떠오르지 않아서? 이 질문은 잠시 묻어 두자.

"내가 누구인지 말해 줄 수 있는 자는 누구인가?"

"나는 누구인가?"는 대표적인 철학 주제, '사골 주제'다. 수천 년간 지속되어 온 질문에 그 누구도 확실한 답을 주지 못했기 때문인지 아직 유효한 질문이기도 하다. "네 자신을 알라"라는 고대 그리스 철학자 소크라테스의 명언도 있고, 셰익스피어가 애정한 캐릭터 리어왕도 "내가 누구인지 말해 줄 수 있는 자는 누구인가?Who is it that can tell me who I am?"를 처절하게 물었건만, 놀랍게도 수십 세기가 흐른 지금까지, 인간 그 누구도 자기 자신을 잘 모른다! 당신은 아는가? 나는 나를 잘 모르겠다.

다시 영화로 돌아가 보자. 〈매트릭스〉 유명 장면인 '빨간 알약 줄까, 파란 알약 줄까?'에서 주인공 네오는 진실을 알려 준다는 빨간 알약을 삼킨다. 그리고 깨어난다. 셀 수도 없이 많은 캡슐 속에서 재배되고 있는 인간 사육장이라는 현실에서다. 그가 회사 직원으로 살던 '일상'은 사실은 세계를 지배한 인공 지능이 건전지로 활용 중인 인간들에게 주입한 환상, 즉 매트릭스일 뿐이었다는 잔혹한 진실을 한순간에 온몸으로 마주하고야 만 것이다. 내게는 이 장면이 영화에서 가장 섬뜩했다. 단지 화면 속 사건만으로 느껴지지만은 않았기에 더욱 그러했다.

굳이 빨간 알약을 삼키지 않더라도 우리는 알 수 있다. 지금 우리 사는 사회도 별반 다를 게 없다는 것을. 영화 〈매트릭스〉에서는 인공 지능이지만 21세기 문명국의 현실(이라 믿어지는)에서는 자본주의 시스템이라는 것뿐, 개인 실존으로서는 과연 무엇이 다를까 싶다. 현대인은 주체적으로 선택하고, 결정하며, 자유롭게 행동한다고들 생각하지만, 과연 정말로 그럴까? 어쩌면 자유 의지는 사실의 영역이 아니라 믿음의 영역에 속할지도 모른다. 소설 『다이스맨』에서는 이렇게 말한다.

그냥 눈을 뜨면 돼요. 기계 뒤에 서 있는 사람, 기계의 일부인 사람, 이런 사람들을 찾아내는 건 어렵지 않아요. (중략) 기계의 일부가 되든지, 아니면 매일 기계에게 사타구니를 쥐어 뜯기든지, 현대의 삶은 전쟁이에요.

여기서 기계란 문명, 자본주의 시스템, 사회 공통의 가치관이나 종교, 그리고 현대 사회의 도덕률이리라. '밥벌이의 지겨움'이라는 표현을 위로 삼아 먹고사니즘에 매몰된 하루하루 중에 '정말로 이게 최선일까?'라는 생각을 단 한 번이라도 해 보지 않은 사람이 있을까? 학생다움, 직장인다움, 가장다움, 여자다움, 남자다움, 부모다움, 자식다움을 강요받지 않는 사람이 과연 있을까? 문득 거울을 보며 '내가 자꾸만 닳아 없어지는 것만 같아. 이제는 내가 무엇인지도 모르겠어. 그저 역할극 속의 배우 같아. 직장인, 부모, 자식이라는 가면을 바꿔 가며 써야 하는 단역 배우'라는 슬픈 생각이 스쳐 지나가지 않는 사람은?

이 위대한 망할 놈의 기계 사회는 우리를 모두 햄스터로 만들었습니다. (중략) 오로지 한 역할만 할 수 있는 배우라니, 그런 헛소리가 어디 있습니까? 우리는 무작위 인간, 주사위족을 만들어 내야 합니다.

라인하트 박사는 이제 '주사위교'라 불리는, 신흥 종교 비슷한 그 무엇을 창시한 교주가 되어 버렸다. 그뿐 아니다. 그는 자기 자식들을 포함한 일반 시민들에게까지 주사위교를 전파하느라 전력을 다한다. 정신분석의협회에서 그를 소환하여 문책할 때까지는 말이다. 그곳에서 라인하트 박사는 자신이 몸담은 직업 철학을 전복시키는 발언을 해 버리고야 만다. 이렇게.

"여러분의 치료법은 환자들에게 확립된 자아의식을 심어 주려고 노력했지만 실패했습니다. 혹시 통합되기 싫다는 욕망, 하나가 되기 싫다는 욕망, 성격이 하나가 되는 것이 싫다는 욕망이 이 다원적인 사회에서 자연스럽고 기본적인 인간의 욕망일 가능성은 없을까요?"

미친 의사의 헛소리로 치부하기에는 너무나도 논리정연하다. 재판장과 다름없는 싸늘한 분위기의 협회장에서 오가는 대화는 이토록 지적인 박진감이 넘친다. 소설 『멋진 신세계』에서 무스타파 몬드와 존의 마지막 대화 장면이 연상된다. 이 장면뿐 아니다. 『다이스맨』은 처음부터 끝까지 재미있게 술술 읽힌다. 냉소적 유머, 차마 이곳에 인용하지 못한 수위 높은 정사, 날카로운 통찰이 잘 버무려진 작품이다. 광고 문구는 대개 과장되기 마련이라 믿을 게 못 되건만, 이 책만은 달랐다. "읽기 전과 후가 같을 수 없다"라는 흔한 선전 문구에 진심으로 고개가 끄덕여지는, 흔치 않은 소설이다.

난자와 정자의 수정부터 운이 좌우한 인생이건만, 주사위에 결정을 맡기는 행위는 미친 짓으로 여겨져 중증 치료 대상인 게 바로 이 세상이다. 오직 하나의 통일된 자아만을 강요받고 여러 자아는 비정상이며 환자로 취급되는 이곳에서 정상과 비정상은 누가, 왜, 어떻게 정하는가? 라인하트 박사는 외친다. "모든 것이 거짓이다. 진짜는 하나도 없다."라고. 영화 〈매트릭스〉에서 모피어스의 대사 "진짜가 뭐지? 어떻게 '진짜'를 정의할 수 있지?"와 중첩된다고 느끼는 건 나뿐인가?

최초의 '다이스맨'은 누구일까?

주사위가 상징하는 무작위, 즉 우연이 중요한 이유는 그것이 우주의 본성이기 때문이다. 주사위^{dice}, 하면 떠오르는 남자가 과학자 중에도 있다. "신은 주사위 놀이를 하지 않는다"라는 유명

한 말을 남긴 천재 아인슈타인. 그는 20세기 물리학의 양대 혁명 중 하나인 상대성이론의 창시자다. 광전효과로 노벨 물리학상 받은 천재 물리학자라 해도 늘 옳기만 한 것은 아니다. 그의 신앙 또는 신념과는 무관하게, 미래는 예측 불가로 밝혀졌기 때문이다. 20세기 물리학의 또 다른 혁명인 양자역학 덕분이다.

원자들의 끝없는 춤에는 완결도 목적도 없습니다. 자연계의 다른 모든 것들처럼 우리도 이 무한한 춤의 수많은 산물 중 하나입니다. 그러니까 우연한 조합의 산물이라는 거죠. 자연은 끊임없이 형식과 구조를 실험합니다. 그리고 우리는 다른 동물들처럼 무궁한 시간에 걸친 무작위의 우연한 선택의 산물입니다.

- 카를로 로벨리 『보이는 세상은 실재가 아니다』

인류 과학 기술의 총체인 양자역학의 발견은, 전자들은 왼쪽으로 돌지 오른쪽으로 돌지가 미리 정해져 있지 않고, 시공간조차 양자화되어 있으며, 불확정성은 피할 수 없다는 것이었다. 무슨 소리냐고? 우리는 우연의 산물이고 미래는 예측 불가란 얘기다.

첨단 과학뿐 아니라 문학에서도 같은 이야기를 한다. 내가 좋아하는 소설가 필립 로스도 우연의 힘을 소설 안에서 꼬집은 적이 있다. 40여 년간 인간을 분석해서 재조립하는 직업 소설가로 살아온 그가 운명을 이야기한 네 편의 연작 소설 중 마지막 완결편 『네메시스』에서다. 그는 이 소설을 마지막으로 절필을 선언하고, 2018년 5월 타계할 때까지 약속을 지켰다.

누구의 인생이든 우연이며, 수태부터 시작하여 우연 - 예기치 않은 것의 압제 - 이 전부다. 나는 캔터 선생님이 자신이 하느님이라 부르던 존재를 비난했을 때 그가 정말로 비난하고 싶었던 것은 바로 우연이라고 생각한다.

- 필립 로스 『네메시스』

작가가 생애 마지막 장편 소설에서 강조하고 싶었던 말은 이것이 아닐까? "인간 운명의 주인은 목적 없는 우연이다." 양자역학자든, 소설가든, 끊임없이 추구한 끝에 결국 발견하게 된 비밀은 같았나 보다. 인간과, 지구와, 우주까지도 모두, 우연이 만들어낸 웅장하고 아름다운 결과일 뿐이라는 것이다.

확률에 모든 것을 맡긴 최초의 '다이스맨'은 다름 아닌 '신'이리라.

두려움 없이 자아를 확장하라

인간은 신의 모습을 본받아 만들어진 피조물이라는 오랜 관념을 지난 300년간 과학 기술과 이성이라는 무기로 벗겨 낸 후 발견한 베일 뒤 진실은 참으로 서늘했다. 우여곡절 끝에 인류 문명이 알아낸 우리의 존재 근원은 바로 이것이었다: 우연. 정해진 것은 아무것도 없었다. 목적도, 이유도 없었다. 기댈 곳 하나 없다니 허랑해서 이제 어찌 살란 말인가?

　이때를 대비해서 일찍이 '역량의 철학자' 스피노자는 "존재할 수 없는 것은 무능력이고, 존재할 수 있는 것은 능력"이라 적어 두었고, 실존주의 철학자 사르트르는 "실존은 본질에 앞선다"라고 말했으며, 주사위교 교주 라인하트 박사는 "자신의 자아를 모두 표현하라."라는 설법을 펼쳤다. 『다이스맨』 속 두 문장에서 주사위교 교리를 엿보도록 하자.

정신은 '목적'과 '의지'라는 굴레에 묶여 있으나, 나는 정신을 해방시켜 신성한 우연과 희롱에 이르게 할 것이다.

천국이여! 세상에 목적을 지닌 영원한 이성의 거미나 거미줄은 존재하지 않음을 내가 알았으므로, 그대는 나를 위해 신성한 우연이 춤을 출 무도장이 되었도다.

　내게는 "아무런 두려움 없이, 자아를 확장하라"로 읽힌다. 사실 주사위교는 주사위의 신을 모시는 주술적 종교가 아니다. 주사위는 관습과 제도에 억압되어 선택에서 배제되어 온 잠재된 자아를 해방할 계기이자 도구일 뿐이다. 하지만 아는 것과 행하는 것은 얼마나 다르던가! 섭취하는 영양분보다 더 많이 운동으로 소비하면 살이 근육으로 변한다는 걸 잘 알면서도, 우리는 얼마나 자주 거울 앞에서, 그리고 인바디 결과지 앞에서 좌절을 거듭하는가. 그럴 수 있다는 것과 그렇게 해 버린 것은 하늘과 땅 차이보다도, 천국과 지옥의 차이보다도 더 크다.

영화 〈매트릭스〉의 감독들이야말로 이미 주사위교를 온몸으로 받아들인 사람들이리라. 영화가 개봉한 해인 1999년에는 분명 형제였던 그들은 지금 자매가 되어 있다! 물론 두 사람 모두 영화감독을 계속하고, 영화 철학이 달라지지도 않았으니, 관람객으로서야 감독의 성전환은 대단한 일이 아니긴 하다. 그저 영화 크레딧 감독란이 예전에는 워쇼스키 '형제'로 채워졌었다면 이제는 워쇼스키 '자매'로, 단 한 단어만 바뀌었을 뿐이잖은가. 형제에서 남매를 거쳐 이제는 자매가 된 그들의 사진을 인터넷에서 확인한 순간, 내게는 라인하트 박사의 대사가 떠올랐다.

자신이 가치라고는 하나도 없고, 진실도 아니고, 불안정하고, 앞뒤가 맞지 않는 세상에서 살고 있다는 확신을 얻은 사람은 자신의 자아들을 모두 표현할 수 있는 자유를 얻는다.

나는 주사위교 교리에 맞는 노래도 발견했다. 그것도 세계 최고의 인기 그룹 BTS의 히트송에서다. 라인하트 박사가 이 곡을 알았더라면 좀 더 많은 신도를 영입할 수 있었을 텐데 말이다.

내 속 안엔 몇십 몇백 명의 내가 있어. 오늘 또 다른 날 맞이해.
어차피 전부 다 나이기에 고민보다는 걍 달리네.

- BTS 〈IDOL〉

내 안에 동물원 있다

배우와 작가의 공통점은 뭘까. 작품마다 다양한 자아를 발견하고 발전시킨다는 게 아닐까. 내 몸 속에서 우글거리는 수많은 '나'는 늘 바깥세상으로 나설 기회를 엿본다. 선택되고, 행동의 주체가 될 기회를. 생쥐 같은 나, 늑대 같은 나, 표범 같은 나, 아나콘다 같은 나, 하이에나 같은 나 등등, '나'라고 불리는 동물원은 오늘도 태연히 '나'로 살고 있다. 가요 〈가시나무〉 노랫말처럼 "내 속에는 내가 너무도 많다". 하지만 일상 속 우리, '매트릭스' 속 우리는 그들을 숨기고 무시하는 데 익숙하다. 대신 매일 써 왔던 익숙하고도 안전한 가면, 사회에서 인정받은 단 하나의 가면만을 쓰고 출근한다. 오늘도, 또 내일도.

루크 라인하트는 작가와 극작가로 활발히 활동했다. 가장 최근 소설은 84세 때 출판한 SF 소설 『침략』(2016년)이다. 왠지 『다이스맨』의 라인하트라면 100세가 되어서도 소설을 쓸 수 있을 것 같았다. "나는 항상 내 자신을 여럿으로, 어떤 순간이든 수십, 수천 개의 다른 자아로 인지해 왔다"라던 소설가라면 말이다. 아직 외부로 표출되지 못한 자아가 얼마나 더 많을 것이며, 그들은 얼마나 오랫동안 기다려 왔겠는가. 하지만 안타깝게도 그는 2020년 11월 타계했다. 독자인 나로서는 아쉬울 뿐이다.

앞에서 미뤄 뒀던 질문인 『다이스맨』 주인공 이름에 관한 내 생각은 이렇다. 라인하트 작가의 실명은 조지 콕크로프트다. 어쩌면 그는 라인하트라는 필명으로 쓰는 소설에서 작가와 똑같은 이름의 주인공을 등장시킴으로써, 작가 본인부터가 창조된 인물이며 '주사위교' 교리를 이미 직접 실천하고 있음을 은근히 자랑하고 싶었던 것은 아닐까.

그렇다면 나도 내 첫 소설 주인공 이름을 필명으로 하고, 이번 생이라 불리는 '매트릭스'에서 내가 하고 싶었지만 하지 못했던 모든 일을 행하도록 자유를 주리라. 혹시 아는가, 『다이스맨』처럼 인기를 끌게 될지. 나는 책 속에서 튀어나온 '빨간 알약'을 이미 꿀꺽 삼켜 버린, 자발적 주사위교도니까.

주사위 만세!

인용한 책

본문에서 문구 인용한 책을 순서대로 적었다. 저자와 번역자, 출판사에 모두 감사드린다.

1. 『비행공포』, 에리카 종 지음, 이진 옮김, 비채 (2013)
2. 『단순한 열정』, 아니 에르노 지음, 최정수 옮김, 문학동네 (2016)
3. 『죽음의 공포』, 에리카 종 지음, 이남규 옮김, 기파랑 (2016)
4. 『나이트우드』, 주나 반스 지음, 이예원 옮김, 문학동네 (2018)
5. 『콜레라 시대의 사랑』 전 2권, 가브리엘 가르시아 마르케스 지음, 송병선 옮김, 민음사 (2017)
6. 『내가 두렵다』, 에리카 종 지음, 김명렬 옮김, 넥서스 (1994)
7. 『죽어가는 짐승』, 필립 로스 지음, 정영목 옮김, 문학동네 (2015)
8. 『에브리맨』, 필립 로스 지음, 정영목 옮김, 문학동네 (2009)
9. 『명상록』, 마르쿠스 아울렐리우스 지음, 박문재 옮김, 현대지성 (2018)
10. 『이혼전야』, 산도르 마라이 지음, 강혜경 옮김, 솔 (2004)
11. 『결혼의 변화』 전 2권, 산도르 마라이 지음, 김인순 옮김, 솔 (2005)
12. 『열정』, 산도르 마라이 지음, 김인순 옮김, 솔 (2001)
13. 『치인의 사랑』, 다니자키 준이치로 지음, 김춘미 옮김, 민음사 (2018)
14. 『미친 노인의 일기』, 다니자키 준이치로 지음, 김효순 옮김, 민음사 (2018)

15. 『오스카리아나』, 오스카 와일드 지음, 박명숙 엮음, 민음사 (2016)
16. 『마담 보바리』, 귀스타브 플로베르 지음, 김화영 옮김, 민음사 (2000)
17. 『사랑의 기술』, 에리히 프롬 지음, 황문수 옮김, 문예출판사 (1996)
18. 『퍼킹 베를린』, 소니아 로시 지음, 황현숙 옮김, 웅진 (2009)
19. 『하우스프라우』, 질 알렉산더 에스바움 지음, 박현주 옮김, 열린책들 (2017)
20. 『그녀 이름은』, 조남주, 다산책방 (2018)
21. 『풍경과 상처』, 김훈, 문학동네 (2009)
22. 『안나 카레니나』 전 3권, 레프 톨스토이 지음, 박형규 옮김, 문학동네 (2013)
23. 『투쟁 영역의 확장』, 미셸 우엘벡 지음, 용경식 옮김, 열린책들 (2003)
24. 『소립자』, 미셸 우엘벡 지음, 이세욱 옮김, 열린책들 (2003)
25. 『낭만적 사랑과 사회』, 정이현, 문학과지성사 (2003)
26. 『인간이라는 직업』, 알렉상드르 졸리앵 지음, 임희근 옮김, 문학동네 (2015)
27. 『헝거』, 록산 게이 지음, 노지양 옮김, 사이행성 (2018)
28. 『나쁜 페미니스트』, 록산 게이 지음, 노지양 옮김, 사이행성 (2016)
29. 『싱글 맨』, 크리스토퍼 이셔우드 지음, 조동섭 옮김, 창비 (2017)
30. 『여름, 스피드』, 김봉곤, 문학동네 (2018)
31. 『다시 찾아본 멋진 신세계』, 올더스 헉슬리 지음, 안정효 옮김, 소담출판사 (2015)
32. 『멋진 신세계』, 올더스 헉슬리 지음, 정홍택 옮김, 소담출판사 (1997)
33. 『금지된 섬』, 올더스 헉슬리 지음, 이종숙 옮김, 고려원미디어 (1991)

34. 『행복의 정복』, 버트런드 러셀 지음, 이순희 옮김, 사회평론 (2005)
35. 『철학의 위안』, 보에티우스 지음, 이세운 옮김, 필로소픽 (2014)
36. 『러셀 자서전』 전 2권, 버트런드 러셀, 지음, 송은경 옮김, 사회평론 (2003)
37. 『시간의 경계에 선 여자』 전 2권, 마지 피어시 지음, 변용란 옮김, 민음사 (2010)
38. 『성의 변증법』, 슐라미스 파이어스톤 지음, 김민예숙, 유숙열 옮김, 꾸리에 (2016)
39. 『이갈리아의 딸들』, 게르드 브란튼베르그 지음, 히스테리아 옮김, 황금가지 (1996)
40. 『비트겐슈타인의 추억』, 노먼 맬컴 지음, 이윤 옮김, 필로소픽 (2013)
41. 『그리고 죽음』, 짐 크레이스 지음, 김석희 옮김, 열린책들 (2009)
42. 『올 댓 이즈』, 제임스 설터 지음, 김영준 옮김, 마음산책 (2015)
43. 『여성의 몸 여성의 지혜』, 크리스티안 노스럽 지음, 강현주 옮김, 한문화 (2000)
44. 『사실들』, 필립 로스 지음, 민승남 옮김, 문학동네 (2018)
45. 『인간의 굴레』, 서머싯 몸 지음, 조용만 옮김, 동서문화사 (2011)
46. 『나는 나의 밤을 떠나지 않는다』, 김운하, 월간토마토 (2019)
47. 『팩토텀』, 찰스 부코스키 지음, 석기용 옮김, 문학동네 (2007)
48. 『달과 6펜스』, 서머싯 몸 지음, 송무 옮김, 민음사 (2000)
49. 『할리우드』, 찰스 부코스키 지음, 박현주 옮김, 열린책들 (2019)
50. 『죽음을 주머니에 넣고』, 찰스 부코스키 지음, 설준규 옮김, 모멘토 (2015)

51. 『자살금지법』, 김운하, 신동아 2001년 7월호 & 8월호.

52. 『참을 수 없는 존재의 가벼움』, 밀란 쿤데라 지음, 이재룡 옮김, 민음사 (2011)

53. 『죽는 게 뭐라고』, 사노 요코 지음, 이지수 옮김, 마음산책 (2018)

54. 『너무 시끄러운 고독』, 보후밀 흐라발 지음, 이창실 옮김, 문학동네 (2016)

55. 『위대한 개츠비』, 프랜시스 스콧 피츠제럴드 지음, 이만식 옮김, 펭귄클래식코리아 (2009)

56. 『셰익스피어 4대 비극』, 윌리엄 셰익스피어 지음, 이형욱 옮김, 문예춘추사 (2016)

57. 『다이스맨』, 루크 라인하트 지음, 김승욱 옮김, 비채 (2018)

58. 『보이는 세상은 실재가 아니다』, 카를로 로벨리 지음, 김정훈 옮김, 쌤앤파커스 (2018)

59. 『네메시스』, 필립 로스 지음, 정영묵 옮김, 문학동네 (2015)

60. 『에티카』, B. 스피노자 지음, 강영계 옮김, 서광사 (2007)

61. 『실존주의는 휴머니즘이다』, 장 폴 사르트르 지음, 박정태 옮김, 이학사 (2008)

이제라도 깨달아서 다행이야

초판 1쇄 펴낸날	2021년 4월 26일
지은이	이승미
펴낸이	이용원
펴낸곳	월간토마토
편집	황훈주
편집 디자인	이송은 이지은
표지 디자인	양다휘
인쇄	영진프린팅
등록	2019. 11. 26.(제2019-000027)
주소	대전광역시 동구 대전천동로 574, 2층 월간토마토
전화	042.320.7151
팩스	0505.115.7274
이메일	mtomating@gmail.com
홈페이지	www.tomatoin.com
티스토리	mtomating.tistory.com
인스타그램	@wolgantomato

· 이 책은 저작권법에 따라 보호받는 저작물이므로 무단 전재와 무단 복제를 금하며, 이 책 내용의 전부 또는 일부를 이용하려면 반드시 저작권자와 월간토마토의 서면 동의를 받아야 합니다.

ISBN 979-11-91651-00-3   03800
©2021 월간토마토 Printed in Korea